Las rosas de Orwell

Las rosas de Orwell

Rebecca Solnit

Traducción del inglés de
Antonia Martín

Lumen
_____
ensayo

Papel certificado por el Forest Stewardship Council®

Penguin
Random House
Grupo Editorial

Título original: *Orwell's Roses*

Primera edición: abril de 2022

© 2021, Rebecca Solnit
© 2021, Penguin Random House Grupo Editorial, S. A. U.
Travessera de Gràcia, 47-49. 08021 Barcelona
© 2022, Antonia Martín Martín, por la traducción

Printed in Spain – Impreso en España

ISBN: 978-84-264-1111-2
Depósito legal: B-3.057-2022

Compuesto en M. I. Maquetación, S. L.
Impreso en Egedsa (Sabadell, Barcelona)

H 4 1 1 1 1 2

El mero acto de tratar de mirar hacia el futuro para vislumbrar posibilidades y ofrecer advertencias es en sí un acto de esperanza.[1]

OCTAVIA BUTLER

Índice

I

El profeta y el erizo

La cabra Muriel (1939), de D. Collings. (Retrato de Orwell en Wallington).

1

El día de los Muertos

En la primavera de 1936, un escritor plantó rosales. Yo lo sabía desde hacía más de tres décadas y nunca había reflexionado lo suficiente acerca de lo que eso significaba hasta un día de noviembre de hace unos años, en que tendría que haber estado restableciéndome en mi casa de San Francisco por prescripción facultativa, pero me encontraba en un tren de Londres a Cambridge para hablar con otro escritor sobre un libro mío. Era el 2 de noviembre, fecha en que se celebra el día de los Muertos en el lugar donde vivo. Mis vecinos habían erigido altares a los fallecidos el año anterior y los habían adornado con velas, comida, cempasúchiles, fotografías de los difuntos y cartas dirigidas a ellos, y por la noche la gente saldría a pasear y abarrotaría las calles para presentar sus respetos a los altares levantados al aire libre y comer pan de muerto, algunas personas con la cara pintada de modo que semejara una calavera ornada con flores, en esa tradición mexicana que encuentra vida en la muerte y muerte en la vida. En muchas regiones católicas es un día dedicado a visitar los cementerios, limpiar las tumbas de los familiares y ponerles flores. Al igual que las versiones más antiguas de Halloween, se trata de una jornada en que los límites entre la vida y la muerte se vuelven porosos.

Sin embargo, yo me hallaba en un tren matinal que había salido de la estación londinense de King's Cross en dirección al norte y contemplaba por la ventanilla cómo la densidad de la capital se disipaba para dar paso a edificios cada vez más bajos y más dispersos. Luego el tren avanzó entre tierras de labor con ovejas y vacas que pacían, trigales y grupos de árboles desnudos, campos hermosos incluso bajo el blanco cielo invernal. Tenía un encargo que cumplir, o quizá una misión. Buscaba árboles —tal vez un manzano de la variedad Cox's Orange y otros frutales— para Sam Green, director de documentales y uno de mis mejores amigos. Llevábamos varios años hablando de árboles y, más que nada, enviándonos correos electrónicos sobre el tema. Ambos los amábamos y presentíamos que algún día él les dedicaría un documental o que realizaríamos al alimón alguna obra artística sobre ellos.

A Sam le habían proporcionado consuelo y alegría en el difícil año que siguió a la muerte de su hermano menor, en 2009, y creo que a ambos nos gustaba la sensación de tenaz continuidad que simbolizan. Yo crecí en un ondulante paisaje californiano salpicado de laureles, castaños de Indias y diversas especies de robles. Cuando regreso, todavía reconozco muchos ejemplares que vi de niña, pues han cambiado muy poco, en tanto que yo he cambiado mucho. En el otro extremo del condado se alzaba Muir Woods, el famoso bosque de las longevas secuoyas que se dejaron en pie cuando se taló el resto del área, árboles de unos sesenta metros de altura; en los días de niebla, la humedad del aire se condensa en sus agujas y cae al suelo en forma de gotas en una especie de lluvia estival que solo se produce bajo el dosel arbóreo y no a cielo abierto.

En mi juventud eran muy populares los cortes transversales de secuoya de tres metros de ancho o más, cuyos anillos de crecimiento anual servían de diagramas históricos, y en los museos y los parques se señalaban en esos enormes discos la llegada de Colón a las Américas, la firma de la Carta Magna de las Libertades y, en ocasiones, el nacimiento y la muerte de Jesucristo. La secuoya más longeva de Muir Woods tiene mil doscientos años, de modo que ya llevaba más de la mitad de su vida en la Tierra cuando los primeros europeos se presentaron en el lugar al que llamarían California. Un árbol plantado mañana que viviera tanto tiempo seguiría en pie en el siglo XXXIII, y sería efímero comparado con los *Pinus aristata* que crecen a unos cientos de kilómetros al este, ya que estos pueden vivir cinco mil años. Los árboles nos invitan a reflexionar sobre el tiempo y a viajar por él tal como lo hacen ellos: quedándose quietos mientras se extienden hacia fuera y hacia abajo.

Si «guerra» tiene un antónimo, quizá sea «jardines». La gente ha encontrado una clase determinada de paz en los bosques, las praderas, los parques y los jardines. El artista del surrealismo Man Ray huyó de Europa y de los nazis en 1940 y pasó en California los diez años siguientes. Durante la Segunda Guerra Mundial visitó los bosques de velintonias, o secuoyas gigantes, de Sierra Nevada, y de esos árboles, que son más anchos que las secuoyas pero no tan altos, escribió: «Su silencio es más elocuente que el rugido de los torrentes y de las cataratas, más que la reverberación del trueno en el Gran Cañón, más que la explosión de una bomba, y está exento de amenaza. Las chismosas hojas de las secuoyas, a cien metros por encima de cualquier cabeza, están demasiado lejos para ser oídas. Recuerdo un paseo por los Jardines de Luxemburgo en los primeros meses de la guerra, cuando me detuve bajo un viejo castaño que probablemente había sobrevivido a la Revolución francesa, aunque no era más que un pigmeo, y sentí que me gustaría transformarme en árbol hasta que volviera la paz».[1]

El verano anterior al viaje a Inglaterra, aprovechando que Sam estaba en la ciudad, habíamos ido a San Francisco a admirar los árboles plantados por Mary Ellen Pleasant, una negra nacida en la esclavitud alrededor de 1812 que se convirtió en una heroína del Ferrocarril Clandestino* y en una activista por los derechos civiles, con peso específico entre las élites políticas de San Francisco. Había fallecido más de cien años antes del día en que nos detuvimos bajo sus eucaliptos, que se nos antojaron los testigos vivos de un pasado por lo demás inalcanzable. Habían sobrevivido a la mansión de madera en que se desarrollaron algunos de los episodios de la vida de Pleasant. Eran tan anchos que habían combado la acera, y tan altos que superaban a la mayor parte de los edificios de alrededor. El gris de la cáscara desprendida y el color canela de la corteza dibujaban espirales en sus troncos, sus hojas falciformes se diseminaban sobre la acera y el viento murmuraba entre sus copas. Lograban que el pasado pareciera al alcance de la mano como ninguna otra cosa podría hacerlo: en ese lugar había unos seres vivos que habían sido plantados y cuidados por un ser vivo ya fallecido, pero los árboles que estaban vivos en vida de Pleasant seguían estándolo en la nuestra y tal vez continuaran tras nuestra muerte. Cambiaban la estructura del tiempo.

La palabra etrusca *saeculum* describe el periodo vivido por la persona más anciana del presente; se calcula que ronda los cien

---

* Red clandestina de rutas, casas y personas que ayudaban a los esclavos negros a huir de las plantaciones del sur hacia el norte. El nombre se debe a que empleaban términos ferroviarios; por ejemplo, los escondites seguros se denominaban «estaciones». *(N. de la t.).*

años. En un sentido más lato, se refiere al espacio de tiempo en que algo permanece en la memoria viva. Todos los acontecimientos tienen su *saeculum*, al que sigue su ocaso cuando muere la última persona que combatió en la Guerra Civil española o que vio la última paloma migratoria. A nosotros, los árboles parecían brindarnos otro tipo de *saeculum*, una escala temporal más larga y una continuidad más profunda, y así nos cobijaban de nuestra fugacidad al modo en que un árbol brinda literalmente cobijo bajo sus ramas.

En Moscú hay árboles que se plantaron en los tiempos de los zares, que crecieron, perdieron las hojas en otoño, soportaron con firmeza los inviernos, florecieron en las primaveras de la Revolución rusa, dieron sombra a los visitantes en los veranos de la época estalinista, durante las purgas, los simulacros de juicios, las hambrunas, la Guerra Fría, la glásnost y el desmoronamiento de la Unión Soviética; a los que se les cayeron las hojas en los otoños del ascenso de Vladímir Putin, ese admirador de Stalin, y que nos sobrevivirán a Putin, a Sam, a mí y a quienes viajaban conmigo en el tren aquella mañana de noviembre. Los árboles nos recordaban a la vez nuestra fugacidad y su resistencia, superior a la nuestra, y con su verticalidad se alzaban en el paisaje como guardianes y testigos.

También aquel verano, mientras pasábamos el rato en mi casa hablando de árboles, mencioné un ensayo de George Orwell que me había encantado durante mucho tiempo, un artículo breve, lírico y desenfadado que escribió a vuela pluma en la primavera de 1946 para *Tribune*, el semanario socialista en que publicó unos ochenta textos entre 1943 y 1947. El del 26 de abril de 1946 se titula «En defensa del párroco de Bray» y es un triunfo de lo sinuoso. Empieza con la descripción de un tejo de un camposanto de Berkshire plantado, según se decía, por un párroco famoso por su veleidad política, pues cambió repetidamente de bando en las guerras religiosas de la época. Esa volubilidad suya le permitió sobrevivir y permanecer en su sitio, como un árbol, mientras muchos otros caían o huían.

«Aun así, pasado todo este tiempo —dice Orwell del párroco—, lo único que ha quedado de él es una canción cómica y un hermoso árbol, en el que ha posado su mirada una generación tras otra, y que sin duda ha compensado cualquier efecto negativo que el párroco provocase con su colaboracionismo político».[2] De ahí pasa al último rey de Birmania y cita sus supuestas fechorías, junto con los árboles que mandó plantar, «tamarindos en las calles polvorientas de Mandalay, y esos árboles proyectaron su agradable sombra hasta que las bombas incendiarias de los japoneses los calcinaron en 1942». Orwell debía de haber visto con sus propios ojos aquellos árboles en los años veinte, pues había sido miembro de la policía imperial británica de Birmania, igual que vio el enorme tejo del cementerio de la iglesia de Bray, una pequeña población al oeste de Londres.*

«Plantar un árbol —afirma—, en particular uno de larga vida y madera noble, es un regalo que podemos hacerle a la posteridad prácticamente gratis y sin apenas molestias, y si el árbol arraiga perdurará mucho más que los efectos visibles de cualquiera de nuestras otras acciones, buenas o malas». A continuación, menciona las rosas y los frutales de precio módico que él mismo había plantado diez años antes y cuenta que, al volver a verlos hacía poco, apreció en ellos su modesta aportación vegetal

---

* En 2019, Sam y yo fuimos a Bray y a los cementerios de los alrededores en busca del árbol; no dimos con él, pero sí disfrutamos de una agradable entrevista a orillas del Támesis con el actual párroco de Bray y vimos varios tejos inmensos.

a la posteridad. «Uno de los árboles y uno de los rosales habían muerto, pero el resto estaban todos floreciendo. El total era de cinco árboles frutales, siete rosales y dos arbustos de grosella, todo por doce chelines y medio.* Estas plantas no requieren mucho trabajo, y no conllevan ningún otro gasto más allá del coste original. Nunca les puse estiércol, salvo el que recogía a veces en un cubo cuando por algún casual los caballos de la granja se detenían junto a la verja».

De la última línea me quedó la imagen del escritor con un cubo y de una verja tras la cual pasaban caballos, pero no había pensado más en dónde y cómo vivió Orwell en aquella época y por qué había plantado los rosales. Aun así, el artículo me pareció inolvidable y conmovedor desde la primera vez que lo leí. Lo consideraba un indicio fugaz de un Orwell embrionario, sin desarrollar, del que habría podido ser en unos tiempos menos turbulentos, pero me equivocaba.

Su vida estuvo atravesada por los conflictos bélicos. Nació el 25 de junio de 1903, justo después de la segunda guerra de los bóeres, y llegó a la adolescencia durante la Primera Guerra Mundial (la primera obra que publicó fue un poema patriótico que escribió a los once años); con el furor de la Revolución rusa y de la guerra de independencia de Irlanda empezaron los años veinte y su vida adulta; se contó entre quienes vieron cómo en la década de los treinta se gestaban las conflagraciones de la Segunda Guerra Mundial; luchó en la Guerra Civil española en 1937; vivió en Londres durante los ataques aéreos alemanes y él mismo sufrió los bombardeos; en 1945 acuñó la expresión «Guerra Fría»[3] y antes de morir el 21 de enero de 1950 presenció esa Guerra Fría y

---

* Es decir, por un total de ciento cincuenta peniques, ya que un chelín son doce peniques.

cómo el arsenal nuclear se volvía más temible en los últimos años. Esos conflictos y amenazas absorbieron buena parte de su atención..., pero no toda.

Leí por primera vez el ensayo sobre plantar árboles en un libro gordo y feo de tapa blanda, sobado y con las esquinas dobladas titulado *The Orwell Reader*, que había comprado muy barato en una librería de viejo cuando tenía unos veinte años. Vagué por él durante lustros, de modo que llegué a conocer el estilo y el tono de Orwell como ensayista, sus opiniones sobre otros escritores, sobre política, sobre la lengua y la literatura; fue un libro del que me embebí cuando era lo bastante joven para que constituyera una influencia fundamental en mi periplo sinuoso hasta convertirme en ensayista. *Rebelión en la granja*, su fábula de 1945, había caído en mis manos cuando era niña, por lo que primero la leí como un cuento sobre animales y lloré la muerte del fiel caballo Boxeador sin saber que se trataba de una alegoría de la degeneración de la Revolución rusa en el estalinismo.

Leí *1984* por primera vez en la adolescencia. Siendo ya veinteañera conocí *Homenaje a Cataluña*, su crónica de primera mano de la Guerra Civil española, que tuvo una influencia fundamental en mi segundo libro, *Savage Dreams*, como un ejemplo de sinceridad sobre los defectos del bando que una persona apoya y la lealtad a él a pesar de todo, y de cómo incorporar en un relato político la experiencia personal, hasta las dudas y desazones; es decir, cómo encontrar espacio para lo pequeño y lo subjetivo en el seno de algo grande y de dimensión histórica. Orwell fue una de mis influencias literarias más importantes, pero de él solo sabía lo que revelaba en sus libros y el conjunto de suposiciones que flotaban en el ambiente.

Aquel ensayo de Orwell que compartí con Sam alababa el *saeculum* arbóreo y era optimista porque veía el futuro como algo a lo que podríamos contribuir y, más aún, en aquel año tras el estallido de las primeras bombas atómicas, como algo en lo que podríamos tener cierta fe: «Incluso el manzano puede llegar fácilmente a vivir cien años, de modo que el Cox que planté en 1936 quizá siga dando fruto bien entrado el siglo XXI. Un roble o un haya pueden vivir cientos de años y complacer a miles o decenas de miles de personas antes de que los talen y los conviertan finalmente en maderos. No estoy sugiriendo que todo el mundo pueda cumplir con sus obligaciones hacia la sociedad por medio de un plan privado de reforestación. Sin embargo, puede que no fuera mala idea que, cada vez que cometiésemos un acto antisocial, tomásemos nota de ello en nuestro diario y luego, en la estación apropiada, enterráramos una bellota en la tierra».[4] El ensayo adoptaba el tono habitual en la obra de Orwell al pasar como si tal cosa de lo particular a lo general y de lo secundario a lo principal: en este caso, de un manzano concreto a cuestiones universales sobre la redención y los legados.

Aquel día de verano en que nos enfrascamos en una conversación sobre los árboles, hablé del jardín de Orwell a Sam, que se entusiasmó, y fuimos a mi ordenador para tratar de averiguar si los cinco frutales seguían allí. Tardamos solo unos minutos en obtener la dirección de la casa en la que Orwell se había instalado en abril de 1936 y un par de minutos más en ampliar el lugar en una aplicación de mapas, pero las vistas aéreas mostraban manchas borrosas de follaje verde que no nos informaban de lo que deseábamos saber.

Sam escribió una carta a los desconocidos moradores de la dirección que habíamos encontrado, un sitio mucho más rústico de lo que yo había imaginado durante años desde la primera vez que leí el artículo. En una carta muy propia de él, Sam señalaba que no éramos «unos chiflados» y facilitaba los enlaces a su sitio web y al mío con la intención de demostrar que poseíamos unos antecedentes estimables de interés por hechos ignotos y de investigaciones de tangentes históricas. Aún no habíamos recibido respuesta cuando me apeé del tren en Baldock, en Hertfordshire, unas paradas antes de Cambridge, un poco trémula, un poco nerviosa ante la perspectiva de llamar a la puerta de la casita, pero también un poco más que exultante.

Había sido un año difícil para mí y, además del agotamiento, había estado muy enferma y se suponía que debía quedarme en casa para recuperarme. Pero, en medio de la pugna de aquel año sobre cuánto debía viajar, había firmado con alguien de Gran Bretaña un contrato que, en algún punto de sus varias páginas de letra pequeña, incluía una cláusula penal por un mínimo de diez mil libras si no me presentaba, así que había tenido que desplazarme a Londres y hablar de política e ideas, temerosa de desmayarme en la calle o de desmoronarme en un escenario. Ya que había viajado tan lejos, accedí a seguir camino hasta Manchester para no desdeñar al norte y hasta Cambridge para mantener una conversación pública con mi viejo amigo y colega escritor Rob Macfarlane.

Estaba a punto de encontrar lo que no buscaba en ese viaje que habría anulado de haber podido. Cuando di la dirección, el taxista supo exactamente adónde nos dirigíamos. Habría deseado que el trayecto desde la antigua ciudad mercantil a través de la ondulante campiña de Hertfordshire hubiera durado más, pues estaba hecha un manojo de nervios y embelesada con las tierras de labor que cruzábamos veloces. Pero solo tardamos unos minutos en llegar a la aldea de Wallington, o a lo que yo veía de ella en aquella visita: un camino rural bordeado de casitas. El taxista atisbó a un hombre en la calle y dijo: «Anda, ahí está Graham. Se lo presentaré».

Yo había pensado que probablemente me rechazarían o me reprenderían, pues sin duda quienes viven en el que antes fue el hogar de un escritor célebre pueden llegar a sentirse asediados. Había supuesto que al final me limitaría a curiosear por encima de las vallas en busca de árboles frutales o a formular un par de preguntas sin pasar de la puerta, pero Graham Lamb —un hombre mayor y menudo, de cabello cano y ondulado, que hablaba con acento escocés— se mostró contento y cordial. Recordaba la carta de Sam, se disculpó por no haber respondido —seguía recopilando información para enviárnosla, me dijo— y nos condujo a la parte posterior de la casita para presentarnos a su pareja, Dawn Spanyol, que estaba trabajando en el jardín.

Dawn había visto por casualidad que la casa estaba en venta hacía unos años y se lo había comentado a Graham, quien se apresuró a ir a verla. La compraron sin más dilación, tras cerciorarse de que era minúscula, sin apenas espacio, de que no podría acoger a sus respectivas familias en las vacaciones y de que no cumplía ni uno de los requisitos de estas, pues no estaba al lado de la playa ni había pubs y comercios cerca. Se rieron al pensar que antes había sido una tienda y que la casa contigua había albergado un pub, y a él le gustó la prosapia literaria de la vivienda, y a ella, el jardín. La mayoría de los habitantes de la aldea esperaba acabar en otra parte, añadieron. Los frutales ya no existían, se habían talado en los noventa, cuando se amplió la caseta del fondo del jardín. Pero Nigel, el vecino de al lado, llevaba mucho más tiempo en la localidad, así que fuimos a saludarlo, a deambular por su patio y a atisbar desde ahí el de Dawn y Graham. Los frutales formaban parte de su memoria viva, su *saeculum*, pero poco podía contar de ellos, salvo que habían estado allí, y tampoco había gran cosa que ver, aparte de unos tocones mohosos y ahogados por la hiedra, en descomposición, tal vez los últimos rastros de aquellos árboles.

Entramos en la casita y Graham me enseñó una fotografía aérea en color del lugar tal como era unos cincuenta años antes. También en esa imagen los árboles aparecían como manchas verdes, y lo principal era que los frutales ya no existían. El interior de la vivienda tenía las paredes enlucidas con yeso, revestimientos de madera oscura y habitaciones pequeñas de techo bajo, pintorescas y agradables como yo nunca habría imaginado que sería algo asociado a Orwell. Casi todas las descripciones la pintan como un lugar deprimente, y en 1936 carecía de las comodidades modernas —gas, electricidad y un lavabo, y el tejado no era entonces de paja, sino de zinc—, pero, por lo que sé, a él le encantaba estar allí. Graham me mostró la puerta baja que separaba la cocina del cuarto que Orwell utilizaba como despacho, y también me enseñó la pieza de más allá, la sala de estar de Dawn y Graham, que en tiempos de Orwell había hecho las veces de tienda; el escritor, que era alto, tendría que agacharse para no darse en la cabeza con el dintel. En la puerta se habían practicado unas ranuras para que Orwell viera si entraba algún cliente mientras él trabajaba.

Los árboles del jardín habían desaparecido, pero después de pasar por casa de Nigel y de ver los tocones y la fotografía, la pareja me comentó que las rosas plantadas por Orwell tal vez siguieran allí. La sorpresa que me causó la noticia me espabiló, y la leve desilusión por los frutales se vio superada por un torrente desenfrenado de eufórico interés. Salimos de nuevo al jardín, donde incluso en aquel día de noviembre dos grandes rosales indómitos estaban floridos; uno tenía unos capullos de color rosado pálido un poco abiertos, y el otro, flores de tono casi salmón con un borde dorado en la base de cada pétalo. Esos rosales supuestamente octogenarios, seres vivos plantados por la mano viva (y la labor de la pala) de alguien que durante la mayor parte de la vida de esas plantas no ha estado en este mundo, rebosaban de vida. Graham me contó que eran tan prolíficos que la maestra Esther Brookes, que compró la casa en 1948, después de que Orwell rescindiera el contrato de alquiler, empleaba los capullos de uno de ellos como tíquets de entrada para la feria del pueblo. En 1983 Esther Brookes refirió que el rosal Albertine plantado por el escritor era «la gloria del jardín» y «todavía da flores».[5]

Los rosales de Orwell estaban en flor en noviembre de 1939, cuando escribió en su diario doméstico: «Cortados los polemonios que quedaban, atados algunos crisantemos que el viento había tumbado. Cuesta hacer mucho en las tardes de invierno. Los crisantemos han florecido, casi todos los de color marrón rojizo oscuro, unos cuantos feos violetas y los blancos, que no conservaré. Las rosas siguen esforzándose por florecer; no hay más flores en el jardín. La floración de los asteres de otoño ya ha pasado y he cortado algunos».[6] Casi todas las personas que conocieron a Orwell han muerto, pero los rosales son una especie de *saeculum* que lo incluye a él. De repente me encontré en presencia del escritor de un modo que no esperaba y en presencia de un retazo vivo del artículo, y esas plantas reorganizaron mis suposiciones de antaño.

La relación directa de los dos rosales con Orwell y con aquel ensayo de hacía tanto sobre las rosas y los árboles frutales, la continuidad y la posteridad me inundó de una feliz euforia, al igual que el hecho de que aquel hombre famoso sobre todo por su clarividente análisis del totalitarismo y la propaganda, por abordar realidades desagradables, por una prosa sobria y una visión política implacable hubiera plantado unos rosales. Que un socialista, un utilitarista o una persona práctica o pragmática plante árboles frutales no tiene nada de sorprendente, ya que estos poseen un valor económico tangible y producen alimento, un bien necesario, aunque produzcan mucho más que eso. Pero plantar un rosal —o, en el caso del jardín que Orwell resucitó en 1936, siete rosales al principio y luego otros más— puede significar muchas cosas.

No había reflexionado con la suficiente atención sobre aquellos rosales del ensayo que había leído por primera vez hacía más de un tercio de siglo. Eran rosales y saboteadores de mi larga aceptación de la versión convencional de Orwell, y me invitaron a ahondar más. Eran preguntas acerca de quién era Orwell y quiénes éramos nosotros y dónde encajan el placer, la belleza y las horas sin resultados prácticos cuantificables en la vida de una persona —quizá en la de cualquiera— que también se preocupaba por la justicia, la verdad y los derechos humanos, y por cómo cambiar el mundo.

2

El poder de las flores

Hay muchas biografías de Orwell y me han sido de utilidad para este libro, que no está destinado a incorporarse a ese estante, sino que es más bien una sucesión de incursiones desde un punto de partida: ese gesto mediante el cual un escritor plantó unos rosales. Como tal, es asimismo un libro sobre las rosas en cuanto miembro del reino vegetal y en cuanto flor concreta en torno a la cual se ha erigido un inmenso edificio de reacciones humanas, desde la poesía hasta el sector comercial. Los rosales son una planta —o muchas especies de una planta— silvestre extendida y muy domesticada, de la que todos los años se crean variedades nuevas, y por lo que se refiere a esto último, sus flores son también un gran negocio.

Las rosas lo significan todo, lo que implica que casi no significan nada. Se han empleado para abordar cuestiones importantes, desde su uso como ejemplo en el análisis de los universales por parte del filósofo medieval Pedro Abelardo hasta el vanguardista «Una rosa es una rosa es una rosa» de Gertrude Stein. La antropóloga Mary Douglas tiene una frase en la que viene a decir que, así como todo simboliza el cuerpo, el cuerpo simboliza todo lo demás.[1] Lo mismo cabe decir de las rosas en el mundo occidental. En cuanto imágenes, son tan omnipresentes que se convierten prácticamente en papel pintado y se reproducen de manera sistemática sobre cualquier cosa, desde la lencería hasta las lápidas. Las rosas de verdad se utilizan para cortejar a alguien, en las bodas, los entierros, los cumpleaños y otras muchas ocasiones; es decir, para la alegría, para la pena y la pérdida, para la esperanza, la victoria y el placer. Cuando John Lewis, congresista y líder en la defensa de los derechos civiles de los negros, falleció en el verano de 2020, una carroza tirada por caballos llevó su féretro por el puente de Alabama donde la policía estatal lo había apaleado hasta casi matarlo durante una protesta. Todo el recorrido estaba sembrado de pétalos de rosas rojas como símbolo de la sangre derramada en aquel entonces.

Del mismo modo que afloran en los adornos, brotan a borbotones en aforismos, poemas y canciones populares. Las flores suelen ser emblemas de fugacidad y muerte, como en los cuadros de *vanitas* tan habituales en la Europa del siglo XVII, donde con frecuencia se combinaban ramos muy elaborados con calaveras, frutas y otros recordatorios de que el florecimiento y la putrefacción, la vida y la muerte, son inseparables. En las canciones las rosas suelen simbolizar el amor, y el amado aparece como el trofeo que no se puede alcanzar o conservar. Entre los temas más populares de las últimas décadas figuran «La Vie en Rose», «Ramblin' Rose», «My Wild Irish Rose», «(I Never Promised You a) Rose Garden», «A Rose Is Still a Rose» y «Days of Wine and Roses». Sin embargo, en la maravillosamente lúgubre «A Good Year for the Roses», el gran éxito de 1970 del cantante country George Jones, los rosales que florecen duran más que su matrimonio.

Las espinas quizá sean uno de los elementos distintivos de las rosas y el motivo por el que en ocasiones estas se antropomorfizan como beldades caprichosas o *femmes fatales*; es el caso de la rosa engreída, la amada, de *El principito*, de Antoine de Saint-Exupéry. En la versión de *La Bella Durmiente* de los hermanos Grimm, la princesa se llama «Rosita Espinosa» (Dornröschen en alemán), los pretendientes que fracasan mueren atrapados en los espinos que crecen alrededor de la torre donde ella duerme y esas espinas se transforman en flores cuando se acerca el pretendiente indicado. Las flores atraen, las espinas ahuyentan o exigen un precio por la atracción. «Las verdades y las rosas están rodeadas de espinas», reza el viejo aforismo, y el poema de Marianne Moore «Solo rosas», que, como un número increíble de poesías, se dirige directamente a la rosa, acaba con el siguiente comentario: «Tus espinas son la mejor parte de ti».[2] Los teólogos medievales conjeturaron que en el jardín del Edén había rosas, pero que adquirieron las espinas después de la caída en desgracia.

Las flores son los órganos sexuales de las plantas y, aunque a menudo tienen órganos reproductores tanto masculinos como femeninos, habitualmente se representan como femeninas, y cualquier fenómeno que haya sido feminizado suele desecharse porque se considera ornamental e intrascendente. Quizá lo sea la flor que se corta para adornar un altar o una mesa, pues se la ha arrancado del ciclo vital de la planta y no producirá fruto, semillas ni otra generación. Tal vez la propia inutilidad de las flores cortadas, más allá del placer que nos procuran, las haya convertido en un regalo excepcional, que encarna la generosidad y el antiutilitarismo de regalar. Pero las flores son poderosas, y la vida de todos los seres humanos se entrelaza con ellas, nos demos cuenta o no.

Hay una perspectiva cultural según la cual las flores son delicadas, fútiles, prescindibles, y una perspectiva científica en que las plantas con flores fueron revolucionarias cuando aparecieron en el planeta hace unos doscientos millones de años y son una especie dominante en la tierra desde al Ártico hasta los trópicos y fundamentales para nuestra supervivencia. «Cómo las plantas con flores conquistaron el mundo»: así lo expresó hace poco un artículo científico. Las flores son los órganos sexuales de las plantas denominadas «angiospermas», y las semillas son la descendencia de esa reproducción sexual, y la revolución tuvo que ver al menos en la misma medida con las semillas. «Angiosperma» significa «semilla encapsulada», y esas cápsulas —a menudo una cubierta protectora, siempre una bolsa de alimento para nutrir la planta embrionaria, a veces alas, erizos u otro medio que permita a la simiente desplazarse— les proporcionaron métodos de propagación más vigorosos, variados y móviles que los que poseían las primeras plantas. Gracias a ellas sus especies fueron capaces de desarrollar técnicas más variadas de supervivencia y dispersión, y además las semillas eran un buen alimento para otros seres vivos. En un ensayo que me causó una gran impresión cuando era joven, el paleontólogo y poeta Loren Eiseley sostuvo hace más de medio siglo que las plantas con flores fueron puntales y acicates decisivos para la evolución de los mamíferos y las aves.

«El ágil cerebro de las aves y los mamíferos de sangre caliente requiere un consumo elevado de oxígeno y comida de forma concentrada, pues de lo contrario los animales no pueden mantenerse durante mucho tiempo», escribió en un capítulo de *The Immense Journey* titulado «Cómo las flores cambiaron el mundo».[3] «El auge de las plantas con flores —añadía— suministró esa energía y cambió la naturaleza del mundo vivo. Su aparición es paralela, de un modo bastante sorprendente, al auge de las aves y los mamíferos». Los insectos que evolucionaron a la par que las flores recibieron polen y néctar a cambio de sus servicios de polinización, y lo mismo ocurrió con los pájaros y los murciélagos que también polinizan mientras se alimentan de las flores. Las relaciones fueron tan importantes que las especies evolucionaron a la vez y algunas desarrollaron relaciones casi monógamas; es el caso de la orquídea de Madagascar, con un espolón tan largo que solo puede ser polinizada por la polilla halcón (*Xanthopan morganii praedicta*), que posee una lengua de enorme longitud, o el de la *Yucca glauca*, que desde hace cuarenta millones de años depende de la *Tegeticula yuccasella* para su polinización, del mismo modo que esa polilla cuenta con la simiente de la yuca como único alimento para sus larvas. Las semillas constituyen la principal fuente de alimentación de otras muchas especies, incluida la nuestra, en forma de cereales, legumbres, frutos secos, fruta y esas hortalizas —la calabaza y el calabacín, los tomates, los pimientos y demás— que olvidamos que son frutos portadores de semillas. También las simientes desarrollaron relaciones de beneficio mutuo; por ejemplo, las bayas comidas por pájaros que esparcen las semillas sin digerir lejos de la planta madre. Eiseley sostiene que las relaciones complementarias entre las angiospermas y los animales generaron un mundo más complejo e interrelacionado, y los comestibles concentrados aceleraron la evolución de los mamíferos.

Escribo estas líneas entre mordiscos y traguitos de lo que desde hace mucho tiempo es mi desayuno habitual: té de hojas de la India, una tostada de trigo y centeno mezclados con otras semillas, leche, mantequilla y yogur de vacas de la zona cuyos pastos conozco bien, y miel de abejas; todo un paisaje bucólico en una bandeja. La mayor parte de lo que comemos son angiospermas o, en el caso de los no veganos, productos de animales que se alimentan de angiospermas. Tal vez haya razones evolutivas para que las flores nos resulten tan atractivas, pues nuestra vida está muy vinculada a la suya y las hemos domesticado y cultivado para ampliar y modificar su tamaño, sus formas, colores y aromas. Nuestra vida depende, si no exactamente de las flores, sí de las plantas con flores.

Las rosas no son un alimento humano importante en ningún lugar de la tierra, pero sus pétalos se usaban en las recetas medievales y su fruto, el escaramujo, todavía se utiliza en infusiones y tisanas. Durante la Segunda Guerra Mundial, el Ministerio de Alimentación británico (donde trabajaba la esposa de Orwell, Eileen O'Shaughnessy Blair) emprendió unas campañas de recogida de escaramujos con la intención de proporcionar vitamina C a una nación privada del suministro de alimentos importados, en particular los cítricos. Según se informó, en 1942 se habían recogido doscientas toneladas, el equivalente a ciento treinta y cuatro millones de bayas, en su mayoría para elaborar sirope, pero el ministerio difundió asimismo recetas de mermelada casera de escaramujo, un producto todavía común en Alemania.[4] Naturalmente, las rosas también se utilizan en los perfumes y los aceites esenciales.

Forman parte de la familia *Rosaceae*, compuesta por más de cuatro mil especies, entre las que figuran el manzano, el peral, el membrillo, el albaricoquero, el cerezo y el melocotonero, además de la zarzamora y el frambueso, cuyas flores se parecen a las del rosal silvestre. La flor del rosal silvestre, al igual que la de los árboles frutales, tiene cinco pétalos; las rosas creadas a partir de mutaciones aleatorias en China, Europa y Oriente Próximo desarrollaron las conocidas variedades con múltiples pétalos. «La mayoría tiene cinco pétalos —escribió el filósofo Teofrasto en el siglo III a. C.—, pero otras tienen doce o veinte y hay algunas con un número de pétalos mayor aún, pues las hay que tienen merecido el apodo de "centipétalas"», y tres siglos más tarde Plinio el Viejo también habló de rosas centifolias.[5]

En los últimos siglos los cultivadores han producido varian- tes de esas formas, de modo que en la actualidad existen miles de variedades de rosas, desde las veteranas mosquetas, damascenas y albas hasta las innumerables versiones actuales de las híbridas de té; desde las de pitiminí hasta las enormes de Provenza; de las flores solitarias a las arracimadas, de las arbustivas a las trepado- ras, de las austeras blancas a las lóbregas tentativas de malva y morado, con un amplio surtido de carmesíes, rosadas, rojas y amarillas, y con aromas descritos como dulces, fuertes, cítricos, afrutados, parecidos al de la mirra, almizcleños. Incluso como adorno, las flores representan la vida misma —la fertilidad, la muerte, la caducidad, la prodigalidad—, y así entran en nuestro arte, nuestros ritos y nuestra lengua.

3

Lilas y nazis

El 2 de abril de 1936, unos meses antes de cumplir treinta y tres años, Orwell acababa de llegar a Wallington, de alquilar la casa, y estaba preparando un jardín y, con él, una vida. Aquella primavera, se encontraba entre dos viajes que despertarían su conciencia política y lo llevarían a convertirse en periodista y ensayista político y, con el tiempo, en un escritor con una inmensa influencia. Además, por primera vez se establecía en un lugar, en un domicilio donde permanecería más tiempo que en ningún otro y en el que por primera vez viviría como deseaba, con un jardín y una esposa, en el campo, con la escritura como principal fuente de ingresos.

La vida de Orwell fue especialmente episódica, y muchos de los episodios son geográficos. Nació en el norte de la India, donde su padre pasó los primeros años de la infancia del escritor, y su madre lo crio en una sucesión de agradables ciudades inglesas. La vida con su madre y sus dos hermanas quedó interrumpida cuando a los ocho años lo enviaron a un internado, donde durante un lustro, a cambio de una reducción de la tarifa, lo intimidaron, humillaron y prepararon para obtener una beca en uno de los colegios privados más selectos. La pena y la amargura seguían siendo intensas cuando, al final de su vida, escribió unas memorias de la experiencia. Cumplidos los trece, consiguió una beca para el colegio privado más selecto, Eton, donde pasó otros cuatro años y adquirió un acento que lo señalaba como un intruso entre los pobres sin formar por ello parte de los ricos. Allí no pudo o no quiso volver a sobresalir, de modo que, sin dinero de la familia para la universidad ni los méritos necesarios para la obtención de una beca, tuvo que ponerse a trabajar.

Con diecinueve años se fue a Birmania para incorporarse a la policía imperial británica, donde permaneció un lustro, y hay una fotografía de él allí, entre sus compañeros del cuerpo, con su uniforme de estilo militar y más robusto y mejor vestido que en ningún otro momento de su vida. Su labor consistía en intimidar a los nativos para que se sometieran a una autoridad colonial indeseada, y sobre ello escribiría más tarde en la novela *Los días de Birmania* y en los ensayos «Matar a un elefante» y «Un ahorcamiento». Se marchó en 1927, oficialmente por problemas de salud, pero se negó a regresar. Trece años más tarde diría de ese trabajo en Birmania: «Lo dejé en parte porque el clima me había quebrantado la salud y en parte porque ya tenía algunas ideas vagas de escribir libros, pero sobre todo porque no podía seguir sirviendo a un imperialismo al que había llegado a considerar en gran medida un tinglado».[1] Acaso esa ambición literaria y el bajo coste de la vida en Francia en aquella época fueran el motivo por el que poco después se trasladó a París, pero también había decidido invertir la dirección que sus padres le habían marcado y bajar de clase social: no solo ser pobre, sino también estar por voluntad propia entre los pobres como una forma de expiar aquella fase colonial y comprometerse con las clases sociales que, según le habían enseñado, debía evitar.

Su primer libro, *Sin blanca en París y Londres,* es un relato picaresco de su inmersión en el submundo del gorroneo, los chanchullos y las estrecheces. En dos ensayos describe ese periodo entre los indigentes. En «Cómo mueren los pobres» narra las dos semanas que pasó en el sórdido pabellón comunitario de un hospital parisiense cuando en marzo de 1929 sufrió una neumonía grave. No atendieron sus necesidades fisiológicas y trataron su enfermedad con métodos brutales y anacrónicos. A finales de 1929 regresó a Inglaterra, donde al principio vivió con sus padres. El ensayo «Hop Picking» habla de sus tareas y encuentros sociales entre los recolectores de lúpulo —«gente humilde del East End, en su mayoría vendedores ambulantes de frutas y verduras, nómadas y trabajadores agrícolas itinerantes, con algún que otro vagabundo»—[2] en una granja de Kent en 1931, así como de los lamentables salarios, las duras condiciones de vida y los placeres que encontró en el trabajo en sí y en una actividad secundaria como el robo de manzanas. «Eran de esas personas [...] que añaden un "puto" a cada sustantivo —escribió de esa experiencia en su diario—, y sin embargo jamás he conocido nada que superase a su bondad». De 1932 a 1935 trabajó de maestro en escuelas provinciales y como dependiente de una librería en Londres, empleos muy mal remunerados que aborreció en sí mismos y por el tiempo y la energía que le robaban a la escritura.

Los otros lugares donde estuvo —el cruel internado, Eton, Birmania, París, España durante la Guerra Civil, Londres en aquella época de empobrecimiento y de nuevo durante la Segunda Guerra Mundial y, por último, la remota isla escocesa donde pasó todo el tiempo que pudo en sus últimos años— han suscitado mucha más atención que Wallington. Es cierto que Birmania, París, Londres y España se convirtieron en escenarios de sus libros y que se corresponden mejor con la versión de Orwell que he hallado una y otra vez en las obras que he leído sobre él tras aquel encuentro con las rosas otoñales. Dichas versiones recalcan su compromiso político, sus discordias con algunos de sus iguales y su excepcional clarividencia respecto a cómo la propaganda y el autoritarismo se alimentaban mutuamente y amenazaban los derechos y las libertades; también hacen hincapié en sus lamentables problemas respiratorios, que lo llevarían a la tumba a los cuarenta y seis años. Una de ellas se titula *Orwell: la conciencia de una generación.* Los libros pintaban un retrato duro y deprimente en tonos de gris.

Quizá el implacable análisis que hizo de las monstruosidades y los peligros subyacentes en su época y en el futuro defina a Orwell, pero se ha usado también para presentarlo como si él fuera lo que vio o como si eso fuera lo único que miró. Regresé a su literatura después de que las rosas me espolearan, y en ella encontré otro Orwell con otras perspectivas que parecían servir de contrapeso a su crítica de la monstruosidad política. Una de las sorpresas fueron las múltiples páginas dedicadas al disfrute, desde las numerosas formas de bienestar doméstico que pueden calificarse de acogedoras hasta las postales procaces, los placeres de la literatura infantil estadounidense del XIX, los escritores británicos como Dickens, «los buenos libros malos» y otras muchas cosas, y sobre todo los animales, las plantas, las flores, los paisajes naturales, la jardinería y la horticultura, el campo; placeres que afloran una y otra vez en sus libros y en la evocación lírica del País Dorado de *1984*, con su luz, sus árboles, sus praderas, el canto de los pájaros y la sensación de libertad y liberación.

Ese Orwell desconocido me recordó un ensayo de Noelle Oxenhandler sobre la espera, la lentitud y su valor. En él menciona la vida de Jacques Lusseyran, que quedó ciego de niño y a los diecisiete años, durante la Segunda Guerra Mundial, se convirtió en activista de la Resistencia en París. «Lo que me impresionó tanto como su actividad heroica fue la pausa que la precedió»,[3] afirma Oxenhandler, que describe cómo Lusseyran exploró París durante la ocupación nazi y, al mismo tiempo, aprendió a bailar el swing porque, según escribió él en sus memorias, «el swing era en realidad un baile para expulsar a los demonios».[4] De las palabras de Oxenhandler y Lusseyran se deduce que una persona puede prepararse para su misión principal en la vida haciendo otras cosas que tal vez parezcan no guardar la menor relación con ella, y cuán necesario puede resultar.

Por lo visto Orwell poseía un don para esa otra tarea, además de las aptitudes para darle lo que requería. En la última fase de su vida se concentró en escribir *1984* a la par que dedicaba una gran cantidad de tiempo, energía, imaginación y recursos a crear un jardín que más bien era una granja, con ganado, cultivos, árboles frutales y un tractor —y muchísimas flores—, en la remota punta de una isla escocesa. ¿Qué es lo que hace posible que una persona forje una obra de enorme valor para las demás y alcance el principal objetivo de su vida? Acaso parezca —a ojos de los demás y a veces incluso a los de esa persona— algo trivial, intrascendente, autocomplaciente, fútil, disparatado o cualquiera de las otras palabras peyorativas con que lo cuantificable vapulea a lo incuantificable.

Ese Orwell desconocido también me recuerda una famosa parábola budista sobre alguien que cae por un precipicio al huir de un tigre y se agarra a una plantita para no morir despeñado. Se trata de una planta de fresa que poco a poco va desprendiéndose y no tardará en ceder, y de ella pende un hermoso fruto maduro. La parábola plantea la pregunta de qué debe hacerse en un momento así, y la respuesta es: saborear la fresa. Indica que somos mortales y que tal vez abandonemos este mundo antes de lo que pensamos: a menudo hay tigres; a veces hay fresas. El tigre personal de Orwell fue su pésima salud, por lo que cabe suponer que sabía que la muerte nunca estaba muy lejos.

Padeció enfermedades respiratorias durante buena parte de su vida.[5] Empezó con una bronquitis cuando era un niño que apenas si sabía andar. Al parecer eso le provocó una bronquiectasia, una afección de las vías respiratorias que lo volvió más propenso a las infecciones pulmonares. Sufrió neumonías y bronquitis en repetidas ocasiones, tanto en la infancia como de adulto, y con frecuencia estuvo tan enfermo que requirió hospitalizaciones y convalecencias de semanas y meses. Al parecer contrajo en España en 1937 (aunque según otras fuentes ocurrió en Birmania diez años antes) la tuberculosis que le causaría peligrosas hemorragias pulmonares, disnea, debilidad y extenuación. Tras varias estancias prolongadas en hospitales y sanatorios a lo largo de su vida, el último quebranto de salud lo obligó a pasar un año en una clínica antes de morir de tuberculosis en enero de 1950, a los cuarenta y seis años.

La sombra de la muerte asusta o deprime a unas personas; a otras las impulsa a vivir con mayor intensidad y a valorar más la vida, y Orwell parece contarse entre estas últimas. Poseía un carácter marcial y austero en muchos aspectos, no rehuía el malestar físico y se forzaba a superar las limitaciones de su cuerpo hasta que se veía postrado en cama, y luego se levantaba, una y otra vez, y pese a todo estiraba la mano para coger alguna que otra fresa. «Era un rebelde contra su propia condición biológica y un rebelde contra las condiciones sociales —afirmó un amigo suyo—; las dos rebeldías estaban estrechamente ligadas».[6]

Todo esto no significa que fuera una figura intachable. Tras la muerte de su esposa se lamentó de no haber sido con ella todo lo amable y fiel que debería. Se aferró a algunos de los prejuicios de su clase social, de su raza y nacionalidad, de su género, su heterosexualidad y su tiempo. Esos desprecios y comentarios desdeñosos fueron especialmente intensos en sus primeras cartas y obras publicadas. Vapulear a otras personas parecía ser una forma de definir su identidad y mantener la autoestima, pero esa actitud fue diluyéndose a medida que fue ganando confianza en sí mismo y volviéndose más humano como escritor y como persona.

Su literatura es a veces brillante, útil a menudo, fabulosamente profética y en ocasiones incluso bella, en una definición de belleza que poco tiene que ver con lo bonito. Desde luego, también está salpicada de prejuicios y ángulos muertos. Y aunque no fuera un hombre ejemplar en algunos aspectos, en otros era valiente y estaba comprometido. Se las arregló para amar lo inglés y al mismo tiempo aborrecer el Imperio británico y el imperialismo y hablar mucho de ambos, para abogar por los más débiles y los marginales y para defender los derechos humanos y las libertades en cuestiones que siguen siendo relevantes.

No hay ningún libro de Orwell sobre Wallington, a menos que lo sea la austera alegoría *Rebelión en la granja*, ambientada en un lugar llamado Willingdon y centrada en un gran establo de Manor Farm (la Granja Solariega) muy parecido al establo de Manor Farm que todavía se alza, imponente y negro como la pez, a la vuelta de la esquina de la casita. Pero casi cada una de sus obras contiene evocaciones de la campiña inglesa, y el placer que esta proporciona tiene mucho que ver con este lugar y con los sitios por los que Orwell paseó, en los que pescó, recogió plantas para estudiarlas, observó aves, cultivó la tierra y jugó en la infancia, la adolescencia y la juventud. Su niñez parece dividida entre la libertad y el disfrute de la vida al aire libre, por un lado, y por otro la disciplina y la tristeza de los colegios donde vivió de los ocho a los dieciocho.

Cuando tenía once años, un día hizo el pino en un prado para llamar la atención de otros tres niños. El ardid dio resultado. Jacintha Buddicom, que formaba parte del trío, escribió unas memorias sobre la amistad que ella y sus hermanos mantuvieron con Orwell en las vacaciones escolares, cuando él se reunía con su familia en Shiplake, Oxfordshire. Durante los años siguientes, siempre que Orwell estaba en casa, pasaba buena parte del tiempo jugando y explorando al aire libre con ellos. Hacían «excursiones por el campo no demasiado largas», pescaban, observaban las aves y recogían huevos de pájaro. Jacintha Buddicom recordaba que a Orwell le fascinaban los libros, leer y contar cuentos de fantasmas, así como explorar el mundo natural, y que se proponía ser no solo escritor, sino sobre todo un «Escritor Famoso».[7]

La novela *Subir a respirar*, de 1939, contiene largos pasajes que evocan parte del hechizo que su entorno ejercía en él. Por ejemplo: «Dábamos largos y lentos paseos, cogiendo y comiendo cositas todo el rato. Bajábamos por la callejuela de detrás de los huertos, seguíamos por los prados e íbamos hasta el molino, donde había un estanque con tritones y carpas pequeñas (al que Joe y yo fuimos a pescar unos años después) y volvíamos por la carretera de Upper Binfield para pasar por una tienda de golosinas que estaba a la salida del pueblo».[8]

Orwell sería enormemente famoso por frases como esta de *1984*: «Si quieres hacerte una imagen del futuro, imagina una bota aplastando una cara humana... eternamente».[9] Despierta una gran admiración por frases sobre el uso y el abuso del lenguaje, como esta de 1946: «El lenguaje político [...] está diseñado para que las mentiras suenen a verdad y los asesinatos parezcan algo respetable; para dar aspecto de solidez a lo que es puro humo».[10] Se le daba bien el sarcasmo, como se demuestra en estas dos frases de 1944, cuando emprendió una modesta campaña contra el uso arbitrario de la expresión «bajo la férula»: «Si se le pregunta a un periodista qué es la "férula" no lo sabrá. Sin embargo, continúa hablando de férulas».[11]

Pero también escribió frases como las del ensayo que me impulsó a visitar la casa: «En los buenos tiempos en que no había nada en Woolworths que costara más de seis peniques, uno de sus mejores productos eran los rosales. Aunque eran siempre plantas muy jóvenes, daban flores a los dos años, y creo que nunca se me murió ninguno».[12] O incluso esta, de una carta de abril de 1936, cuando plantó aquel jardín: «El jardín sigue siendo un estercolero (he desenterrado doce botas en dos días), pero estoy arreglando un poco las cosas».[13]

En sus textos coexisten a menudo lo espantoso y lo exquisito. Cuando viajó a Alemania para informar del final de la Segunda Guerra Mundial, encontró un cadáver cerca de un puente peatonal de Stuttgart, uno de los últimos no bombardeados que cruzaban el río: «Un soldado alemán muerto yacía boca arriba al pie de los escalones. Tenía el rostro amarillo como la cera. Sobre el pecho alguien le había depositado un ramillete de las lilas que andaban floreciendo por todas partes».[14] El pasaje suscita una imagen y establece un equilibrio: esa cara amarilla y esas lilas, la muerte y la vida, el vigor de la primavera y la inmensa devastación de la guerra.

Las lilas no anulan la existencia del cadáver ni la de la guerra, pero la vuelven más compleja al modo en que lo concreto suele volver más complejo lo general. Lo mismo ocurre con la mano invisible que depositó un ramillete sobre un soldado, y con el dato de que las lilas estaban en flor en Stuttgart, que en 1945 no era más que cascotes y escombros tras los miles de toneladas de bombas arrojadas por los aviones británicos durante la contienda. Las flores dicen que ese ser humano considerado enemigo por los lectores británicos era el amigo o el amado de alguien, que su cadáver tenía una historia personal además de política.

Si escarbamos en la obra de Orwell, daremos con infinidad de frases sobre las flores, los placeres y el mundo natural. Si leemos un buen número de esas frases, el retrato gris cobra color y, si buscamos esos extractos, incluso *1984*, su última obra maestra, cambia de cariz. Son frases menos grandilocuentes y menos proféticas que los análisis políticos, aunque no son ajenas a estos, y poseen su propia poética, su propia fuerza y su propia política. La naturaleza es en sí misma inmensamente política por lo que se refiere a cómo la imaginamos, interactuamos con ella e influimos en ella, pese a que en aquella época no fueran muy conscientes de ello.

El cadáver del alemán tiene algo que decirnos sobre la guerra y el nacionalismo y sobre el encuentro con la muerte. También las flores tienen algo que decirnos en esa frase: tal vez que existe algo más allá de la guerra, del mismo modo que existe el tiempo cíclico, el de la naturaleza en forma de estaciones y procesos que hasta hace poco se concebían fuera del tiempo histórico. Un ser humano vive en ambos en cuanto actor político, ciudadano de aquí o de allá, sede de una mente con opiniones y creencias, pero también en cuanto entidad biológica que come, duerme, excreta y procrea, fugaz como las flores. Las emociones nacen de los miedos y deseos físicos, pero también de las ideas, los compromisos y la cultura.

Orwell lo aborda directamente en su ensayo de 1946 «Por qué escribo»: «Todo el que se tome la molestia de examinar mi obra se dará cuenta de que, incluso cuando es propaganda pura y dura, contiene muchas cosas que un profesional de la política consideraría irrelevantes. Ni soy capaz ni quiero abandonar del todo la visión del mundo que adquirí en la infancia. Mientras siga con vida, mientras siga siendo capaz de hacer lo que hago, seguiré albergando intensos sentimientos por el estilo, seguiré amando la superficie de la Tierra, seguiré complaciéndome en los objetos sólidos y en las informaciones inútiles. De nada sirve tratar de reprimir esa parte de mí. El trabajo consiste en reconciliar mis gustos y mis rechazos más arraigados con las actividades esencialmente públicas, no individuales, que esta época nos impone a todos».[15]

La frase central es extraordinaria, un credo movido por las palabras «sentimientos», «amar» y «complacerse». Es de una concreción suprema por lo que se refiere a los objetos de ese amor y ese placer. Dedicó mucho tiempo a tales fenómenos y le procuraron mucho placer, algo que sus textos revelan, a diferencia de la mayoría de los libros sobre Orwell y de la versión popular que se ofrece de él. Pasó mucho tiempo con flores y les prestó atención en entornos tanto bucólicos como nada bucólicos. En 1944, mientras vivía en un Londres bombardeado una y otra vez desde hacía años, preguntó a los lectores si conocían el nombre de «la hierba con una flor rosa que crece profusamente en los sitios bombardeados».[16]

Por aquella época la poeta Ruth Pitter llegó del campo para visitarlo, y mucho después recordaría: «Yo le había llevado dos cosas imposibles de comprar en Londres en aquella época: un buen racimo de uvas de la casa de mi madre, en Essex, y una rosa roja; dos tesoros excepcionales. Me parece verlo ahora alzar en alto las uvas con una sonrisa de admiración y placer, y luego con la rosa entre las manos enflaquecidas mientras aspiraba el aroma con una especie de alegría reverencial. Es la última imagen vívida que guardo de él».[17]

No solo era jardinero, sino también, desde la infancia, un ferviente naturalista. Siendo un hombre pobre con pocas opciones para la intimidad, a menudo confiaba en los parques y parajes rurales para su actividad sexual, una práctica que se refleja en sus novelas *Que no muera la aspidistra* y *1984*, y tal vez eso añadiera otro manto de atractivo al mundo natural. Con todo, no era lo único que le gustaba del campo. Richard Peters, a quien Orwell dio clases particulares cuando Peters era niño y Orwell joven, habló de las largas caminatas que hacían: «Comentaba los actos políticos del mismo modo que el comportamiento de los armiños o las costumbres de las garzas. [...] Su actitud con los animales y los pájaros era más o menos la misma que con los niños. Se sentía a gusto con ellos. Parecía saberlo todo sobre ellos y los encontraba divertidos e interesantes».[18]

Una mujer con quien acostumbraba salir a pasear cuando era joven recordaba: «Sabía una barbaridad de cosas del campo y se fijaba en los pájaros y otros animales y me los señalaba. "¡Escucha!", exclamaba, y me decía qué pájaro era el que cantaba. ¡Cuando por fin yo lo veía ya había volado! Y los árboles..., conocía el nombre de las plantas».[19] El novelista Anthony Powell se quejaba: «Si uno iba de paseo por el campo con Orwell [...], él le señalaba, casi con preocupación, un arbusto que retoñaba demasiado pronto dada la época del año o una planta que rara vez crecía en el sur de Inglaterra».[20]

Un joven comunista que visitó a Orwell en la última etapa de su vida contó que el escritor lo aburrió «de lo lindo con un sinfín de descripciones de las costumbres de las aves»,[21] posiblemente para no hablar de política. Este Orwell parece un sobrino de Thoreau (quien recogía plantas para estudiarlas, anotaba en sus diarios el momento en que migraban las aves y brotaban las primeras flores, cultivaba hortalizas para venderlas y para el consumo de sus allegados y, naturalmente, defendía posturas políticas y acciones radicales en algunos de sus ensayos más importantes). Es alguien a quien yo no esperaba encontrar, pero, una vez que sabes cómo es, topas con él a menudo.

En 1935 publicó un poema no demasiado bueno: no era un poeta con talento ni un novelista prometedor, y (al igual que a otras personas) le llevó cierto tiempo descubrir que poseía unas dotes extraordinarias para el ensayo. El poema era un retrato convincente de su visión de sí mismo como alguien que hacía lo que la época le exigía.

> Un párroco feliz podría haber sido
> doscientos años atrás
> para la condenación eterna predicar
> y ver mis nogales medrar.[22], *

Lamenta haber perdido ese «refugio placentero», aunque más tarde lo consiguió. O más bien se lo consiguió su tía, pese a que en una carta dirigida a su amigo Jack Common dijo que se lo consiguió «una persona amiga», quizá porque a sus treinta y tres años «tía» lo hacía parecer demasiado infantil. Al igual que a la casa de Wallington, a la hermana mayor de la madre de Orwell se le ha dedicado en general poco espacio en las biografías del escritor, si bien desempeñó un papel importantísimo en un momento decisivo. (Podría escribirse toda una historia sobre las tías bohemias y los tíos homosexuales, sobre los parientes que animan a los niños inadaptados como sus progenitores no quieren o no saben hacer). La tía de Orwell, Helene Limouzin, a la que llamaban Nellie, era sufragista, socialista (con toda probabilidad la primera persona socialista que él conoció), bohemia, actriz y colaboradora en publicaciones de izquierdas.[23]

---

* «A happy vicar I might have been / Two hundred years ago / To preach upon eternal doom / And watch my walnuts grow». *(N. de la t.)*.

Al hablar de su amigo Eric Blair (que adoptaría el nombre de George Orwell en 1933), Jacintha Buddicom rememoraba: «Había una tía Ivy Limouzin y una tía Nellie, según recuerdo. Una de esas tías o las dos y sus amigas eran sufragistas militantes. La señora Blair simpatizaba con la causa, pero no era muy activa. Eric decía que algunas de ese grupo acababan encarceladas y hacían huelgas de hambre, además de encadenarse a verjas».[24] Cuando Orwell era un jovencito, la tía Nellie le presentó al primer escritor serio que conocería, E. Nesbit, famosa por sus turbulentas novelas infantiles y cofundadora del grupo socialdemócrata Sociedad Fabiana.

Nellie echó una mano a su sobrino cuando este regresó de Birmania y trató de iniciar a tientas una nueva vida. Mientras que la decisión de Orwell de abandonar la escala de la movilidad ascendente para dedicarse a algo tan incierto como la literatura escandalizó a sus padres, Nellie, ella misma intrépida y falta de fondos, lo alentó. En algún momento de los años veinte mantuvo relaciones con un anarquista francés, Eugène Adam, que había sido testigo de la Revolución rusa de 1917. Nellie y Adam vivían juntos en París durante el periodo que Orwell pasó allí al final de la década de los veinte. El hecho de que Adam conociera la Revolución rusa de primera mano y que rechazase aquello en que se había convertido tal vez influyeran en que Orwell fuera consciente de lo mal que había salido el experimento. En general los anarquistas se dieron cuenta pronto, en tanto que demasiados comunistas siguieron imaginando que se trataba de la gloriosa consecución de la dictadura del proletariado mucho después de que fuera una dictadura más.

El Orwell adulto publicó su primer texto en una revista francesa de izquierdas dirigida por el novelista Henri Barbusse, que Nellie había presentado a su joven sobrino. El 3 de junio de 1933, cuando Orwell era maestro de una escuela provincial, ella le envió dinero para que le renovara la suscripción a la revista izquierdista *Adelphi* y le indicó que se quedara con la vuelta. «Te servirá para pagar el alquiler del huerto comunitario, del que espero que hayas sacado algún provecho; sin duda habrás tenido que gastar en semillas, quizá en abono y tal vez también en aperos, aunque confío en que te los prestaran o los robaras. [...] Aquí, mientras asisten a las conferencias de desarme, se preparan muy a fondo para la guerra».[25] Es una carta larga y cariñosa, en la que muestra un dulce interés por los empleos de Orwell, su libro y su jardín, comparte su propio interés por la política y acepta las decisiones de su sobrino, y la pobreza resultante, sin cuestionarlas.

Orwell estaba muy entregado a su parcela del huerto comunitario. Ese mismo año, unos meses antes, escribió a una mujer con la que flirteaba: «Perdona que haya tardado tanto en escribirte, pero, como de costumbre, he estado hasta arriba de trabajo y en las pausas intentando conseguir que mi jardín doble el espinazo. Hoy casi me lo he roto yo usando la pala para el césped y ayer me di en la espinilla con el pico. ¿Has leído ya *Ulises*?».[26] Añadía, probablemente en alusión a alguna actividad erótica al aire libre: «Estuvo muy bien lo de Burnham Beeches y me encantaría volver cuando los árboles estén retoñando». Y a otra mujer a la que cortejaba le escribió en julio a propósito del huerto comunitario, donde por lo visto cultivaba hortalizas que esperaba vender: «... calabacines y calabazas, que crecen casi a ojos vistas. Hemos tenido carretadas de guisantes, las judías están empezando, pocas patatas, supongo que debido a la sequía. He terminado mi novela, pero hay muchísimo de ella que no me gusta nada».[27]

Luego se puso muy enfermo a causa de una neumonía y cuando le dieron de alta en el hospital tuvo que volver a casa de sus padres, donde pasó varios meses recuperándose. Por esa época empezó a publicar con el nombre de George Orwell, un esfuerzo por reinventarse según sus deseos y distanciarse de su familia. Ese proyecto debió de verse en peligro por el regreso al hogar familiar, en la ciudad costera de Southwold, en Suffolk.

Mientras vivía con sus padres, en una carta dirigida a una de las mujeres con que mantenía correspondencia, manifestó: «Esta época me pone tan enfermo que a veces casi siento el impulso de pararme en una esquina y ponerme a maldecir en nombre del cielo como Jeremías o Esdras o alguien así».[28] Más tarde destacaría con sus jeremiadas e invectivas sobre la época. Pero en la carta hizo algo interesante que los seres humanos hacemos cuando hablamos en un tono informal: pasó sin solución de continuidad de la ira del Antiguo Testamento a informar de algo que parecía cautivarlo y despertar su curiosidad. «Siguen entrando erizos en casa —escribe un poco más abajo—, y anoche encontramos en el cuarto de baño uno muy chiquitito, no mayor que una naranja. Solo se me ocurrió pensar que era una cría de uno de los otros, aunque ya estaba formado del todo, es decir, tenía sus púas. Vuelve a escribirme pronto». Con frecuencia se insinúa (o se dice a gritos) que a quien le gustan los erizos no le importan los males de su época, aunque por lo común coexisten en la experiencia y la imaginación.

El 23 de septiembre de 1934, la tía Nellie escribió a su amiga galesa Myfanwy Westrope para interceder por su sobrino. Westrope era sufragista, pacifista, vegetariana y miembro del Partido Laborista Independiente, y ella y su esposo tenían una librería en Londres, cerca de Hampstead Heath. Su marido había aprendido esperanto en la cárcel, donde cumplió condena por ser objetor de conciencia durante la Primera Guerra Mundial, y el esperanto lo había conducido a Adam, y Adam lo había conducido a

Limouzin. Nellie puso a su sobrino en contacto con los Westrope y con un trabajo de tarde en la librería que le dejaba las mañanas libres para escribir y que iba acompañado de un dormitorio en la casa de la pareja, al lado de la tienda. Con el tiempo, la tía también se trasladó a Londres; Ruth Pitter rememora: «Sí, recuerdo que una vez fuimos a cenar con la tía Nellie. ¡Uf, qué cena! Creo que vivía con un viejo anarquista. La tía era todo un personaje. Nos sirvió un espantoso plato francés como el que hubiéramos comido en París si fuéramos parisinos y estuviéramos sin blanca».[29]

En aquellos años en que trabajó como maestro y como dependiente de la librería, Orwell publicó tres novelas sin demasiado éxito, una tras otra, en 1934, 1935 y 1936, antes de emprender aquellos viajes y encontrar una perspectiva política que lo orientase. Esos tres libros, de los que él mismo no se sentía satisfecho, tienen interés porque ofrecen una visión del mundo que debe menos al análisis político que al resentimiento personal. Quizá dicho resentimiento arranque de sus años de formación como niño pobre en escuelas para niños ricos, lo que le llevó a ponerse de parte de los más débiles y a detestar los poderes que los aplastaban. Sobre cómo era en la adolescencia dijo: «... yo era a la vez un esnob y un revolucionario. Estaba en contra de toda autoridad. [...] y me definía alegremente como socialista. Pero no tenía mucha idea de lo que era el socialismo y no tenía la convicción real de que los obreros fuesen seres humanos».[30]

En cada una de sus novelas aparece una persona distanciada de cuantos la rodean, y los adversarios se amalgaman en el sistema que es la sociedad, la cual oprime a los protagonistas. (La trama y el antihéroe de *1984*, un ser débil tanto física como moralmente, guardan un asombroso parecido con la trama y el protagonista de *Que no muera la aspidistra*, aunque esta última obra

—de las dos, la primera que escribió— presenta la pobreza y las presiones para ser dócil propias de la sociedad de Orwell, en tanto que la otra muestra un Estado totalitario que aniquila al personaje principal mediante la tortura y el terror). Además, cada libro adopta una prosa más vívida y apasionada en las descripciones de la experiencia inmediata, en especial del mundo natural. Los fragmentos de trama discutible, las vidas lúgubres, las furiosas diatribas y la espléndida capacidad de evocación parecen ingredientes que no han cocido juntos el tiempo suficiente. En *La hija del clérigo*, la protagonista que da título al libro ejerce de criada servil de su egoísta padre, atiende con diligencia a los enfermos y ancianos de la parroquia y es en general un alma frustrada que, tras verse arrastrada por una sucesión de acontecimientos no muy creíbles, al final se sume de nuevo en su desventura rural.

Tras una visita para atender a una anciana desdichada de la parroquia de su padre, en el camino de vuelta a casa en bicicleta se detiene para disfrutar un rato donde «las vacas rubias pastaban metidas hasta las corvas en un brillante mar de hierba. El olor de las vacas flotó como un destilado de vainilla y heno fresco hasta la nariz de Dorothy. [...] Dorothy reparó en un rosal silvestre, por supuesto sin flores, que crecía al otro lado del seto, y saltó la cerca para ver si era una mata de escaramujo oloroso. Se arrodilló entre la hierba al lado del seto. Hacía mucho calor tan cerca del suelo. El zumbido de un sinfín de insectos invisibles resonaba en sus oídos y se vio envuelta en los vapores estivales de la maleza enmarañada».[31] Las vidas inventadas por Orwell son desventuras salpicadas de epifanías. No creía en la felicidad permanente ni en la política que pretendía conseguirla, pero creía con fervor en los momentos de placer, incluso de éxtasis, y escribió con frecuencia sobre ellos, desde esos primeros libros hasta *1984*.

De él cuidaban diversas mujeres mayores, entre ellas Mabel Fierz, que había conocido a los padres de Orwell en Southwold. Fierz le presentó a varios hombres de Londres a los que trataba, y entre ellos el escritor encontraría a su agente literario, a sus editores y a algunas de sus amistades más duraderas. Cuando los Westrope le pidieron que se marchara de su casa, Fierz le presentó a Rosalind Obermeyer, estudiante de Psicología de cuarenta y tantos años que tenía un piso espacioso con una habitación libre, y Orwell se instaló en ella. Allí preparaba cenas sencillas en lo que en sus cartas describe como una «parrilla de soltero» —una especie de horno portátil— y se las servía a sus amigos en la mesa que usaba para escribir.

En la primavera de 1935, Obermeyer y Orwell organizaron una fiesta conjunta en el piso, y entre los invitados que acudieron se encontraba Eileen O'Shaughnessy, compañera de estudios de Obermeyer en el programa de posgrado de Psicología del University College de Londres. Orwell quedó prendado al instante de aquella joven serena de veintinueve años y la cortejó con fervor aquella noche y en adelante. O'Shaughnessy pertenecía a una familia más próspera aunque menos prominente que la de él (su padre era un católico irlandés establecido en el norte de Inglaterra). Se había graduado en Oxford, poseía una extraordinaria inteligencia, un sentido del humor irónico y un considerable ingenio, y no tardó en corresponder a la pasión de aquel escritor fracasado y enfermizo de elevada estatura con una mata de pelo oscuro y alborotado, ojos azules hundidos y opiniones rotundas y a menudo estrafalarias. Se enamoró hasta el punto de dejar atrás a sus amistades y su vida londinense para irse con Orwell a la aldea en que él había decidido desembarcar y para dedicarse a él en vez de a la profesión para la que estaba formándose. Mientras plantaba el jardín de Wallington,

Orwell se preparaba para la llegada de Eileen desde Londres y para la boda.

«El jardín es bueno en potencia pero lo han dejado en el estado más lamentable que yo haya visto —escribió a su amigo Jack Common el 3 de abril, al día siguiente de llegar—. Me temo que tardaré un año en ponerlo en condiciones».[32] Disponía de un espacio pequeño para cultivar plantas delante de la casa, adonde fueron a parar las rosas, un jardín más amplio detrás y un campo al otro lado del camino, que logró alquilar al jefe de la oficina de correos de la vecina Sandon a fin de tener un huerto de mayor tamaño. Más tarde tendría cabras paciendo en los pastos comunales y las ordeñaría dos veces al día (una de las cartas dirigidas a Common, un escritor proletario que ocupó la vivienda durante una temporada en 1938, incluye indicaciones sumamente detalladas de cómo hay que ordeñarlas).

La casita había sido una tienda, y Orwell compró una cortadora de fiambre y algunos comestibles sencillos y se convirtió en el tendero de la aldea. Las ínfimas ganancias obtenidas con la venta de un pequeño surtido de productos, como dulces, aspirinas, beicon y huevos de su propio gallinero, lo ayudaron a pagar el minúsculo alquiler mientras la literatura apenas si le daba para vivir. Aquel año asistió a la escuela de verano Adelphi, donde participó en las discusiones políticas, pero más que nada escribió y cuidó su jardín, al menos durante los seis meses siguientes a la boda. (Por lo visto Eileen se encargó sobre todo de la limpieza de la casa y de cocinar y atendió a veces la tienda).

A finales de 1936, Orwell cambió de rumbo y abandonó su retiro rural para viajar a España y a la guerra. Pero su tendencia a mantenerse al margen, tal vez forjada en aquellas escuelas con niños más ricos, le impediría incorporarse durante esa contienda, e incluso después, a lo que más tarde se denominaría «pensamiento de grupo», un derivado de la palabra «doblepiensa» que él acuñó en su última novela. Además, odiaba Londres y la vida urbana, y la casita de Wallington, con un alquiler módico pagado con el dinero de la tienda, debió de proporcionarle su única posibilidad de dedicarse a la escritura a tiempo completo.

Eileen O'Shaughnessy se convirtió en Eileen Blair el 9 de junio, martes, en una modesta ceremonia celebrada en una iglesia a la que se llegaba a pie desde su nueva casa por un sendero umbrío, más allá del enorme establo, negro como la pez, de Manor Farm, y de un estanque no muy grande alimentado por un manantial.* La pequeña iglesia ha ido construyéndose a retazos desde el siglo XII y es de sílex o, mejor dicho, las paredes exteriores son del cemento claro que mantiene unidos los pedazos, de formas curiosas, de sílex oscuro, la piedra local. Las filas de piedras semejan jeroglíficos o palabras en clave sobre una página. El interior, encalado, es luminoso y sobrio, con ángeles tallados hace mucho en las vigas de madera y con el suelo enlosado con lápidas negras del XVIII que llevan inscripciones de caligrafía fluida.

---

* La familia de Eileen llamaba «Eric» al querido hermano de la joven, el doctor Laurence Frederick O'Shaughnessy, y por eso, cuando ella adoptó el apellido de Eric Blair, también adoptó la costumbre de llamar «George» a su marido. Si bien el nombre «George Orwell» apareció de sopetón en letra de molde, fue usándose poco a poco en cartas y entre sus amistades, hasta que el escritor fue George Orwell para muchos de los que lo conocían en persona. Por tanto, aunque existió un George Orwell, nunca existió una Eileen Orwell. En la lápida de ella y en la de él se lee «Blair», y el hijo que adoptaron en 1944 se llama Richard Blair. Lamento tener que referirme a Eileen O'Shaughnessy Blair por su nombre de pila, pero, al igual que demasiadas mujeres, es el único que mantuvo durante toda su vida. Cuando Sonia Brownell contrajo matrimonio con Orwell unos meses antes de que él muriera, tomó el apellido Orwell, como si se casara con la leyenda y no con el hombre.

Orwell se calificó una vez de anarquista conservador y, aunque tenía los elementos del rebelde y del revolucionario, amaba la tradición, la estabilidad, la rusticidad y la rutina doméstica. «Era tradicional en un sentido que se remonta a una antiquísima tradición de la vida inglesa anterior al industrialismo: a la aldea inglesa —afirmó el poeta Stephen Spender—. En esencia, creía en las comunidades pequeñas de vecinos que se conocían muy bien entre sí y, por consiguiente, simpatizaba en gran medida con los anarquistas. [...] Así pues, puede decirse que la razón fundamental por la que no era comunista era que los comunistas no eran comunistas y George Orwell sí».[33] Al igual que William Morris, creía que el paraíso estaba atrás, en las formas de vida de antaño y en el mundo orgánico, y no hacia delante, en un futuro industrializado y urbanizado.

Tal vez la decisión de casarse en una iglesia formara parte de esa voluntad de abrazar las costumbres del pasado, aunque también es posible que quisiera elegir un lugar que no lo obligara a salir de la aldea ni a dejar la tienda, que abría casi a diario. El banquete de bodas se celebró en el pub que había al lado de su nuevo hogar. Algunas de sus biografías describen los meses siguientes como algunos de los más felices de su vida. Eileen Blair tenía su propia versión, que plasmó en una carta dirigida a una amiga en noviembre de aquel año: «En los primeros meses de matrimonio perdí la costumbre de la puntualidad en la correspondencia porque nos peleábamos tan continuamente y con tal encono que pensé que ahorraría tiempo y solo escribiría una carta a todos cuando se hubieran consumado el asesinato o la separación. Luego vino la tía de Eric, y fue tan horroroso (¡se quedó dos meses!) que dejamos de pelearnos y nos limitamos a quejarnos. Luego ella se fue y todos los problemas quedaron atrás. [...] Olvidaba mencionar que Eric tuvo su "bronquitis" durante tres semanas en julio y que llovió todos los días a lo largo de seis semanas, durante las cuales la cocina estuvo inundada y la comida se enmohecía en cuestión de horas. Ahora parece que fue hace siglos, pero dio la impresión de que nunca se acabaría».[34] Cuando la escribió, los recién casados se hallaban en Southwold, en la costa de Suffolk, visitando a los padres de Orwell; en la carta añadía: «Si te hubiera escrito estas líneas desde Wallington, habrían tratado de las cosas reales de la vida: las cabras, las gallinas y el brócoli (comido por un conejo)».

Las gallinas tuvieron un papel estelar en la vida de Eileen y Orwell. Cuando él regresó a Wallington tras participar en la Guerra Civil española —se alistó a finales de 1936— y tras pasar por diversos lugares para recuperarse de una herida de combate y de otra racha de afecciones pulmonares, anotó la producción diaria de huevos, el comportamiento de cada una de las aves y detalles nimios sobre su alimentación y sus cuidados. El diario de Wallington comienza con una exuberancia de flores en el mes de abril de tres años después de su desembarco allí: «Ahora tenemos veintiséis gallinas, la más joven de unos once meses. Ayer siete huevos (hace poco que las gallinas empezaron a poner otra vez). Todo está muy dejado, lleno de hierbajos, etcétera, la tierra muy dura y seca, lo que atribuyo a lluvias fuertes seguidas de semanas sin ni una gota. [...] Las plantas del jardín ahora en flor: prímulas, aubrietas, escilas, muscaris, oxalis y unos cuantos junquillos. Muchos narcisos en el campo —escribió—. Se trata de narcisos dobles y salta a la vista que no son silvestres, sino de bulbos que cayeron por casualidad. Los ciruelos y los ciruelos damascenos comienzan a florecer. Los manzanos echan brotes pero no flores todavía. Los perales en plena floración. Las rosas retoñan con mucha fuerza».[35] El 25 de mayo de 1939 consignó que las gallinas habían puesto doscientos huevos en las últimas dos semanas.

Esos informes domésticos, que ocupan mucho espacio de las casi seiscientas páginas de la recopilación de sus diarios de viaje, de guerra y domésticos publicada en 2009, destacan en su obra como documentos de algo casi antitético de los temas propios de un escritor político: lugares en los que no sucede nada muy grave ni se desatan conflictos. Los problemas de poca monta —una grajilla que ronda los gallineros, patatas podridas por la helada, cabras aterrorizadas por los truenos, pájaros que se comen las fresas, pulgones en los rosales y un montón de babosas— se oponen a los planes del jardinero, pero no atentan contra las leyes de la naturaleza ni de la moral. La mayor parte de las anotaciones versan sobre su actividad con las plantas y los animales domésticos, pero también incluye apuntes sobre los campos agrícolas y los seres salvajes del entorno. Refiere asimismo alguna que otra conjetura y pequeños experimentos.

Mientras que un escritor como Henry David Thoreau podía plantar alubias y cosechar metáforas y aforismos, las alubias de Orwell se mencionan estrictamente como tales en esos informes. Es decir, nunca emplea las observaciones y las notas como trampolines de la fantasía o base del trabajo literario. Se trata de un diario íntimo impersonal, no destinado a la publicación, pero que tampoco recoge su vida emocional, creativa, social o corporal, sino tan solo sus esfuerzos y propósitos. En ocasiones contiene listas de cosas que quiere comprar o hacer, visiones del futuro tan simples y a mano como para que resultaran factibles cuando otros muchos planes no lo eran. No está claro el porqué de esas anotaciones tan detalladas, pero se las tomaba muy en serio, hasta el punto de que, cuando se marchó de Wallington para ocuparse de su padre, que estaba muriéndose, Eileen lo relevó en el diario, y después de la Segunda Guerra Mundial, en la isla de Jura, Avril, la hermana de Orwell, escribió algunas entradas cuando él no estaba. Muy en serio, pese a que no reflejaban su voz ni sus opiniones personales, aun cuando están ahí de todos modos.

En 1940 ofreció el siguiente esbozo autobiográfico en respuesta a un cuestionario: «Aparte de mi trabajo, lo que más me interesa es la jardinería, en especial la horticultura».[36] La atención que le prestaba y los considerables esfuerzos que le dedicó, desde su parcela del huerto comunitario de 1933 hasta el último jardín en el que echó el resto para darle vida cuando ya estaba muriéndose, nos brindan la medida de ese interés. Y hay algo menos medible y más significativo: el placer que obtenía y el sentido que le encontraba. Quería un jardín y quería trabajarlo, producir sus propios alimentos y cosas más intangibles. Quería flores, árboles frutales, hortalizas, gallinas, cabras. Quería observar las aves, los cielos y los cambios de las estaciones. Es evidente que, como manifestó en aquel credo, amaba la faz de la tierra. Sentía curiosidad por los narcisos, los erizos y las babosas; pasaba mucho tiempo contemplando la flora, la fauna y el tiempo.

Aficiones como esa consiguen que una persona baje del éter y las abstracciones a la tierra. Cabe entenderlas como lo contrario de la escritura. Escribir es un asunto brumoso: una nunca está del todo segura de lo que está haciendo, de cuándo acabará lo que tiene entre manos, de si lo ha hecho bien ni de qué recepción tendrá meses, años o décadas después de que lo haya terminado. Lo que hace la literatura, si es que hace algo, es en gran medida imperceptible y tiene lugar en la mente de personas a quienes la mayoría de las veces una nunca verá y de quienes jamás sabrá nada (a menos que quieran discutir con una). Como escritora, una se retira y desconecta del mundo a fin de conectar con él de un modo más amplio, es decir, con personas de otras partes que leen las palabras hilvanadas en ese estado contemplativo. Lo vívido de la literatura no reside en cómo afecta a los sentidos, sino en cómo actúa en la imaginación: es posible describir un campo de batalla, un nacimiento, un camino embarrado o un olor —Orwell sería famoso por todos los malos olores que mencionó en sus libros—, pero no dejan de ser letras negras en una página blanca, sin sangre, barro o col hervida de verdad.

Un jardín ofrece lo contrario de las incertidumbres inmateriales de la escritura. Es algo vívido para todos los sentidos, un espacio de esfuerzo físico, de ensuciarse en el sentido mejor y más literal, una oportunidad para ver un efecto inmediato e indiscutible. Al fin y al cabo, si una persona ha cavado, cuánto ha cavado es algo tan claro e incuestionable como el número de huevos recogidos del gallinero. El crítico literario Kunio Shin señala acerca de Winston Smith, el protagonista de *1984*: «En un mundo donde el Partido niega "tácitamente no solo la validez de la experiencia, sino la propia existencia de la realidad externa", el intento de Winston por aferrarse a la verdad de lo evidente ("Las piedras son duras, el agua moja, los objetos dejados en el vacío caen hacia el centro de la tierra") es en sí mismo un gesto desesperado de resistencia política».[37] En otra parte del libro, Orwell afirma: «El Partido instaba a negar la evidencia de tus ojos y oídos»,[38] lo que asimismo convierte las observaciones directas y los contactos de primera mano del mundo material y sensorial en actos de resistencia o, cuando menos, en reafirmaciones del yo que se resiste. La relación frecuente con esas experiencias directas resulta esclarecedora, una forma de salir de las vorágines de las palabras y de la confusión que pueden provocar. En una época de mentiras y espejismos, el jardín es una manera de tener los pies en el reino de los procesos de crecimiento y del paso del tiempo, de las leyes de la física, la meteorología, la hidrología y la biología, y en los reinos de los sentidos.

El poeta y entusiasta jardinero estadounidense Ross Gay declaró en una entrevista: «Probablemente no haya habido nada que me haya enseñado a ir despacio como lo ha hecho la jardinería, que me ha impulsado a mirar con atención. Parte del placer que me proporciona mi jardín es que uno se sumerge en él aun antes de haber empezado a hacer algo. Salgo a mi jardín trasero en ciertas épocas del año y no avanzo ni diez metros sin detenerme veinte minutos porque hay que recortar los eleagnos. Y luego observo las avispas y me fijo en que hay que arrancar los hierbajos de la lavanda y del tomillo que está al lado. Me encanta que mi jardín sea muy productivo fuera de la lógica de la productividad: da muchas cosas que son comestibles y nutritivas y todo eso, pero también es "productivo" en aspectos que no habría por qué pensar en medir».[39] Escribir consiste en su mayor parte en pensar, no en teclear, y a veces una piensa mejor mientras hace algo distinto que la absorbe en cierto grado. Caminar, cocinar o realizar tareas sencillas o repetitivas es asimismo un modo de dejar atrás el trabajo para volver a él con un espíritu renovado o para encontrar maneras inesperadas de abordarlo.

La recompensa (en forma de influencia, ingresos o valoración) de quien escribe para ganarse la vida puede ser algo nebuloso; en cambio, en un jardín se cosecha lo que se siembra, siempre y cuando el tiempo lo permita y las plagas no lo destruyan todo. Cultivar plantas comestibles puede ser una piedra de toque, un modo de recuperar los sentidos y el sentido del yo tras vagar en las palabras. O puede representar un contacto con un proceso creativo cargado de imprevisibilidad y de intervenciones —del tiempo meteorológico, de otros seres, de fuerzas inesperadas— muy diferentes de las que se dan en la hoja de papel (o en la pantalla de ordenador), una colaboración con lo no humano. El granizo rara vez destroza un manuscrito, aunque una bomba alemana desperdigó uno de Orwell. El tipo de lenguaje metafórico, evocador y rico en imágenes que la nuevalengua de *1984* pretende extirpar se basa en el mundo natural, agrario, rural: el lenguaje de meter la hoz en mies ajena, de tirar del carro, de cosechar lo que se siembra, de ser alguien una hormiguita, de andarse por las ramas, de los árboles que no dejan ver el bosque, de desarraigar y demás. En Orwell la vida rural fue, entre otras cosas, un regreso a la fuente de las metáforas, los aforismos y los símiles.

Un episodio referido por Orwell que debió de tener lugar en Wallington muestra lo fructífero —por emplear otra metáfora agraria— que fue lo rural para él: «[...] vi a un niño pequeño, quizá de diez años, conduciendo una enorme carreta por un camino muy estrecho y golpeando al caballo con la fusta cada vez que este intentaba desviarse. Pensé que si los animales tuvieran conciencia de su fuerza, no podríamos ejercer ningún control sobre ellos, y que el hombre explota a los animales de la misma forma que el rico explota al proletariado».[40] Así nació *Rebelión en la granja*. Aunque lo escribió en Londres, durante la guerra, al libro le fue de maravilla el conocimiento que Orwell tenía del temperamento de diversos animales de corral.

Los jardines son además lugares en que el carácter inseparable de la vida y la muerte salta a la vista de incontables formas. A finales de octubre de 1939, Orwell anotó en el diario del jardín que, debido a una intensa helada, «las dalias se pusieron negras de inmediato y me temo que los calabacines que dejé para que maduraran se han muerto».[41] Aquel día había estado recogiendo hojas muertas para hacer mantillo y trabajando con el abono orgánico —«los tepes de H[atchett] que había apilado a principios de año se han podrido hasta crear una preciosa y excelente marga, pero creo que yo mismo maté el césped que los cu-

bría», anotó—, además de evitar que una gallina muriera conge-
lada. «Ver que las cosas del mundo se deshacen y se recombinan
es una tarea zen esencial y el ancla fundamental de la vida de
quienes se dedican a la jardinería», señala la jardinera y practi-
cante zen Wendy Johnson.[42] Observa que la fertilidad de los jardines deriva de «los desechos de nuestras vidas». Kylie Tseng, una
joven activista por el clima que conozco, estampó en su perfecto
cubo de compostaje: «En la naturaleza la muerte nunca es el final». Y, puesto que un jardín es siempre un lugar de devenir,
crear uno y ocuparse de él constituye un gesto de esperanza: de
esperanza en que las semillas plantadas brotarán y crecerán, el
árbol dará fruto, la primavera llegará y, con ella, probablemente,
algún tipo de cosecha. Es una actividad que implica un profundo compromiso con el futuro.

El anarquista George Woodcock escribió de su amigo Orwell:
«El origen de su fuerza autorregeneradora residía en su alegría
con las experiencias normales y corrientes de la existencia cotidiana y en especial del contacto con la naturaleza. Se alimentaba
de la tierra, como Anteo».[43] La distinción entre felicidad —concebida a menudo como un estado permanente, igual que la eter-
na luz del sol— y alegría —que destella como un rayo— es importante. La felicidad parece exigir una vida ordenada en que se
eviten las dificultades y la discordia, mientras que la alegría aparece en cualquier parte, con frecuencia de manera inesperada. En
el libro *Joyful Militancy*, carla bergman y Nick Montgomery las
distinguen del siguiente modo: «La alegría rehace a las personas a
través del combate con fuerzas de sometimiento [por ejemplo, la
subyugación]. Es un proceso desubjetivizador, un desatarse, una
intensificación de la propia vida. Es un proceso de cobrar vida y
deshacerse. En tanto que la felicidad se utiliza como un anestési-
co adormecedor que provoca dependencia, la alegría es el aumen-

to de la capacidad de las personas para hacer y sentir cosas nuevas de formas que puedan romper esa dependencia».[44]

Orwell es célebre por aquello contra lo que escribió: el autoritarismo y el totalitarismo, la corrupción del lenguaje y de la política mediante las mentiras y la propaganda (y la dejadez), la erosión de la privacidad que sustenta la libertad. A partir de esas fuerzas es posible establecer lo que defendía: la igualdad y la democracia, la claridad del lenguaje y la sinceridad de las intenciones, la vida privada con todos sus deleites y alegrías, los placeres de la experiencia inmediata y la libertad y los derechos que también dependen en cierta medida de la privacidad frente a la supervisión y la intrusión. Pero no es necesario detectarlo a través de sus opuestos; escribió mucho sobre todo eso en numerosos ensayos que constituyen una parte significativa de su obra, así como en pasajes de otros textos que brotan por doquier y también suman. Sus escritos más sombríos tienen momentos de belleza; sus ensayos más líricos lidian, no obstante, con temas fundamentales.

II

Bajo tierra

Fotografía sin título de mineros y vagoneta de carbón, de Sasha, mina de Tilmanstone, Kent (1930).

1

Humo, pizarra, hielo, barro, ceniza

En la primavera de 1936, un hombre plantó rosales. Al escribirlo así damos el protagonismo al hombre, pero los rosales también fueron protagonistas. Por ejemplo, podríamos decir que algunos rosales domésticos —del género *Rosa* de la familia *Rosaceae* que consiguió que los humanos los hibridaran y los propagaran por gran parte del mundo— se beneficiaron de que un hombre se gastara sus peniques y después se esforzara en plantarlos y cuidarlos. En *La botánica del deseo*, Michael Pollan escribió que entendemos las plantas como algo que hemos domesticado, pero que podría afirmarse que ellas domesticaron a los humanos para que las cuidaran y propagaran.[1]

Los rosales crecieron bien. Bebieron agua con las raíces y, estimulados por la luz del sol en el proceso denominado «fotosíntesis», obtuvieron dióxido de carbono de la atmósfera con las hojas y agua del suelo con las raíces. Transformaron el dióxido de carbono en hidratos de carbono para desarrollarse o consumir su energía y descompusieron el agua a fin de expulsar el oxígeno al aire. Florecieron, tuvieron su romance simbiótico con insectos polinizadores y dieron escaramujos, que son sus frutos, llenos de semillas. Las plantas son cualquier cosa menos pasivas. Crearon el mundo. El relato de cómo se juntaron esa persona concreta y esas plantas en concreto tiene muchos principios y se despliega en numerosas direcciones. Una línea arranca de aquel mismo año, poco antes; otra, de la historia de la Revolución Industrial, y una tercera se inicia hace unos trescientos treinta millones de años. Esos dos últimos periodos formaban parte de algo que Orwell acababa de investigar y sobre lo que escribiría durante lo que restaba de 1936.

Aquella primavera, Orwell había llegado a Wallington procedente del norte de Inglaterra y de sitios radicalmente distintos de aquel bucólico escenario. Había estado documentándose para el libro que publicaría en 1937, *El camino de Wigan Pier*, que lleva en el título el nombre de una zona de la periferia de Manchester conocida en aquel entonces por su pobreza (y por un chiste de music-hall sobre el hecho de que existiera un muelle (*pier*) con atracciones en un lugar tan duro, tierra adentro). Se lo había encargado su editor, Victor Gollancz, izquierdista, como un estudio de las áreas deprimidas, y era una invitación a ahondar una vez más en la vida de los pobres, como ya había hecho en Londres, en París y entre los recolectores de lúpulo de Kent. El resultado fue un libro curioso que a todas luces molestó a Gollancz, quien habría preferido publicar solo la primera mitad, un soberbio reportaje sobre las condiciones y los personajes que Orwell había encontrado. La segunda parte era un torrente de opiniones aún en desarrollo sobre política y clases sociales, con mucha autobiografía y observaciones del tipo: «El mundo literario inglés de nuestros días, como mínimo el sector más intelectual, es una especie de venenosa jungla donde solo pueden florecer las malas hierbas».[2]

Orwell partió de Londres y se dirigió a pie, en tren y en autocar al norte en pleno invierno. Durante dos meses se alojó en pensiones, en casa de amigos de amigos, de personas de clase obrera con las que entabló relación, en un albergue juvenil y, en cierto momento, con su hermana mayor, Marjorie, que vivía con su familia en un barrio residencial de las afueras de Leeds, y habló con quien quisiera hablar con él.

Informó de las condiciones de las casas donde vivía la gente, de sus ingresos, gastos y puntos de vista, de sus esfuerzos por conseguir comida, combustible y vivienda. Le escandalizó ver cómo vivían y le conmovió lo mucho que confiaban en un intruso con un acento extraño y cómo le abrían su pecho. La región había quedado especialmente devastada por la depresión de principios de los años treinta, aunque la vida era dura en la región desde hacía generaciones: allí había comenzado la Revolución Industrial y, con ella, el proletariado fabril.

Observó el lugar y a los habitantes de aquella zona minera e industrial. El carbón —en forma de trabajo, de polvo, de combustible, de niebla tóxica, de peligro, de enfermedad, de muerte, de la abundante sustancia que yacía, literalmente, debajo de todo— estaba por doquier. Lo abordó de forma gradual. Primero, el panorama: el «monstruoso paisaje de montones de escoria, chimeneas, chatarra apilada, canales de agua sucia y caminos de barro ceniciento, todo surcado por las huellas de los zuecos».[3] El hollín ennegrecía los edificios, e incluso la nieve era negra; sobre las ciudades flotaba humo negro. Wigan parecía «un mundo del que se hubiera desterrado la vegetación; todo era humo, pizarra, hielo, barro, ceniza y agua sucia».[4] Contaba que las charcas de agua estancada allí donde se habían hundido pozos mineros estaban cubiertas de hielo de «color ocre». Por todas partes había montones de escoria encendida y «por la noche se ven cubiertos de largos fuegos serpenteantes, no solo rojos, sino también de un azul muy siniestro (por el azufre), que siempre parecen a punto de apagarse y luego parpadean otra vez».[5]

Algunas de las escenas más vívidas de las que describe en el libro son de hombres, mujeres y niños que bregan bajo un frío glacial buscando pedacitos de carbón en la escoria vertida por las empresas mineras, y que a veces transportan los fragmentos recogidos en bicicletas de fabricación casera. Se fijó en la languidez del hambre y en la desnutrición crónica, en la frustración y la desesperanza, en cómo el desempleo de larga duración dejaba a los hombres desamparados y sus familias a duras penas lograban salir adelante, en las lesiones y las enfermedades de quienes trabajaban en las minas y en cómo la sombra de la muerte se cernía sobre las actividades más peligrosas. Observó el cuerpo de los mineros que llegaban a casa renegridos por el polvo de carbón, que acabaría matando a muchos de ellos. Y describió las cicatrices de sus rostros: con frecuencia se golpeaban la cabeza en los techos, muy bajos, de las minas, y esas heridas laborales se convertían en tatuajes azules debido al polvo de carbón que se incrustaba en ellas, de modo que «algunos de los hombres de mayor edad tienen la frente veteada como el queso de Roquefort».[6]

«Nuestra civilización [...] se basa en el carbón, mucho más de lo que uno cree antes de pararse a pensar en ello —escribió más tarde—. Las máquinas que nos mantienen en vida y las máquinas que fabrican estas máquinas dependen todas, directa o indirectamente, del carbón».[7] Y luego anotó: «Muy pocas veces, haciendo un verdadero esfuerzo mental, relaciono este carbón con el remoto trabajo de las minas».[8] Desde finales del siglo XVI, Londres apestaba debido al humo del carbón, y Orwell vivió la mayor parte de su vida en casas caldeadas con dicho combustible, que ardía a veces en una caldera pero sobre todo en la lumbre (y sin duda el humo y las partículas que desprendía contribuyeron al mal estado de sus pulmones y empeoraron la tuberculosis que lo llevó a la muerte).

En *El camino de Wigan Pier* comentó que estaba escribiendo los pasajes citados arriba ante una lumbre alimentada con el carbón que había llegado en una camioneta y que unos obreros habían arrojado en la carbonera, situada bajo los escalones de la casa, y añadía que era fácil no pensar en lo que había más allá de aquellos hombres y de la carbonera. Es evidente que daba por sentado que escribía para personas como él, izquierdistas del sur del país que no conocían bien los detalles de la vida de los pobres ni los trabajos y la situación de las minas y las fábricas.

Esa invisibilidad o ese desconocimiento de lo que nos rodea es una de las condiciones definitorias del mundo moderno. Orwell quería corregir dicho desconocimiento cuando se dirigió al norte para tratar a la clase obrera fuera del trabajo y en las minas y para mostrar la realidad de ese producto fundamental, el carbón, y las circunstancias en que se extraía. Descender al interior de la tierra es viajar hacia atrás en el tiempo, y excavarla significa traer el pasado al presente, un proceso que la minería ha hecho a una escala tan colosal que ha cambiado la Tierra hasta la atmósfera superior. Podemos contar esa historia como una historia del trabajo, pero también como una historia ecológica, y las dos se ensamblan al final en una historia de devastación.

2

Carbonífero

La historia ecológica sería más o menos así: la mayor parte del carbón de la Tierra se originó en el periodo geológico que toma su nombre de dicha sustancia, el Carbonífero, que abarcó desde hace trescientos cincuenta y nueve millones de años hasta doscientos noventa y nueve millones. El planeta no se parecía mucho al que ahora habitamos: los continentes se hallaban en otra fase de su desplazamiento por el globo, de modo que aún no habían surgido sus formas actuales. Algunos lugares seguían sumergidos en mares poco profundos y otros estaban fusionados: hacia el final del Carbonífero, Europa y Norteamérica estaban amalgamadas en Laurasia, mientras otras masas continentales se habían aglomerado más al sur para formar el supercontinente Gondwana. Inglaterra y Escocia aún no se habían separado de la masa continental ni habían colisionado.

Una de las frases líricas y casi impenetrables que leí cuando intentaba entender el origen del carbón rezaba: «Después de que Laurentia hubiera convergido con Avalonia y Báltica para aglutinar las dos mitades del Reino Unido en la orogenia caledoniana, Gondwana continuó desplazándose hacia el norte».[1] Era un planeta extraño, aún faltaba mucho para que aparecieran las plantas con flores y los mamíferos, y mucho más para que se dieran las condiciones en que evolucionarían los humanos. En esa Tierra no había palabras ni nombres: muchos mundos surgieron y se desvanecieron sucesivamente en el mismo planeta, un planeta cuya geología, geografía y biología cambiaron una y otra vez, al igual que su clima y los componentes de su atmósfera; una Tierra que no era de los humanos y que no reconoceríamos.

En el Carbonífero, la superficie de la Tierra, antes yerma, se había vuelto verde con el crecimiento de seres salidos de los océanos que habían evolucionado y creado mantillo sobre las extensiones rocosas. La tierra firme cercana al ecuador estaba llena de plantas que crecían desenfrenadamente. Los bosques carboníferos, como se denominó aquella profusión ecuatorial, estaban formados por licopodios gigantescos, inmensos helechos arborescentes, colas de caballo de treinta metros de alto y árboles primitivos. Las angiospermas, las plantas con flores, tardarían más de cien millones de años en aparecer, pero aquellas otras hicieron lo que hacen las plantas: descompusieron el agua, expulsaron oxígeno, absorbieron dióxido de carbono y lo emplearon como energía y materiales de crecimiento.

La frenética y espléndida vida vegetal del Carbonífero intensificó dichos procesos, con resultados insólitos. Uno de ellos fueron unas concentraciones de oxígeno mucho más elevadas que en las últimas eras geológicas. Vivimos en un planeta cuya atmósfera contiene desde hace mucho tiempo un 21 por ciento de oxígeno, pero en el Carbonífero se alcanzó el 35 por ciento. Ese aire más rico en oxígeno debilitó los límites del crecimiento y del vuelo. Se dio rienda suelta a la evolución animal: había seres parecidos a libélulas de más de setenta centímetros de envergadura, milpiés de casi dos metros y medio de largo, enormes cachipollas y cucarachas y un antepasado de los tritones que semejaba un cocodrilo colosal, todos ellos abriéndose paso en los bosques pantanosos. Las altas concentraciones de oxígeno fueron el resultado de otra singularidad del Carbonífero.

Por lo general, cuando las plantas mueren, una buena parte de su carbono regresa a la atmósfera mediante la descomposición y otras transformaciones, como la combustión, y se une al oxígeno para formar dióxido de carbono, un gas de efecto invernadero, un elemento de la atmósfera que retiene el calor. Pero en el Carbonífero, una enorme cantidad del dióxido de carbono absorbido por las plantas no volvió al aire. El ciclo se quebró. El carbono, en forma de materia vegetal muerta, fue a parar a los pantanos y humedales y se convirtió en turba. A lo largo de los siglos la turba se comprimió, se secó y se transformó en carbón. En los lugares cenagosos del planeta, el proceso de formación de turba continúa, y las turberas, muy especialmente las de Irlanda, contienen inmensas cantidades de carbono.

La sustancia negra que ha permanecido bajo tierra en la oscuridad durante cientos de millones de años empezó con la fotosíntesis de la luz del sol. Como me comentó mi amigo Joe Lamb, arboricultor y poeta graduado en Biología evolutiva: «Una forma de contemplar los árboles es viéndolos como luz captada. Al fin y al cabo, la fotosíntesis capta un fotón, obtiene de él un poco de energía antes de volver a emitirlo a una longitud de onda menor y utiliza la energía absorbida para convertir el aire en azúcares, y estos en la materia que crea las hojas, la madera y las raíces. Hasta los seres más sólidos, como las velintonias, son en realidad luz y aire».

Parte de la materia orgánica original conservó su forma en los mantos carboníferos, y los geólogos que documentan los yacimientos de carbón británicos desde el siglo XIX refieren a menudo en sus trabajos la presencia de plantas fósiles. En 2009, unos científicos informaron de una mina de carbón de Norteamérica en que se veía desde abajo un bosque antiquísimo que se extendía a lo largo de kilómetros: hojarasca, enormes troncos que se alzaban con sus ramas, además de raíces y tocones con una peligrosa tendencia a desprenderse del techo de la mina.[2] Eso significa que al menos algunos mineros e ingenieros se dieron cuenta de que estaban excavando un mundo antiguo para utilizarlo como combustible en el presente.

Las plantas crearon el mundo, una y otra vez, desde el momento en que los organismos unicelulares marinos proporcionaron a la atmósfera de la Tierra cantidades significativas de oxígeno. En la era de los bosques carboníferos, las plantas extrajeron del aire tanto dióxido de carbono, de efecto aislante, que se produjo una crisis climática: una glaciación. Los científicos consideran que la crisis del carbono estuvo cerca de convertir la Tierra en una bola de nieve, en un planeta helado de un polo al otro. En 2017, Georg Feulner, climatólogo del Instituto Potsdam, planteó la hipótesis de que el propio frío ralentizó o interrumpió el ciclo del crecimiento de las plantas que estaban retirando carbono del aire y congelando la Tierra. Por último señalaba que estamos invirtiendo el proceso.[3] Pensemos en el Carbonífero como una inhalación de sesenta millones de años por parte de las plantas, que absorbieron el dióxido de carbono del cielo, y en los últimos doscientos como una monstruosa exhalación producida por los humanos que está deshaciendo lo que las plantas hicieron en ese pasado remoto.

Podemos imaginar a los mineros arrancando el carbón de las entrañas de la tierra y lanzándolo directamente a la atmósfera superior, pero sería injusto, pues no son responsables del cambio climático; o bien reconocer que mediante la combustión del carbón, y no mediante su excavación, enviamos a la atmósfera superior el carbono que las plantas enterraron hace milenios. Los mineros lo suministran. Otros lo queman..., al igual que el petróleo y el gas, que son asimismo el producto de plantas de un pasado remoto, que son asimismo carbono retenido, que son asimismo elementos que están cambiando de manera catastrófica las concentraciones de dióxido de carbono de la Tierra. Al arrojar al cielo el residuo de un pasado lejano calentamos el planeta y desbaratamos la elegante organización de los sistemas orgánicos e inorgánicos, de las estaciones y los ciclos de crecimiento, del clima y las migraciones, de la floración y la fructificación, de las corrientes de aire y las corrientes marinas. Quizá si no estuviéramos quemando con tanta rapidez, en cuestión de unos pocos siglos, el resultado del carbono depositado en la tierra hace miles de millones de años, la situación no sería tan devastadora, pero hemos superado la capacidad de las plantas de reabsorber el carbono.

«Todo lo sólido se desvanece en el aire», escribieron, como es bien sabido, Marx y Engels en el *Manifiesto comunista*[4] y, aunque ellos se referían a los cambios sociales y tecnológicos, bien podrían haber estado describiendo el retorno del carbono enterrado a la atmósfera superior. En 1931 se publicó en Inglaterra *New Russia's Primer: The Story of the Five-Year Plan*, un libro alegre y brutal. Era una oda a la industrialización de la Unión Soviética y tuvo gran difusión en Estados Unidos. En un apartado titulado «Obligaremos a los muertos a trabajar», se afirma: «Los residuos de las juncias, los helechos y las colas de caballo se pudrieron bajo las capas de arena y arcilla, se ennegrecieron y se transformaron en carbón. Y a ese cementerio nos proponemos ir con objeto de sacar a los muertos de sus tumbas y obligarlos a trabajar para nosotros».[5] El vocabulario empleado lo presenta como una película de zombis, un relato de terror, con los muertos que regresan para perseguirnos, en este caso, con su carbón.

3

En la oscuridad

Hay un cuento de Ursula K. Le Guin titulado «Los que se marchan de Omelas». Trata de una ciudad Estado en apariencia magnífica y admirable, ilustrada y progresista, pero que, sin que se sepa el motivo, se basa en el maltrato a un niño o una niña encerrado en un sótano oscuro, aislado, desnutrido, desamparado. El drama de esa criatura tiene una finalidad metafísica, pero en Inglaterra, no mucho antes de los tiempos de Orwell, hubo numerosos niños y niñas como el del cuento y su drama tenía finalidades prácticas. Así se detalla en un informe de 1842 titulado *The Condition and Treatment of the Children Employed in the Mines and Collieries of the United Kingdom*.

Presenta a criaturas enviadas a trabajar en las minas durante tantísimas horas que solo veían la luz del sol los domingos, enviadas a sacar carbón por pasadizos tan angostos que se veían obligados a recorrer a gatas grandes distancias. Algunas perdían el pelo de la coronilla por apoyar la cabeza en las vagonetas que empujaban. Otras arrastraban a gatas vagonetas de carbón con cadenas que se enrollaban en la cintura y que pasaban entre las piernas, de modo que se les solía agujerear la ropa y les producían llagas. Según explicó Orwell: «Aún viven algunas mujeres muy ancianas» que habían arrastrado vagonetas de ese modo, algunas incluso en avanzado estado de gestación, pero, «naturalmente, en la mayoría de las ocasiones preferiríamos olvidar que lo hacían».[1]

En aquel informe de 1842, las mujeres contaban que vivían como animales y trabajaban hasta que se ponían de parto, o que daban a luz en la mina, a gran profundidad, y que muchos niños morían. A los trabajadores más jóvenes, demasiado menudos a sus cinco, seis o siete años para realizar un gran esfuerzo físico, se los contrataba como «tramperos», es decir, para que se ocuparan de las trampillas de ventilación de las minas. En ocasiones, los niños pequeños se incorporaban antes del alba a su puesto, donde permanecían doce horas solos, salvo cuando pasaban los mineros, momento en que debían abrir y volver a cerrar la portezuela. Con frecuencia se quedaban en la oscuridad más absoluta porque no les daban una vela o un candil, y a veces los azotaban por dormirse o distraerse.

Sarah Gooder, una trampera de ocho años, contó a los inspectores: «Tengo que estar en la trampilla sin luz y me da miedo. [...] No me duermo nunca. A veces canto cuando tengo luz, pero a oscuras no; entonces no me atrevo».[2] Friedrich Engels también escribió sobre las circunstancias de los mineros en *La situación de la clase obrera en Inglaterra*, de 1845, donde señaló que algunos niños salían tan exhaustos al mundo de arriba que se dormían camino de casa o, una vez en ella, se sumían en un sueño tan profundo que sus padres no podían darles de comer tras la jornada laboral. Refirió que el trabajo provocaba retraso del crecimiento a muchos de ellos y deformaciones a algunos, y que todos los empleados de las minas eran propensos a las enfermedades pulmonares, a menudo mortales. El carbón produce muchas clases de sustancias nocivas al arder, pero el polvo que inhalan los mineros y otras personas es asimismo letal.

Las galerías de las minas solían hundirse y el aire dentro de ellas explotaba en numerosas ocasiones debido a la acumulación de gases, por lo que los trabajadores suponían que acabarían aplastados o lisiados, que volarían en pedazos, sufrirían quemaduras graves o perderían toda posibilidad de escapar a causa de un derrumbe entre ellos y el mundo de arriba. O que morirían asfixiados en el aire viciado. En las zonas más hondas solía hacer tanto calor que las mujeres y los niños solo se ponían pantalones y muchos hombres trabajaban desnudos. A los inspectores les escandalizó lo que consideraron un acto de impudicia, pero lo que sorprende ahora es la terrible vulnerabilidad de esas personas, con poco o nada que las protegiera del duro y horroroso inframundo. En el cuento de Le Guin, quienes reprueban la brutalidad subrepticia de Omelas se marchan, y no se menciona la posibilidad de una revuelta. En las minas de carbón, algunos de los que abominaron de la situación hicieron huelgas, se organizaron, bregaron para denunciar y reformar las condiciones de trabajo y aprobaron leyes para que las mujeres y los niños no entraran en los dominios subterráneos.

Ese fue el espeluznante drama sobre el que se erigió el poderío de Gran Bretaña, sobre el que se construyeron su red ferroviaria, sus barcos de vapor y sus buques de guerra, su industria siderúrgica, sus fábricas textiles y sus grandes ciudades. Fue, junto con la explotación laboral y la extracción de recursos en las colonias, la penuria subyacente a su flamante abundancia. Quizá no diste mucho del mundo actual, que depende de las plataformas petrolíferas del golfo de México y del mar del Norte; de la minería a cielo abierto para la extracción de betún mediante la inyección de vapor en las arenas bituminosas de Alberta; de los proyectos petroleros que provocan fugas de petróleo en las tierras de los pueblos indígenas del delta del Níger y del Amazonas, y de trabajadores de todo el mundo explotados y expuestos a sustancias nocivas, lesiones y la muerte.

La minería del carbón se había desarrollado durante siglos antes de esta supernova industrial, pero en el XVIII y principios del XIX la aparición de nuevas tecnologías posibilitó las explotaciones a cielo abierto y generó máquinas con un apetito insaciable por el carbón de esas minas: un bucle de retroalimentación que se aceleró y se amplió. Las locomotoras sobre vías férreas y las máquinas de vapor se concibieron para la minería británica: para transportar mena y carbón, para bombear agua y así trabajar a mayor profundidad. Esos recursos técnicos se generalizaron y permitieron rebasar los límites que siempre habían constreñido la vida humana, los límites de lo rápido y lo lejos que podíamos desplazarnos, trasladar mercancías y, más tarde, información; de cuánto podíamos hacer y, a la larga, de cuánto podíamos cambiar la tierra, su aire y sus mares. Y todo se alimentó con los fuegos, millones de ellos en chimeneas, en cocinas y en las calderas que impulsaban las locomotoras de vapor, en bombas de vapor y en barcos de vapor; decenas de millones de fuegos que ardían a la par, y los de escala industrial eran tan voraces que nació el trabajo de fogonero: la persona que echaba paladas de carbón en las calderas. La armada británica dependía hasta tal punto de esas personas que contaba con seis categorías de fogonero. Todos esos fuegos de carbón devolvieron al cielo el carbono enterrado.

Los seres humanos seguimos siendo lentos, débiles y vulnerables a los elementos en comparación con otras muchas especies, pero fuimos capaces de concebir artilugios y sistemas, máquinas y herramientas que salvaran los límites de nuestro cuerpo y del cuerpo de los animales a los que habíamos puesto arreos (aunque los caballos de vapor continuaron siendo la unidad de medida de las máquinas mucho después de que los caballos hubieran desaparecido de las carreteras, las calles y casi todos los campos). Fue una especie de autotrascendencia y también una forma de convertirnos en monstruos y de crearlos. La potencia y el poder de las máquinas impulsadas por la combustión del carbón primero y del petróleo después dieron lugar a un poder económico y político, y las fuentes concentradas de energía posibilitaron una inaudita concentración de poder en manos de unos pocos, entre ellos, con el tiempo, las empresas de combustibles fósiles y petronaciones más importantes.

En 1800, Gran Bretaña extrajo y utilizó diez millones de toneladas métricas de carbón; la cifra había aumentado a 71 millones de toneladas en 1853 y alcanzó un pico de 292 millones en 1913.[3] En 1920 más de uno de cada veinte trabajadores británicos se dedicaba al carbón, y en 1936, cuando Orwell fue a Wigan, el país seguía extrayendo y empleando 232 millones de toneladas. En 2015 cerró la última mina subterránea de carbón;[4] en 2017, la producción de dicho mineral había descendido hasta los tres millones de toneladas, y en 2019 el país pasó dos semanas sin usarlo para generar electricidad por primera vez desde 1882.[5] Gran Bretaña lo había sustituido por el petróleo y el gas, que son asimismo carbón fósil y cuya combustión contribuye igualmente al cambio climático, pero que en general son más limpios y eficientes. La energía eólica era cada vez más importante en la matriz energética, sobre todo en Escocia. «Carbonífero», la palabra empleada para describir el periodo en que se produjo el carbón, podría aplicarse asimismo a nuestra época, que lo ha consumido con gran voracidad. El carbón es en sí materia muerta, los residuos de bosques de tiempos remotos, y se prevé que en 2025 se habrá consumido la muerte del carbón como combustible e industria en el Reino Unido. Será la muerte de un tipo de muerte.

Orwell bajó tres veces a la mina. El 23 de febrero descendió en una jaula que se precipitó unos doscientos setenta y cinco metros en una mina de techo muy bajo, una de las primeras cosas que le sorprendieron. Se dirigieron al lugar donde estaban trabajando los mineros, una zona de unos noventa centímetros de altura, con algunas partes en que supuso que debían de tumbarse boca abajo para picar el carbón y con una temperatura que estimó en próxima a los 38 °C. «Después de caminar agachado unos cientos de metros y de tener que avanzar a rastras un par de veces, empecé a sentir en los muslos los efectos de un dolor muy intenso».[6] En el camino de vuelta se cansó tanto que tuvo que detenerse cada cincuenta metros y le fallaron las rodillas una y otra vez. El 25 de febrero se presentó tiritando en casa de unos conocidos suyos de izquierdas de Liverpool y a punto estuvo de desplomarse en la entrada; lo metieron en la cama, donde permaneció varios días.

El 19 de marzo bajó a otra mina donde los trabajadores tenían que gatear o recorrer agachados largas distancias e inhalaban las nubes de polvo de carbón que levantaban las máquinas. «El lugar en que trabajaban esos hombres y los que cargaban pedazos grandes de carbón en los vagones era infernal», escribió.[7] Al cabo de dos días volvió a bajar; admiró las formas de los hombres que trabajaban con el torso desnudo y señaló que, con un baño a la semana, debían de vivir ennegrecidos de cintura para arriba seis de cada siete días. Ya no había mujeres, niños ni niñas en las minas, si no contamos a los adolescentes varones, y la iluminación era mejor, pero en algunos aspectos cruciales las condiciones que vio se parecían mucho a las de 1842. «Cuando cavo zanjas en el jardín —escribió en *El camino de Wigan Pier*—, si extraigo dos toneladas de tierra durante la tarde, siento que me he ganado la merienda. [...] En caso de apuro, podría convertirme en un barrendero pasable, en un mal jardinero o incluso en un peón agrícola de los peores. Pero me resulta imposible imaginar que, por más que me esforzara y me entrenara, pudiese nunca hacer de minero; ese trabajo acabaría conmigo en quince días».[8]

Cuando empezó a trabajar en el jardín de Wallington se hallaba entre dos viajes. El primero fue la expedición a las zonas mineras y fabriles de Inglaterra a fin de documentarse para *El camino de Wigan Pier*; el segundo, en diciembre de 1936, lo llevó a España, donde se unió a los republicanos en la Guerra Civil e informó sobre el conflicto en ensayos y en el libro *Homenaje a Cataluña*. Con esas dos obras se encontró a sí mismo desde el punto de vista político. Su amigo Richard Rees comentó con pesar que durante tres años había intentado convertir a Orwell al socialismo y que el viaje al norte había conseguido lo que él no había logrado.[9] En «Por qué escribo», Orwell declaró: «La guerra de España y otros sucesos de 1936-1937 cambiaron la escala de valores y me permitieron ver las cosas con mayor claridad. Cada renglón que he escrito en serio desde 1936 lo he creado, directa o indirectamente, en contra del totalitarismo y a favor del socialismo democrático, tal como yo lo entiendo».[10] Con tres novelas a sus espaldas, escritas una tras otra, y con solo dos más por delante en los trece años siguientes (en 1939 y 1949), cambió su centro de interés hacia la no ficción ensayística.

Es posible contemplar ambos viajes como viajes a guerras, y ambos libros como correspondencia de guerra. En *El camino de Wigan Pier* escribió sobre la lucha de clases desde la perspectiva de la brutalidad y la desigualdad que habían producido aquella pobreza espantosa y aquel atroz trabajo en las minas. Las minas eran una especie de campo de batalla desigual con bajas terribles, ya fueran directas en las explosiones y derrumbes que mutilaban y mataban, ya fueran indirectas a consecuencia de las enfermedades tanto de los mineros como de los habitantes de las zonas mineras y de las luchas por los salarios y las condiciones laborales.

Ese marco bélico puede ampliarse más. El carbón como combustible fue (y es) un desastre colosal para la salud humana, y las famosas nieblas que hubo en Londres hasta mediados del siglo XX se debieron a la mezcla de las neblinas y las brumas del río con el humo del carbón, mezcla que resultó sumamente tóxica y en ocasiones mortífera durante los siglos en que se dio. El episodio más conocido es el de la Gran Niebla de 1952, que durante cuatro días oscureció la ciudad con humos tan densos que los vehículos y los viandantes no podían circular por las calles y ni siquiera había visibilidad en los teatros y otros espacios cerrados. Se han enumerado los componentes de esa niebla tóxica: «1.000 toneladas de partículas de humo, 2.000 toneladas de dióxido de carbono, 140 toneladas de ácido clorhídrico»,[11] amén de 370 toneladas de dióxido de azufre, que se convirtieron en 800 toneladas de ácido sulfúrico.

La fórmula se parece un poco a la de los gases tóxicos de la Primera Guerra Mundial y, al igual que la guerra química, causó víctimas. La cifra de los cálculos iniciales, según los cuales en el episodio de niebla tóxica de 1952 fallecieron cuatro mil personas, ha aumentado: se supone que en realidad murió el triple de londinenses[12] y que otras personas perdieron la vida a causa de la persistente contaminación atmosférica. Un estudio de 2019 publicado en el *European Heart Journal* estimó que la contaminación atmosférica, en su mayor parte debida al empleo de combustibles fósiles, provoca ochocientas mil muertes en Europa y 8,8 millones en todo el mundo, y otro de 2021 fue más allá al atribuir a las emisiones de combustibles fósiles uno de cada cinco fallecimientos en todo el planeta en 2018 y uno de cada tres en Asia oriental aquel año.[13] Al igual que las lumbres domésticas de carbón que Orwell alabó en su prosa, la niebla tóxica londinense que inhaló durante sus estancias en la ciudad en los años treinta y cuarenta debieron de contribuir al pésimo estado de sus pulmones y a su muerte prematura.

La extracción de combustibles fósiles ha sido un negocio tan lucrativo que ha desencadenado guerras y ha determinado la po-

lítica exterior en todo el mundo. Además, ha sido una empresa
tan inmunda que ha destruido amplias extensiones de tierra y ha
contaminado el agua de todos los continentes salvo la Antártida.
Ha cambiado nuestro cielo, nuestros mares y nuestra tierra. Ha
sido una guerra contra la tierra y la atmósfera. Pero, si volvemos
la vista atrás, hacia 1936, lo más llamativo es lo lejos que queda
ese año desde el punto de vista ecológico.

Incluso una década después, incluso entre las terribles ruinas
de la Segunda Guerra Mundial, que había segado más de ochenta
millones de vidas y había arrasado grandes ciudades, desde Londres hasta Dresde, desde Tokio hasta Leningrado, una persona
podía abstraerse de las estructuras y la vida humanas para ver que
el mundo no humano era en gran medida, o al menos relativamente, próspero. Los océanos no se habían acidificado ni calenta-
do; el hielo polar, la capa de hielo de Groenlandia, los glaciares y
el clima parecían estables; el tiempo atmosférico era razonable-
mente previsible; muchos más bosques templados y tropicales
permanecían intactos y realizaban su tarea de absorción de carbono; una gran cantidad de especies ahora desaparecidas o en peligro de extinción estaban en pleno esplendor, y aún no se habían
desarrollado los distintos tipos de sustancias químicas y plásticos.

Qué duda cabe que ya se habían producido múltiples daños: el
emú de Tasmania, el antílope azul de África, el alca gigante del Atlántico Norte, el estornino misterioso del Pacífico Sur y muchas
otras especies de otros muchos lugares se habían extinguido. La
tierra distaba de estar intacta. Hacía tiempo que se había deforesta-
do buena parte de la Europa occidental y que se perseguía a un
gran número de sus especies; antes aún se habían sobreexplotado
los pastos en Oriente Próximo; la minería ya había roto el paisaje y
había contaminado tanto el aire como el agua en todo el mundo.
En el siglo XIX la pradera norteamericana se había dividido en pro-

piedades inmobiliarias y había quedado partida en dos mitades por los trenes de leña y, más tarde, de carbón, por los que se habían librado guerras contra las tribus nativas de las llanuras y que en parte habían diezmado las grandes manadas de bisontes; las Grandes Llanuras se habían convertido en el Dust Bowl* a principios de los años treinta, pues la agricultura había ocasionado una erosión muy acusada del suelo y el viento lo arrastraba. Engels describe los ríos negros del norte industrial, y la contaminación sin freno del aire y del agua fue, con pocas excepciones, lo normal tras la Segunda Guerra Mundial. Aun así, era un mundo mucho más incólume y sostenible que el que habitamos. Visto desde 2021, parece el Edén.

Aunque el carbón se había utilizado de manera intensiva en Europa desde finales del XVIII y luego en Norteamérica, aunque la extracción de petróleo se había iniciado en los últimos años del XIX, aunque el alumbrado de gas era tan habitual como la calefacción de carbón en la juventud de Orwell, aunque el boom del petróleo ya había empezado en Texas y Arabia Saudita, aunque la británica Rangoon Oil Company (más tarde Burmah Oil Company) se había fundado en 1871, y la Anglo-Persian Oil Company, en 1908 (y ambas formarían parte de British Petroleum, BP), y aunque Standard Oil ya había experimentado un crecimiento tan colosal en Estados Unidos que el Gobierno pretendió su desmembración en 1911, gran parte del destrozo aún estaba por venir.

El carbono de la atmósfera, cuya cifra, en el momento en que acabo este libro, es de unas 416 partes por millón (era de 413 cuando lo comencé), empezó a aumentar a principios del siglo XIX tras haber permanecido durante mucho tiempo en torno a las 280 partes por millón.[14] En 1936 era de solo 310 partes por millón,

---

* Se refiere a la zona de Oklahoma, Texas, Kansas, Colorado y Nuevo México que en la década de los treinta sufrió una fuerte sequía y grandes tormentas de polvo que la convirtieron en un desierto. *(N. de la t.)*.

dentro de los límites necesarios para proteger el clima de este Holoceno interglaciar. Incluso en 1984, dichas concentraciones se situaban justo por debajo de las 350 partes por millón que el climatólogo James Hansen estableció como el límite superior para una Tierra estable. La última novela de Orwell miraba hacia el futuro y veía 1984 como un año sumido en el horror político. Podemos mirar hacia atrás, por encima de la enorme brecha de nuestra terrible conciencia y nuestros actos peores, y ver 1984 como el último año bueno desde el punto de vista climático. Y 1936: fue diferente tanto en lo relativo a la imaginación como en lo ecológico.

Quienes vivían en 1936 tenían una confianza tan profunda que era como un estrato inexcavado de su conciencia: confianza en que el mundo era lo bastante grande y resistente como para soportar el daño que le causáramos; en que el daño sería siempre localizado y nada de lo que hiciéramos a las partes alteraría el todo; en que siempre habría más. Los seres humanos nos comportábamos como un niño que cree que, pase lo que pase, su madre es inmortal, pero el niño se volvió enorme y poderoso, con capacidades que excedían a las humanas gracias a las herramientas, las máquinas y los inventos químicos, y asestaba golpes que estaban perjudicando y cambiando el sistema. Era una guerra, y cuando nos despertamos y nos dimos cuenta, la tarea consistió en reconocer lo que habían hecho las plantas. Esto nos impulsó a veces a reforestar, a proteger los bosques, las praderas y los mantillos existentes, a unirnos al bando de las plantas y a alejarnos del proyecto de lanzar al cielo carbón que llevaba siglos bajo tierra.

Un hombre plantó rosales y árboles frutales en un mundo turbulento y conflictivo. Quizá lo que hiciera en su nuevo jardín de Hertfordshire fuera construir un espacio y un conjunto de relaciones distintos de los que acababa de ver, distintos de la sensación de muerte que flotaba sobre aquellos sitios, del desarraigo y la alienación, de la pura fealdad que había visto. No cuesta entender el jardín como una reacción contra el lugar donde había estado hacía poco. Lo que vio en el norte le causó una honda impresión, no solo en cuanto tema para un libro, sino también como un encuentro desgarrador con el sufrimiento y la explotación que impulsó su transformación en escritor político.

El gesto de plantar los rosales y crear el jardín podría significar un millar de cosas, pero de momento entendámoslo como la colaboración con el mundo de las plantas y con su labor, como el establecimiento y el cuidado de unos cuantos organismos dedicados a absorber carbono y producir oxígeno, como el deseo de ser campestre, de asentarse, de apostar por un futuro en que los rosales y los árboles frutales florecerían durante años, y estos últimos darían frutos en las décadas siguientes o incluso, según escribió ese hombre, al cabo de un siglo. Trabajar en un jardín o un huerto es recomponer lo que se ha roto en pedazos: las relaciones en que una persona es a la vez productora y consumidora, en que cosecha directamente los productos de la tierra, en que conoce de forma cabal cómo se produce algo. Tal vez no sea importante en escala, pero hasta un geranio en el alféizar de una ventana de un piso muy alto en la calle de una gran ciudad puede ser importante en cuanto a su significado.

Ese hombre pensaba en el futuro y en cómo contribuir a él cuando defendió que plantar árboles quizá fuera el gesto más duradero que la mayoría de los humanos podía hacer. Sin duda en 1936 nadie pensaba en la absorción de carbono, pero aun así uno podía decidir ponerse del lado de las plantas, afirmando: «En defensa del párroco de Bray», el hombre que plantó las rosas sabía que eso también significaba estar del lado del futuro.

III

Pan y rosas

Rosas, México (1924), de Tina Modotti.

1

Rosas y revolución

En 1924, una mujer fotografió unas rosas. Pese a las pocas copias que Tina Modotti sacó de su negativo de gran formato, la imagen se convirtió en una de las más conocidas de la historia de la fotografía. Sesenta y siete años después de que la hiciera, se subastó un contacto heredado por la última pareja de la artista, un agente de Stalin en el extranjero. Según se informó, la estrella del pop Madonna pujó por él, pero se impuso la oferta de la magnate de la moda Susie Tompkins Buell. La compra fue noticia porque los ciento sesenta y cinco mil dólares pagados fueron el precio más alto alcanzado hasta entonces por una fotografía.[1] En la actualidad es posible encontrar reproducciones de la imagen en una enorme variedad de formas.

Al igual que la fotografía, su creadora tuvo una trayectoria asombrosa: Tina Modotti nació en 1896 en el seno de una familia socialista pobre del nordeste de Italia, trabajó en una fábrica y se convirtió en el principal sostén de su familia a los catorce años, y emigró a San Francisco a los dieciséis. Allí trabajó de costurera y triunfó como actriz amateur, y más tarde, en Los Ángeles, actuó en las primeras películas que se rodaron. En el sur de California conoció al fotógrafo Edward Weston, que pasó a ser su amante y profesor de fotografía. En 1923 él dejó a su esposa para ir con Modotti a Ciudad de México. Tras su reciente revolución, el sueño y la promesa de otra revolución en el arte y la cultura dominaban México, y en la capital se había reunido una animada comunidad artística. Durante unos años Modotti fue la compañera de vida y de estudio fotográfico de Weston y empezó a crear una obra que en algunos aspectos se asemejaba al vanguardismo abstracto y el enfoque nítido de él y en otros difería.

Su fotografía *Rosas, México*, de 1924, es una impresión en papel impregnado de paladio, en vez de la plata habitual, con lo que se produce una imagen en tonos de marrón dorado en lugar de gris. Las cuatro flores de color claro se ven de frente, y los anillos concéntricos de los pétalos llenan todo el encuadre. Una es un capullo que comienza a abrirse. Una rosa totalmente abierta, que ocupa mucho más espacio que las demás, empieza a marchitarse. Las otras dos se encuentran en fases intermedias. Esas cuatro flores en tres etapas de la vida son como el retrato de un niño, un adulto y dos jóvenes. Patricia Albers, biógrafa de Modotti, afirma que esta las colocó tumbadas para la fotografía y que parece que la fuerza de la gravedad hubiera oprimido con mano suave la disposición de los pétalos de las dos rosas intermedias, de modo que formen algo más parecido a un óvalo que a un círculo.[2] Esas rosas pálidas son reconocibles y al mismo tiempo se muestran de una manera nada habitual, y son ejemplares independientes en distintas etapas de la vida, con formas que las diferencian. Es una imagen sensual y voluptuosa, que irradia morbidez, ductilidad y misterio.

La belleza de las rosas tal vez resida en parte en su suavidad, en sus pétalos aterciopelados como las mejillas de un niño (la tez juvenil se ha descrito como *blooming*, que significa «lozano» y «flor»). Los pétalos de esta flor doméstica son carnosos sin ser gruesos ni recios como los de la magnolia, delicados sin la fragilidad de los de algunas flores silvestres que se marchitan apenas las cortamos, y esa característica que los asemeja a la piel humana dura cuando pierden la frescura y se mustian, como si la gravedad llegara por primera vez en la edad madura, antes de que su tersura se erosione en forma de arrugas minúsculas que quiebran la superficie lisa una vez que la flor empieza a ajarse de verdad. La muerte forma parte de la naturaleza esencial de las flores, que han servido una y otra vez para simbolizar el carácter fugaz y evanescente de la vida, con el sobrentendido de que lo que no dura es más valioso por ese motivo.

«Frescura» es otra palabra que sugiere juventud, novedad, pero también muerte o caducidad. Algo que nunca se marchita ni muere no ha tenido nunca frescura. El escritor y actor Peter Coyote comentó una vez que nadie llora por las flores artificiales,[3] y se produce una clase especial de decepción cuando admiramos un ramo o una flor desde lejos y al acercarnos descubrimos que son falsos. La decepción deriva en parte del engaño, pero también del hecho de haber encontrado un objeto estático que jamás morirá porque jamás ha vivido, que no se ha formado a partir de la tierra y que posee una textura más basta, más seca y menos atractiva que el tacto de una flor mortal.

La belleza de las flores no es únicamente visual; es metafísica, táctil y, en el caso de muchas de ellas, olfativa: pueden olerse, tocarse y a veces saborearse. Algunas dan lugar a frutos, semillas u otros productos que los humanos valoramos o de los que incluso dependemos, por lo que una flor es asimismo una promesa. Miramos una flor en una etapa determinada y sabemos que ha pasado y pasará por otras. Es posible que la belleza de las rosas resida también en la manera en que resultan atractivas en cada una de sus fases, desde que son un capullo hasta que se secan y mueren, y en que su decadencia sea lenta y elegante. Las camelias recuerdan por su forma a las rosas, pero pasan en un suspiro del capullo compacto a la flor abierta y luego se convierten en una masa húmeda de color marrón que cae del tallo para pudrirse en el suelo, y otras muchas flores sufren una decadencia similar. «No hay peor olor que el lirio que se pudre»;[4] sin embargo, las rosas rara vez se pudren.

Las rosas silvestres son delicadas y sencillas en comparación con las domésticas. Las he visto en el Canadá subártico, en las Montañas Rocosas y en la costa de California, en los setos y en las veredas poco transitadas del sur de Inglaterra, pero las más extraordinarias se hallaban en la meseta tibetana. En altitudes cercanas a los tres mil setecientos metros, con una aridez extrema, condiciones duras y la desaparición de casi todas las demás plantas debido a la sobreexplotación de los pastos, crecían tupidos rosales. Muchos me superaban en altura, eran más anchos que altos, algunos crecían en grupos o en conjuntos alargados junto a los ríos alimentados por el deshielo de los glaciares que serpentean en las tierras secas. Llegué demasiado tarde para verlos en flor. Los rosales de Dolpo que vi eran bóvedas espesas de hojitas de un verde vivo salpicadas de escaramujos carmesíes del tamaño de uvas pequeñas. Me parecieron heroicos y de una tenacidad suprema, vivaces en un paisaje por lo demás desprovisto de color.

Era un país budista, pero el budismo se desarrolló en regiones más húmedas y su flor más conocida es el loto. «Con la pureza del loto en aguas lodosas» es una frase habitual, y otra es un mantra sánscrito que se traduce como «Oh, la joya dentro del loto». Los aztecas tenían sus cempasúchiles ceremoniales, y el cristianismo convirtió los lirios y las rosas en símbolos sagrados. Las rosas se domesticaron y se cultivaron para multiplicar sus pétalos y crear flores de mayor tamaño, más suntuosas y complejas y de fragancia más intensa. Una vez, en una rosaleda pública, mientras contemplaba unas rosas antiguas cuyos cóncavos pétalos se curvaban formando anillos concéntricos, me sorprendí pensando que eran como mandalas, pero, naturalmente, es al revés: los mandalas, incluidos las pinturas sagradas de Asia y los rosetones de las iglesias góticas, son como flores multipétalas.*

Al final de la *Divina comedia*, Dante viaja por una serie de círculos concéntricos hasta una gran rosa que es el centro del Paraíso. Se dirige a la Virgen María, a quien muchas veces se representa como una rosa:

> *Dentro del vientre tuyo ardió el amor,*
> *cuyo calor en esta paz eterna*
> *hizo que germinaran estas flores.*[5]

Fotografié aquellas rosas del jardín público y, cuando vi las imágenes resultantes, algunos primeros planos de ciertos ejemplares concretos, con su maraña de delicados pétalos, me parecieron labios genitales y vulvas. Con las rosas nunca lo vemos todo; los capullos están cerrados, con los pétalos apretados entre sí, pero incluso las rosas abiertas tienen capas de pétalos superpuestas que crean interiores, sombras, secretos. Más o menos por la misma época en que Modotti y, en California, Imogen Cunningham fotografiaban primeros planos de flores, Georgia O'Keeffe había empezado a pintar enormes cuadros de flores solitarias vistas de frente que a menudo también se considera que semejan genitales femeninos.

---

* Las rosas antiguas son aquellas que ya se cultivaban en 1867, fecha en que se obtuvo la primera especie híbrida. Son muy apreciadas por su larga tradición, tienen un perfume muy intenso y por lo general florecen una vez al año. (*N. de la t.*).

Las flores son los órganos sexuales de las plantas, claro está, y su función es reproducir los genes y, en el caso de muchas especies, hacerlo atrayendo a polinizadores como los insectos, los pájaros o los murciélagos. Y posiblemente también los humanos, que hemos hecho mucho por cultivarlas e incorporarlas a las casas, las ofrendas y las ceremonias. Aunque con frecuencia se las considera femeninas y se las asocia con las mujeres, por lo general tienen asimismo órganos masculinos. El fotógrafo Robert Mapplethorpe las masculinizó en una serie de fotografías que ponían de relieve los largos tallos, las formas atrevidas, los filamentos extendidos de las azucenas o el fálico espádice del centro de los lirios de agua.

En cambio, en *Trópico de Cáncer,* la novela que Henry Miller publicó en 1934 y sobre la que Orwell escribió con eufórico entusiasmo, el autor alude a las partes pudendas de una trabajadora del sexo como «matas de rosas». El Paraíso de Dante es una rosa que se abre en el calor del vientre de la Virgen María. También otro poema medieval iniciado unos tres cuartos de siglo antes, el *Roman de la Rose* (*El Libro de la Rosa),* es al mismo tiempo espiritual y profano. La rosa es la amada; la amada, un destino; y el amante humano, un poco como una abeja que busca y celebra esa rosa a la vez erótica y espiritual del centro de un jardín tapiado.

En México, la rosa posee una relevancia especial, pues es la flor que cayó en cascada de la tosca capa de Juan Diego Cuauhtlatoatzin el 12 de diciembre de 1531, solo diez años después de la conquista española del Imperio azteca. Según la leyenda, a ese indígena se le apareció cerca de lo que hoy es Ciudad de México una joven radiante que se presentó como la Virgen María y que le ordenó que le construyeran una capilla. Cuando el obispo de México, un español, pidió pruebas, la Virgen hizo que el cerro llamado Tepeyac se cubriera de flores fuera de temporada —de diversas variedades en algunos relatos y, en la versión más extendida, de rosas, que no crecían allí— para que Juan Diego llenara su capa a fin de que el prelado le creyera.

Juan Diego acudió de nuevo ante el obispo. Cuando las rosas cayeron a raudales, se vio que la parte interior de la capa llevaba estampada la imagen de la Virgen, como si las flores la hubieran dibujado o se hubiesen convertido en ella. La tela con la efigie de una mujer morena cubierta con un manto azul sembrado de estrellas y plantada sobre una luna creciente todavía cuelga en la basílica de Nuestra Señora de Guadalupe, al pie del Tepeyac, aún tan venerada que, a fin de que las multitudes circulen, se desplazan ante ella en cintas transportadoras. La mayor peregrinación católica del mundo tiene como destino ese santuario el 12 de diciembre, día de la Virgen de Guadalupe, y durante todo el año el templo está lleno de ofrendas de rosas.

En ocasiones se la considera una diosa azteca reaparecida en forma cristiana, y habló a Juan Diego en el idioma de este, el náhuatl. En la historia de los orígenes y la evolución de la imagen y su culto, D. A. Brading señala que, «cuando María ordenó a Juan Diego que recogiera flores, hundió las raíces de la doctrina cristiana en el suelo de la cultura azteca, pues para los indios las flores equivalían a las canciones espirituales y eran, por extensión, símbolos de la vida divina».[6] Se convirtió en la santa patrona de México, y en 1810, cuando el padre Miguel Hidalgo profirió el grito de la independencia de México con respecto a España, lo hizo en nombre de la Virgen. «Viva la Virgen de Guadalupe» sería el grito de guerra de los indígenas y mestizos, y la imagen de la Virgen, la de la capa milagrosa, pasaría a ser el estandarte insurgente. Cuando Modotti tituló *Rosas, México* a su fotografía, siguió el estilo vanguardista de los títulos que ofrecían una descripción neutra, pero la conjunción de esas flores y ese lugar concretos tenía sus propias resonancias.

En 1924, una mujer, ferviente seguidora de los revolucionarios, fotografió unas rosas. Era una época en que parecía que las teorías vanguardistas del arte y las ideas políticas radicales podían compartir cama, un sueño y un camino; en que era posible estar a favor del arte, de la belleza y de la revolución. Modotti aprendió de Weston, principal defensor de un nuevo estilo de fotografía surgido en la costa Oeste, un vanguardismo en que destacaban las perspectivas insólitas, las formas simples y espectaculares, la nitidez y las composiciones cuidadas. Los objetos se volvían abstractos, como si el significado procediera tan solo de la forma, y Weston es conocido por mostrar pimientos y la curva de la taza de un váter de porcelana del mismo modo que mostraba a mujeres desnudas, incluida Modotti, a quien fotografió muchas veces. Weston fue el maestro de Modotti, su amante, su compañero creativo, y ella continuó escribiéndole cartas largas y sentidas años después de su separación, hasta que se trasladó a Moscú en 1931.

En 1924 ambos estaban cautivados por México, cuya revolución había terminado hacía poco, y se relacionaban con los artistas y activistas del país, como Diego Rivera y otros muralistas políticos que plasmaban a gran escala los relatos y las aspiraciones del momento. Durante los años siguientes, Modotti se ganó en parte la vida con los retratos de estudio y documentando los murales y su creación. Su belleza era célebre, y Rivera la pintó al menos en dos ocasiones. En la década de los treinta, Weston se desligaría en buena medida de la política izquierdista y Modotti abandonaría en buena medida la creación artística y regalaría su cámara de gran formato al joven Manuel Álvarez Bravo cuando la deportaron de México y enfiló la recta final de su vida como partidaria de la Unión Soviética durante algunos de sus años más brutales.

2

También luchamos por las rosas

En 1910 Helen Todd, defensora del derecho al voto de las mujeres, emprendió una gira en coche por el sur de Illinois con la intención de ganar a las gentes del campo para la causa. En Estados Unidos, el sufragio femenino se conquistó estado por estado antes de que en 1920 la Decimonovena Enmienda de la Constitución lo consagrara como derecho nacional. Escribió sobre la gira en *The American Magazine*, donde explicó que planteaba los problemas de la época —la higiene alimentaria, el trabajo infantil, la seguridad laboral— como problemas de las mujeres. La última noche se alojó en el hogar de una familia de granjeros. Su anfitriona, una nonagenaria postrada en la cama, le contó que su hija Lucy se había quedado en casa y había dado permiso a la «moza», Maggie, para que asistiera al mitin porque alguien tenía que cuidarla a ella y porque Lucy ya estaba a favor del voto de las mujeres, mientras que Maggie necesitaba informarse más.

Por la mañana Todd, Maggie y Lucy desayunaron juntas en la cocina, en una mesa con un ramo de orquídeas *Cypripedium* y la puerta trasera abierta a un patio cuajado de malvarrosas. «Si quieren saber lo que más me gustó de toa la reunión —dijo Maggie—, fue eso de que las mujeres voten pa que así tol mundo tenga pan y también flores».[1] Según cuenta Todd, a Lucy le entusiasmó la idea, hasta el punto de que le pidió que enviara a su madre un almohadón con el eslogan estampado. «Pan para todos, y rosas también», se leía en el almohadón que Todd les entregó.

En la crónica publicada en la revista, Todd reflexionó sobre la frase que se convertiría en consigna del movimiento sufragista, del movimiento obrero y, más tarde, a partir de los años setenta, de los radicales, y afirmó que los votos de las mujeres «están destinados a contribuir a que se avance hacia la época en que el pan de la vida, que es un hogar, cobijo y seguridad, y las rosas de la vida, la música, la educación, la naturaleza y los libros sean el patrimonio de todos los niños nacidos en el país, en cuyo gobierno [la mujer] tenga voz. El día en que haya "Pan para todos, y rosas también" no habrá cárceles, ni patíbulos, ni niños en las fábricas, ni niñas empujadas a la calle para que se ganen el pan».

La frase que al parecer cobró forma a partir de la conversación entre dos granjeras y una activista política en respuesta a un discurso sufragista tendría una vida extraordinaria. En 1911, el poeta James Oppenheim publicó el poema «Pan y rosas» en la misma *American Magazine* en que publicaba Todd (y a raíz de esto se le ha atribuido con frecuencia la acuñación de la frase). El poema reza:

> *Mientras marchamos, marchamos en la belleza del día,*
> *un millón de cocinas oscuras y un millar de fábricas sombrías*
> *se iluminan con todo el resplandor que un repentino sol revela*
> *porque la gente nos oye cantar: «Pan y rosas, pan y rosas».*
> *[...]*
> *Mientras marchamos, marchamos, innumerables mujeres*
>   *[fallecidas*

gritan a través de nuestro canto su antigua demanda de pan;
el pequeño arte, el amor y la belleza conocieron sus almas
[oprimidas.
Sí, es por el pan por lo que luchamos, pero por las rosas
[también.[2, *]

El pan alimentaba el cuerpo, y las rosas alimentaban algo más sutil: no solo los corazones, sino también la imaginación, la psique, los sentidos y la identidad. Era un lema bonito, pero también una declaración vehemente de que se necesitaba y se reclamaba como derecho algo más que la supervivencia y el bienestar físico. Era asimismo una declaración contra la idea de que las necesidades de los seres humanos se reducen a bienes y circunstancias cuantificables y tangibles. En esas proclamas las rosas simbolizan la complejidad de los seres humanos, la irreductibilidad de los deseos y el carácter a menudo sutil y huidizo de lo que nos sustenta.

Una canción norteamericana anterior del movimiento obrero sobre la lucha por la jornada de ocho horas venía a defender lo mismo:

Nos proponemos reformar las cosas,
estamos hartos de esforzarnos para nada,
con apenas lo justo para vivir

---

* «As we come marching, marching, in the beauty of the day, / A million darkened kitchens, a thousand mill-lofts gray / Are touched with all the radiance that a sudden sun discloses, / For the people hear us singing, "Bread and Roses, Bread and Roses." [...] / As we come marching, marching, unnumbered women dead / Go crying through our singing their ancient song of Bread; / Small art and love and beauty their drudging spirits knew— / Yes, it is Bread we fight for—but we fight for Roses too». *(N. de la t.).*

y jamás una hora al pensamiento dedicada.
Queremos el sol sentir
y queremos las flores oler.[3, *]

Pensamiento, sol, flores: querían bienes intangibles además de los tangibles, placeres además de necesidades, y tiempo para dedicarse a ellos mismos, tiempo para tener una vida interior y libertad para deambular por el mundo exterior.

En 1917, los bolcheviques coreaban «¡Paz, tierra y pan!» o, según otras versiones, «¡Pan, tierra, paz y todo el poder para los sóviets!». El pan era el alimento básico de la mayoría de los pobres de Europa: la Revolución francesa se había desencadenado en parte por el hambre, a consecuencia de unas condiciones climáticas calamitosas y de la mala cosecha de trigo. A menudo servía como sinécdoque de la comida en general y de la satisfacción de las necesidades humanas básicas, y de hecho muchos pobres se sustentaban de poco más que de pan. El pueblo debía de conocer el padrenuestro del Evangelio según san Mateo, en el que se suplica «el pan nuestro de cada día, dánoslo hoy», y la frase bíblica «no solo de pan vive el hombre». El complemento del pan prescrito por la Biblia era la palabra de Dios, quizá con el sobrentendido de que en esta tierra la gente solo necesitaba el pan porque hallaría alegría y solaz en otra parte. Las rosas de «pan y rosas» pueden interpretarse como un rechazo explícito de la religión como la otra mitad de las necesidades humanas, una propuesta de sustituirla por las alegrías y el bienestar en este mundo y no en el otro.

---

* «We mean to make things over, / We're tired of toil for naught / With but bare enough to live upon / And ne'er an hour for thought. / We want to feel the sunshine / And we want to smell the flow'rs». *(N. de la t.)*.

A mediados de 1912, la legendaria sindicalista neoyorquina Rose Schneiderman había tomado la frase y la emplearía muchas veces (de modo que también se le atribuiría a ella su origen). En un discurso pronunciado en Cleveland, Ohio, declaró que «lo que quiere la mujer trabajadora es el derecho a vivir, no simplemente a existir: el derecho a la vida igual que la mujer rica tiene el derecho a la vida, al sol, a la música y al arte. Ustedes no tienen nada que la trabajadora más humilde no tenga derecho a tener también. La obrera debe tener pan, pero también rosas. Ayudadla, mujeres de la clase privilegiada, dadle el voto con el que luchar».[4]

Se convirtió en una frase habitual en los círculos sindicales de principios del siglo XX, aunque no se aplicaría hasta más tarde a la huelga de la fábrica de Lawrence, Massachusetts, de 1912, ahora recordada y conocida como la «huelga del pan y las rosas», pues se afirmó que una pancarta de una manifestante llevaba dicha consigna e inspiró el poema. El poema se había publicado antes, pero después de que Helen Todd relatara en la misma revista su conversación con la mujer de la granja y hubiera usado distintas versiones de la frase en sus discursos.

Se puso música al poema al poco tiempo de su composición. En los años treinta, los alumnos del último curso del Mount Holyoke College de Massachusetts incorporaron la canción a su ceremonia de graduación. En la década de los setenta, la cantante y activista Mimi Fariña volvió a musicarlo, y el tema lo grabaría primero Judy Collins y después Fariña y su hermana Joan Baez. Fariña creó asimismo el proyecto Bread and Roses para llevar la música a las cárceles, los hospitales y otros centros de internamiento. Murió en 2001, pero mientras escribo estas líneas la organización continúa llevando música a las personas internadas. Ya en el siglo XXI, Pan y Rosas es una agrupación feminista socialista fundada en Argentina que opera en Bolivia, Chile, Brasil y otros países latinoamericanos, así como en Francia y Alemania. No existe ninguna prueba de que Tina Modotti conociera la frase, aunque tuvo una amplia difusión durante el periodo que pasó en Estados Unidos.

3

En alabanza

Si las rosas simbolizan el placer, el ocio, la autodeterminación, la vida interior y lo no cuantificable, en ocasiones la lucha por conseguirlos no se libra solo contra los dueños y jefes que pretenden aplastar a sus trabajadores, sino también contra otras facciones de la izquierda que desprecian la necesidad de tales cosas. En la izquierda nunca han escaseado quienes afirman que es insensible e inmoral disfrutar mientras otros sufren, y siempre habrá en algún lugar otros que sufran. Es una postura puritana, que da a entender que una persona solo puede ofrecer su austeridad o su tristeza a quienes lo pasan mal en vez de una aportación práctica que contribuya a liberarlos.

En esa actitud subyace una ideología utilitaria en la que los placeres y la belleza son contrarrevolucionarios, burgueses, decadentes y autocomplacientes, y según la cual el deseo de disfrutar de ellos debería arrancarse de raíz y desdeñarse. Los aspirantes a revolucionarios suelen argüir que solo importa lo cuantificable y que los seres humanos tendrían que ser seres racionales conformes con lo que debería importar y amoldarse a cómo deberían ser las cosas, y no a lo que importa y a cómo son las cosas en realidad. Las rosas del «pan y rosas» constituían un argumento no solo a favor de algo más, sino de algo más huidizo y matizado: en palabras de Rose Schneiderman, «el derecho a vivir, no simplemente a existir». Con esto se argumentaba que lo que hace que nuestra vida merezca ser vivida es hasta cierto punto incalculable e impredecible y cambia de una persona a otra. En ese sentido, las rosas también significan subjetividad, libertad y autodeterminación.

Orwell se manifestó a menudo como un defensor de las rosas, a veces literalmente. En enero de 1944 escribió en *Tribune*: «En una carta se me reprocha que sea "negativo" y esté "siempre atacándolo todo". Lo cierto es que en la época que vivimos no abundan los motivos para alegrarse. Pero me gusta lanzar alabanzas cuando hay algo que alabar y querría escribir aquí unas líneas en alabanza (por desgracia tendrá que ser retrospectiva) de la rosa de Woolworths».[1] Y acto seguido elogia las que plantó en 1936. Lo escribió mientras la Segunda Guerra Mundial causaba estragos a su alrededor. Al cabo de unos meses, cuando la Royal Air Force redobló su campaña de bombardeos sobre Alemania, señaló: «La última vez que hablé de flores en esta columna, una señora indignada me escribió para decirme que las flores son burguesas».[2,][*]

---

[*] En la columna contaba que las rosas de la cadena de tiendas minoristas Woolworths eran baratas y a menudo sorprendentes. «Una que compré creyendo que era una Dorothy Perkins resultó ser una preciosa rosita blanca con el centro amarillo, una de las trepadoras más extraordinarias que he visto. Una rosa polianta, amarilla según la etiqueta, resultó ser de un rojo intenso. Otra que compré creyendo que era una Abertine parecía una Abertine, pero era más doble y dio unas asombrosas masas de flores. [...] El último verano pasé por delante de la casa donde viví antes de la guerra. El rosal de florecitas blancas, no mayor que un tirachinas cuando lo planté, se había convertido en un enorme y vigoroso arbusto, y la Abertine o casi Abertine cubría la mitad de la valla con una nube de flores rosadas. Planté esos dos en 1936». Es de suponer que quería decir «Albertine».

En ocasiones ensalzó lo que significaban las rosas en «pan y rosas»: lo intangible, los placeres corrientes, la alegría del aquí y el ahora. En el ensayo «Algunas reflexiones en torno al sapo común», de la primavera de 1946, elogió a esos animales tal como salen de la hibernación, flacos y famélicos, un presagio primaveral, y alabó la belleza de sus ojos dorados, de la primavera y del placer en sí. Publicó el artículo en *Tribune*, una revista socialista, y por eso escribió a la defensiva. Siendo de Orwell, el texto trataba de los sapos y el final del invierno, pero también de los principios y valores y de discutir con la ortodoxia.

Abordó sin rodeos las quejas típicas de la izquierda: «¿Está mal deleitarse con la primavera y con otros cambios estacionales? O, por decirlo de un modo más preciso, ¿es políticamente censurable, mientras andamos todos asfixiados (o al menos deberíamos estarlo) por los grilletes del sistema capitalista, señalar que, a menudo, la vida merece más la pena gracias al canto de un mirlo, a un olmo amarillo en octubre o a algún otro fenómeno natural que no cuesta dinero y que carece de eso que los directores de los periódicos de izquierdas denominan "enfoque de clase"? No cabe duda de que mucha gente pensaría que así es. Sé por experiencia que una referencia favorable a la "naturaleza" en uno de mis artículos puede reportarme fácilmente cartas insultantes, y aunque la palabra clave en estas cartas suele ser "sentimental", dos ideas parecen mezclarse en ellas».[3]

Señala que una es la de que el placer nos convierte en personas pasivas, acomodadizas, ensimismadas, y quizá esa fuera la creencia que llevó a la lectora a afirmar que «las flores son burguesas». Una década antes, la idea de que el arte debía fomentar la causa comunista de forma clara e inmediata arraigó dentro y fuera de la Unión Soviética (al igual que ocurrió con la noción nazi de que el arte debía fomentar su programa racista y reaccionario o, cuando menos, no oponerse a él; se dice que en 1939 quemaron cinco mil obras vanguardistas que el año anterior habían formado parte de la exposición «Arte degenerado»).[4] Aquel mes de abril de 1936 en que Orwell plantó su jardín de Wallington, el historiador de arte británico y espía soviético Anthony Blunt escribió: «Empieza a despuntar un arte nuevo, fruto del proletariado, un arte que cumple una vez más su verdadera función, la propaganda».[5] Al cabo de unos años, Blunt señaló: «Si un arte no contribuye al bien común, es un arte inútil» (lo que indica confianza en que el bien común puede definirse de manera clara y estricta).

En un ensayo de 2005 de Lawrence Weschler titulado «Vermeer in Bosnia», encontré una idea más abierta, que se me quedó grabada, acerca de lo que el arte puede hacer por la política. Weschler, que ha dedicado su larga vida literaria a escribir ensayos de arte e informes sobre los derechos humanos en todo el planeta, preguntó a un juez de La Haya, del Tribunal Penal Internacional para la antigua Yugoslavia de mediados de los años noventa, cómo soportaba escuchar un día tras otro los relatos de atrocidades. El juez, cuenta Weschler, se animó al responder: «Siempre que puedo me acerco al museo Mauritshuis, que está en el centro de la ciudad, para pasar un ratito con los Vermeers».[6]

Después de leer el artículo, durante mucho tiempo imaginé que el museo tenía un buen número de cuadros de Vermeer, pero tiene tres: *Diana y sus compañeras*, una de las primeras obras del pintor; el famoso retrato *La joven de la perla*, y la casi igual de famosa *Vista de Delft*, con nubes mucho más grandes que ningún otro elemento del cuadro en un cielo de un delicado azul sobre unas figuras minúsculas, un conjunto denso de edificios y un canal. Las nubes son livianas y evanescentes; los edificios, sólidos y firmes; unas y otros se reflejan en el agua azul. En el primer plano de todo ese amplio espacio, dos mujeres conversan.

Sin duda las obras de Vermeer no tienen nada que decir directamente sobre la guerra, la justicia, la ley o cómo arreglar la sociedad; no informan de nada ni hacen propaganda de ninguna causa. En *Diana y sus compañeras*, una mujer arrodillada lava los pies a otra mientras dos más miran y una quinta está de espaldas; un momento plebeyo entre las deidades. Weschler señala que Vermeer trabajó en una época turbulenta y asolada por las guerras, y que «de la tensión de toda aquella violencia (recordada, imaginada, prevista) tratan esas pinturas»,[7] pero que tratan de ella siendo su antítesis; tratan de la paz que anhelamos en tiempos de guerra, de la quietud en medio del tumulto, de la persistencia de lo cotidiano y su belleza.

La propuesta de que todo arte debe exhortarnos pasa por alto las necesidades y los deseos de quienes ya están comprometidos, qué los espolea y cuál sería la tarea más importante en la construcción de una sociedad preocupada por la justicia y la compasión. Del ensayo de Weschler me pareció notable la idea de que no tiene por qué ser la representación de la injusticia o el sufrimiento lo que anime a una persona a comprometerse o ayude a alguien como el juez a mantener su compromiso. El arte que no versa sobre la política del momento puede reforzar una idea del yo y de la sociedad, de valores y compromisos, o incluso la capacidad de prestar atención, que preparen a una persona para afrontar las crisis de su tiempo.

La política es la expresión pragmática de creencias y compromisos determinados por la cultura. Las obras de arte pueden contribuir, y de hecho contribuyen, a construir el yo que participa en la política, y la mera exhortación a participar o las invectivas sobre lo que está mal no necesariamente producen la imaginación empática, las percepciones, los principios, las inclinaciones y los recuerdos colectivos que el compromiso requiere. Por descontado, otras obras de arte, y muchas de nuestra época, contribuyen a forjar la desvinculación al decirnos que somos personas particulares que no se ven sometidas a fuerzas superiores ni influidas por ellas, o bien presentan esas fuerzas como fijas e inmutables, o bien eliminan todo indicio de su existencia. Los Vermeer pueden interpretarse de un modo u otro, y la reacción del juez indica que la cuestión reside en parte en el ojo del observador.

No obstante, del ensayo de Weschler se deduce que el arte menos político puede proporcionarnos algo que nos permita zambullirnos en la política, que los seres humanos necesitamos aliento y refugio, y que el placer que nos seduce no nos aparta forzosamente de las tareas que tenemos entre manos, sino que nos infunde fuerzas. El placer que es belleza, la belleza que es sentido, orden y calma. Orwell encontró ese refugio en los espacios naturales y en los domésticos, a los que se retiró a menudo y de los que salió muchas veces para combatir las mentiras, las quimeras, las crueldades y los desatinos..., y para combatir como soldado en España. En su ensayo sobre T. S. Eliot señaló que «todo el arte es, en cierta medida, propaganda»,[8] por cuanto la propaganda es defensa de algo y las decisiones de cada artista son una especie de defensa de lo importante, de lo que merece atención; en cambio, Orwell se oponía a la propaganda en el sentido en que Blunt la proponía: con el arte y los artistas al servicio del programa ideológico de un partido o de un Estado. En otra parte escribió: «No hay una literatura genuinamente apolítica».[9]

Los cuadros de Vermeer propugnan la quietud, la contemplación de los canales, el color azul, el valor de la vida doméstica de la burguesía holandesa o el mero hecho de prestar mucha atención. La atención minuciosa puede ser en sí misma una especie de sustento. En «Por qué escribo», Orwell manifestó que lo hacía «porque existe alguna mentira que aspiro a denunciar, algún hecho sobre el cual quiero llamar la atención, y mi preocupación inicial es hacerme oír. Pero no podría realizar el trabajo de escribir un libro, ni tampoco de un artículo largo para una publicación periódica, si no fuera, además, una experiencia estética».[10] Incluso cuando la motivación es el pan, las rosas salen a borbotones.

Las obras de arte y el placer que procuran son como las tierras de las cuencas hidrográficas en que no crece nada mercantilizable, pero donde se acumulan las aguas para fluir en los ríos y arroyos que nutren los cultivos y a las personas, o donde vive la fauna que forma parte del sistema agrario: los insectos que polinizan los sembrados, los coyotes que contienen el número de taltuzas. Son las tierras vírgenes de la psique, la porción inexplotada, que preserva la diversidad, la complejidad, los sistemas de renovación y el conjunto en que se integra como no lo hace la tierra labrada. Orwell defendió tanto los espacios verdes del campo y de los jardines en que pasó muchísimos ratos como la metafísica del librepensamiento y la creación no supervisada. Y luchó contra sus adversarios respecto a esas cuestiones.

En el ensayo sobre los sapos, la primavera y el placer describe el otro reparo habitual contra el disfrute de la primavera, de la naturaleza o de lo rural: «Esta es la era de las máquinas, y [...] detestarlas, o querer aunque sea poner límites a su dominación, es retrógrado, reaccionario y ligeramente ridículo».[11] Hace unos años visité el Instituto de las Artes de Detroit, donde a principios de la década de 1930 Diego Rivera pintó uno de sus grandes murales en enaltecimiento del trabajo y la producción industrial a instancias del hijo de Henry Ford, y me pregunté por qué un comunista confeso había trabajado para uno de los capitalistas de mayor éxito del mundo... y había trabajado luego en Nueva York para los Rockefeller (quienes mandaron destruir el fresco cuando el artista se negó a borrar la efigie de Lenin que había incluido en él).

Mientras contemplaba las paredes repletas de cadenas de montaje de automóviles y de obreros empequeñecidos por las máquinas, me percaté de que los capitalistas y los comunistas de la época compartían el fervor por la mecanización y la industrialización como fenómenos que permitirían a los seres humanos sobrepasar los límites de la naturaleza. Si bien discrepaban en cuanto a la estructura ideal de la sociedad, coincidían en el destino de la humanidad en aspectos decisivos. La fe en la ciencia y la tecnología como medios para dominar el mundo natural, y la confianza, errónea, en que las personas al mando emplearían con prudencia esas fuerzas fueron cruciales en el vanguardismo. Los artistas de la vanguardia, los comunistas, los técnicos y los capitalistas de aquel tiempo compartían una idea que preveía un futuro esplendoroso. Visto desde el presente, se antoja de una arrogancia desmedida y una quimera peligrosa.

El hundimiento del vanguardismo y de aquella arrogancia desmedida tuvo numerosas causas, entre ellas que las personas no blancas y no occidentales se hicieron oír con más fuerza, pero las ciencias y las políticas ambientales fueron asimismo elementos claves. Los ecologistas observan dónde la actividad humana perjudica al mundo natural y tratan de reparar o impedir ese daño. Detectan lo que nuestra especie tiene de temerario, de miope y de destructivo y señalan que la cautela debe regir nuestros actos y que el respeto hacia el mundo no humano es fundamental para la supervivencia humana. Orwell no fue un entusiasta de las fábricas, las máquinas y las ciudades, y en algunos aspectos relevantes nunca fue vanguardista. Creía que el socialismo podía construir una sociedad mejor mediante el cambio de las relaciones sociales y la distribución de la riqueza y el poder, pero se mostraba escéptico respecto a la industrialización y la urbanización. Le repugnaba la autoridad centralizada y creía que debíamos volver la cara, y no la espada, hacia el mundo natural.

Esas cuestiones acerca del placer, la felicidad y el paraíso afloran una y otra vez en su obra. Unos años antes del ensayo en defensa del sapo escribió sobre la necesidad de «disociar el socialismo de la utopía. Prácticamente todas las apologías del neopesimismo consisten en recurrir a un hombre de paja para derribarlo cuanto antes. A ese hombre de paja se le llama "perfectibilidad humana". A los socialistas se les acusa de creer que la sociedad puede ser (y, de hecho, tras el establecimiento del socialismo sin duda será) completamente perfecta; asimismo, el progreso es inevitable». Discrepa de la crítica conservadora con el siguiente argumento: «Los socialistas no afirman ser capaces de hacer un mundo perfecto: afirman que pueden mejorarlo».[12]

Aun así, muchos socialistas y comunistas sí creían que era factible alcanzar una férrea utopía, que todo cuanto los acercara a ella estaba justificado y que la tecnología era fundamental para conseguirla. En otro escrito Orwell hilvanó argumentos contra los perfeccionistas. En aquel contexto, la perfectibilidad era peligrosa, al igual que la utopía cuando implicaba la imposición de ideales determinados por personas convencidas de que podían emplear la destrucción de derechos denominada «violencia» y la destrucción de los hechos denominada «mentiras» para forjarla y protegerla. No mucho después de escapar de la Checoslovaquia comunista en 1975, el novelista Milan Kundera escribió: «No obstante, el sueño del paraíso, tan pronto como se pone en marcha hacia su realización, empieza a tropezar con personas que le estorban, y los regidores del paraíso no tienen más remedio que edificar un pequeño gulag al costado del Edén. Con el transcurso del tiempo, el gulag va creciendo en tamaño y perfección, mientras el paraíso a él adjunto se hace cada vez más pobre y más pequeño».[13] A menudo se han utilizado variantes del razonamiento de Kundera como un argumento contra el idealismo izquierdista, pero también podría ser tan solo un argumento contra los gulags, contra los fines que, se supone, justifican los medios, contra la idea de que la humanidad puede reinventarse mediante la fuerza bruta y contra los gobernantes con un poder desmedido.

Orwell retomó el tema en un ensayo de 1943 que publicó en *Tribune* con el seudónimo de John Freeman, tal vez para evitar represalias, y que tituló «¿Pueden ser felices los socialistas?». En él argumentaba que todas «las utopías "favorables" parecen coincidir en postular la perfección al tiempo que son incapaces de transmitir felicidad»[14] y, tras atacar varias novelas utópicas, terminaba con la absoluta tristeza de la sociedad ideal del final de *Los viajes de Gulliver*. Esa sociedad está poblada por caballos racionales que llevan «vidas rutinarias, apagadas, "razonables", exentas no solo de peleas, desorden o inseguridad de cualquier tipo, sino también de "pasión", incluido el amor físico». En otras palabras: es una prueba minuciosa de que lo perfecto es enemigo de lo bueno o, cuando menos, de lo alegre y lo libre.

En *1984* escribiría: «El acto sexual bien hecho era una forma de rebelión. El deseo era un crimental».[15] La sociedad totalitaria de la novela intenta dominar y debilitar la vida privada y personal, de modo que la independencia de criterio y la búsqueda de la privacidad, del deseo, de la pasión y del placer constituyen peligrosos actos de resistencia. Y el deseo es subjetivo, personal, imprevisible y corruptible, pero no del todo controlable ni por los individuos ni por sus sociedades. El deseo y su satisfacción no son la felicidad cuando esta significa un sentimiento en estado estacionario, un corazón y una mente aplacados; se parecen más bien a la alegría, que se desata y amaina de improviso y puede irrumpir en medio del peligro y las dificultades. La permanencia —la idea de estabilizar algo, que por lo general se basa en controlar otras muchas cosas— forma parte de aquello a lo que Orwell se opone.

También se opone a convertir la privacidad en un mero esqueleto. Una sociedad que pretende reinventar la naturaleza humana desea penetrar en cada psique y modificarla. Del pan pueden ocuparse los regímenes autoritarios, pero las rosas son algo que los individuos deben tener la libertad de buscar por sí mismos; han de descubrirse y cultivarse, no prescribirse. «De momento, solo sabemos que la imaginación, como algunos animales salvajes, no puede criarse en cautividad», declara Orwell al final de «La destrucción de la literatura»,[16] y las rosas del «pan y rosas» implican una clase de libertad que se ve favorecida por la privacidad y la independencia.

En su versión del socialismo no entra la cautividad. «El verdadero objetivo del socialismo no es la felicidad —escribe—. [...] El verdadero objetivo del socialismo es la fraternidad humana. [...] un mundo en el que los seres humanos se amen los unos a los otros en lugar de engañarse y matarse los unos a los otros. Y quieren ese mundo como un primer paso».[17] Resulta difícil crear artificialmente el amor, si bien es fácil corromperlo y socavarlo. Y luego añade un último rechazo de la utopía: «Quieren forjar una sociedad perfecta mediante la prolongación sin fin de algo que solo era valioso porque era provisional».[18] Es decir, querían fijar y controlar algo que era en esencia fluido e incontrolable, como el deseo, como la alegría. Querían convertir las rosas en pan, o conseguir el pan y tirar las rosas.

4

Tostada con mantequilla

Buscando el socialismo y la fraternidad se fue a España a finales de 1936 para participar en la Guerra Civil que se había iniciado en julio de ese año, sin saber muy bien si ejercería de periodista o si defendería la República como soldado. En febrero el país había elegido un gobierno de izquierdas, y un grupo de fuerzas de derechas encabezadas por el general Francisco Franco, que contaban con el apoyo de los fascistas italianos y alemanes, pretendía derrocarlo. El bando «leal», el antifranquista, se componía de personas con diferentes posturas políticas —comunistas, marxistas, sindicalistas y anarquistas, entre otros—; algunas de ellas deseaban defender la República tal como era antes del conflicto, mientras que otras querían una revolución en toda regla. En muchos lugares de España ya había comenzado la revolución, con expropiaciones, ataques a la Iglesia católica, una fervorosa alegría y un sentimiento de igualdad y de posibilidades.

Orwell ofrece una descripción apasionada de la alegría y la libertad que encontró en Barcelona a su llegada. Era un momento extraordinario para los idealistas de izquierdas. El anarquista George Woodcock escribe: «Y 1936 en particular fue un año en el que muchos se sintieron embargados por una fe laica que ni siquiera habría parecido posible a finales de 1935 y que ya no sería posible después de mediados de 1937. Recordar aquella época en que los mil años de bienaventuranza no parecían un sueño imposible».[1]

Orwell seguía siendo tan pobre que para costearse el viaje pidió un préstamo al banco y empeñó la plata de la familia (cuando su hermana y su madre fueron a visitar a Eileen, esta les contó que la habían llevado a un sitio para que le grabaran el escudo de armas de la familia; al cabo de unos meses también ella partió hacia España, donde realizó tareas administrativas para la causa en Barcelona mientras él se hallaba en el frente).[2] Antes de marcharse, Orwell trató de conseguir cartas de presentación. A Harry Pollitt, secretario general del Partido Comunista británico, le pareció tan excéntrico e informal que se abstuvo de recomendarle, por lo visto después de que Orwell se negara a comprometerse a incorporarse a las Brigadas Internacionales sin tener la oportunidad de informarse sobre ellas. (Unos meses más tarde Pollitt escribió una reseña feroz sobre *El camino de Wigan Pier*, donde calificaba a Orwell de «chiquillo desilusionado de clase media» y «expolicía imperialista»).[3]

Así pues, Orwell partió con un par de botas del cuarenta y cinco —consciente de que en España le costaría encontrar calzado de su número—, documentos del Partido Laborista Independiente y una carta de presentación para John McNair, representante de dicho partido en Barcelona. De camino se detuvo en París y visitó a Henry Miller, quien le llamó idiota por alistarse y le regaló un abrigo de pana. Cuando llegó a España, McNair lo llevó al cuartel Lenin, del POUM, el Partido Obrero de Unificación Marxista. De haber conocido mejor la situación, tal vez Orwell se hubiera unido a los anarquistas, pero se convirtió en un soldado del POUM, dirigido por Andrés Nin, que durante un tiempo había sido secretario de Trotski y que después mantuvo correspondencia sobre política y estrategia con el brillante arquitecto de la Revolución rusa. (Stalin había demonizado a Trotski y lo había obligado a exiliarse; los retratos de Bola de Nieve, el cerdo disidente de *Rebelión en la granja*, y de Goldstein en *1984* muestran un parecido intencionado con Trotski). Casi todos los extranjeros que acudieron en apoyo de la causa republicana —de treinta y cinco mil a cuarenta mil— se alistaron en las Brigadas Internacionales organizadas por los comunistas. Los estadounidenses solían ser de clase trabajadora; una parte importante de los ciudadanos británicos eran de clase media, y muchos de ellos, figuras literarias, como el poeta Stephen Spender, la novelista lesbiana Sylvia Townsend Warner y Julian Bell (sobrino de Virginia Woolf), que murió allí.

A principios de 1937, Orwell estaba en el frente. Gracias a la caza de ratas y conejos en el campo durante su juventud y a los años pasados en la policía imperial en Birmania, dominaba el uso del fusil y estaba familiarizado con la disciplina militar. Le consternó la falta de adiestramiento y de pertrechos de los soldados que lo rodeaban y quedó conmovido por la generosidad de los españoles con los que trató. Aunque afirmó que la guerra olía a comida podrida y a excrementos, halló placer y belleza en los lugares donde estuvo destinado: «La cebada de invierno tenía ya casi treinta centímetros, en los cerezos empezaban a formarse capullos carmesíes (el frente se extendía por huertos y plantaciones de frutales abandonados) y, si uno buscaba en las zanjas, podía dar con violetas y una especie de jacinto silvestre parecido a una campanilla. Justo detrás de las líneas corría un precioso arroyo burbujeante».[4]

Pasó días y semanas en una situación de miseria y estancamiento, tuvo piojos, ayudó a tomar un nido de ametralladora de donde resultó que se había retirado el arma y observó la llegada de la primavera. «En un árbol astillado por las balas que había enfrente de nuestro parapeto, empezaban a formarse gruesos racimos de cerezas. [...] En torno a los cráteres de los obuses que rodeaban Torre Fabián florecían rosas silvestres del tamaño de un platillo de té. Detrás de las líneas uno se encontraba con campesinos que llevaban rosas en la oreja».[5] Había pasado ciento quince días en el frente cuando le concedieron el primer permiso, y en *Homenaje a Cataluña* escribió que, si bien no había hecho mucho por la República española, la República española había hecho mucho por él. Si en el norte de Inglaterra había descubierto un sentimiento de solidaridad con los pobres, en España descubrió un conjunto de ideales y posibilidades.

«Después uno se daba cuenta de que había participado en algo extraño y valioso. Había formado parte de una comunidad en la que la esperanza era más normal que la apatía o el cinismo, en que la palabra "camarada" aludía a la verdadera camaradería y no, como en la mayoría de los países, a una mera farsa. Había respirado la igualdad».[6] Se trata de otra clase de alegría importante en su obra: la alegría por los ideales reafirmados y materializados, por la solidaridad, el espíritu, las posibilidades y el sentido. La ausencia de todas esas cosas es la situación cotidiana de la vida en *1984*.

Homenaje a Cataluña es una obra intensa escrita en primera persona en la que, a diferencia de lo que ocurre en *El camino de Wigan Pier*, Orwell participa de lleno además de ser un observador, y un observador mucho más maduro que en este último libro. (Algunos biógrafos atribuyen a Eileen el mérito del significativo crecimiento como escritor de Orwell en aquella época). Contiene largas explicaciones sobre la situación política, pero también muchas descripciones de lo que significó ser soldado en aquella guerra, de las experiencias físicas, de cómo era el campo, de lo que representaba estar sucio, mal alimentado y muerto de frío. Además, el autor transmite el impacto emocional de todo, desde la efervescencia de empaparse del espíritu revolucionario hasta la conmoción de recibir un disparo. La coexistencia de esos elementos resulta asombrosa. Lo particular pone en entredicho lo general; lo tangible contradice lo ideológico.

Escribió sobre las consignas que ambos bandos dirigían al otro lado de las trincheras. Los fascistas gritaban «¡Viva España! ¡Viva Franco!», o bien, cuando el número de antifascistas extranjeros era lo bastante alto: «¡Volveos a vuestro país, ingleses!». Y los partidarios de la República proferían consignas plagadas, en palabras de Orwell, «de sentimientos revolucionarios, donde se explicaba a los soldados fascistas que eran meras herramientas del capitalismo internacional, que estaban combatiendo contra los de su propia clase, etcétera, etcétera, y se les instaba a pasarse a nuestro bando».[7] Y comentaba: «Todo el mundo coincidía en que el lento goteo de desertores fascistas se debía en parte a aquella propaganda».

Orwell califica de «auténtico artista» al encargado de gritar las consignas en su puesto. «A veces, en lugar de gritar lemas revolucionarios, se limitaba a explicarles a los fascistas lo bien que se comía en nuestras líneas. Su descripción de las raciones gubernamentales era un poco imaginativa.

»—¡Tostadas con mantequilla! —resonaba su voz por el valle solitario—. ¡Ahora vamos a dar cuenta de unas tostadas! ¡Deliciosas tostadas con mantequilla!

»Estoy seguro de que, como todos nosotros, llevaba semanas o meses sin probar la mantequilla, pero en las noches gélidas la descripción de las tostadas con mantequilla probablemente hizo que a muchos fascistas se les hiciera la boca agua. Me pasaba incluso a mí, que sabía que estaba mintiendo».[8]

Hará unos veinte años yo echaba mano de esa última frase, en parte porque era festiva y desenfadada, y en parte porque significaba algo más. Me parecía divertida y cómica, una expresión de la libertad de los soldados republicanos para echarle teatro e improvisar, para dejar atrás la ideología oficial, para formular una invitación en vez de una amenaza. Por otra parte, la frase reconocía la realidad del frío y el hambre, así como la complejidad de los seres humanos, que eran cuerpo y mente. Una persona puede luchar por sus ideales, pero es posible que quiera la tostada además de la justicia. Y quizá comparta tal anhelo con aquellas otras de quienes discrepa en cuestiones más ideológicas. En ocasiones, incluso las deliciosas tostadas con mantequilla tienen que ver con algo más que el pan.

Al igual que Hannah Arendt, Orwell desconfiaba de las ideologías rígidas, que consideraba escudos o quizá garrotes contra la complejidad y las contradicciones que la vida suele presentar. Uno de sus amigos, Stephen Spender, escribió sobre eso en su repulsa retrospectiva del breve periodo en que estuvo afiliado al Partido Comunista: «Con los intelectuales comunistas siempre me enfrenté al hecho de que al convertirse en comunistas habían realizado un cálculo que les había transformado la realidad en el más tosco blanco y negro. [...] La Revolución era el principio y el fin, la suma de las sumas. Algún día, en algún lugar, todo daría como resultado el total feliz».[9] En ese contexto, los gritos sobre la tostada eran un atentado sin importancia contra los absolutos y las ideas abstractas.

Orwell escribe una y otra vez sobre cómo lo inmediato y lo particular lo pillan por sorpresa y socavan el pensamiento categórico. En el ensayo «Un ahorcamiento», de 1931, explica que ve cómo un prisionero birmano que se encamina hacia la muerte da un paso a un lado para evitar un charco. Ese pequeño gesto lo conmueve poderosamente. «Resulta curioso, pero hasta ese momento nunca me había dado cuenta de lo que significa dar muerte a un hombre saludable y consciente. Cuando vi a aquel prisionero salvar el charco advertí el misterio, el terrible error de interrumpir una vida en plenitud».[10]

En España le sucedió algo similar. Cuando se encontraba en el frente, del bando fascista salió un hombre «a medio vestir» que «se sujetaba los pantalones con ambas manos mientras corría. No le disparé. [...] si no intenté matarlo fue en parte a causa del detalle de los pantalones. Había ido allí a matar "fascistas", pero un hombre que tiene que sujetarse los pantalones no es un "fascista"; es a todas luces un prójimo, alguien como uno, y no se tienen deseos de dispararle».[11] Desconfiaba de los absolutos, de las ideas abstractas y de las teorías que trataban de imponerse a los hechos. (En 1938, Eileen y Orwell llamaron a su perro Marx para «acordarnos de que no habíamos leído a Marx», escribió ella a una amiga, y añadió que «ahora que lo hemos leído un poco le hemos cogido tanta manía que no podemos mirar al perro a la cara»).[12] Cuando Woodcock comparó a Orwell con Anteo, quien obtenía su fuerza de la tierra, es posible que también se refiriera a que Orwell obtenía su fuerza intelectual de lo concreto, lo tangible y la experiencia personal. Eso lo distanciaba de una época en que las ideologías engañaban a muchos, sobre todo como doctrinas que defendían la autoridad y deslegitimaban la discrepancia y la independencia.

5

La última rosa de ayer

Orwell regresó a Barcelona de permiso y se reunió con Eileen, que apoyaba la guerra y la participación de su marido en ella hasta el punto de involucrarse en el conflicto. Eileen había estado trabajando en el cuartel general del POUM. El 1 de mayo de 1937, escribió a su hermano que el escritor estaba «casi descalzo, cubierto de piojos, bronceado y con muy buen aspecto».[1] Durante ese permiso Orwell comprendió claramente que se hallaba en una guerra a tres bandas. Había una guerra declarada contra Franco, en la que se suponía que los demás bandos estaban unidos. Pero en realidad los comunistas apoyados por los soviéticos luchaban por el poder contra los anarquistas y los socialistas disidentes, y luchaban para impedir la revolución o, mejor dicho, para liquidar la que estaba llevándose a cabo. Como manifestó Adam Hochschild en su libro sobre la contienda: «... si el dictador soviético aparecía como el valedor de la gran revolución social surgida en Cataluña y en otras partes de la República, esa ayuda podría escandalizar a Gran Bretaña y Francia, aliados a los que podría necesitar en caso de guerra contra Alemania».[2] La República necesitaba las armas soviéticas —ningún otro país le suministraría armamento— y por eso Stalin ordenó a España: nada de revolución.

Ser comunista había llegado a identificarse a menudo con ser partidario de la Unión Soviética tras su creación en 1922, y ser partidario de la Unión Soviética llegó a identificarse con apoyar a Iósif Stalin cuando tomó el control de la nación, de modo que paulatinamente quienes habían albergado nobles ideales de libertad, igualdad y revolución pasaron a apoyar una de las dictaduras más brutales que el mundo ha conocido (en parte porque se consideró un baluarte contra otra dictadura, la de la Alemania de Hitler, y, si bien en la época solían describirse como opuestas, con el tiempo se reconocerían en general sus semejanzas). Ese apoyo implicó a menudo tragarse mentiras o propagarlas y negar los hechos. Cabe comparar a buena parte de la izquierda de la primera mitad del siglo XX con una persona enamorada cuyo amado se convierte poco a poco en un monstruo controlador. Un número sorprendente de los artistas e intelectuales más destacados de la época decidió quedarse con el monstruo, aunque, a diferencia de lo que ocurre en una relación tóxica, la mayoría de las víctimas no fueron esos amantes apasionados, sino el pueblo indefenso de la URSS y sus satélites. (El apoyo presente y pasado a los déspotas y la negación de sus crímenes entre quienes se supone que son de izquierdas me han llevado a preguntarme desde hace tiempo qué significa la palabra «izquierda» —si es que significa algo—, pues en otros momentos se refiere a quienes defienden los derechos humanos, las libertades y el igualitarismo, que son la antítesis de aquello).

Al percatarse con mayor claridad de la guerra triangular, Orwell quiso incorporarse al principio a las Brigadas Internacionales que combatían en Madrid, convencido de que esa parte de la guerra era más importante que las acciones del POUM en Aragón y de que la lucha contra el fascismo era lo más importante de todo. También advirtió que se había desvanecido el ambiente revolucionario que tanto lo había sorprendido y alegrado en Barcelona, y que el POUM sufría los feroces ataques de los comunistas. Algunos eran ataques literales —hubo tiros entre los anarquistas, los comunistas y el POUM por el control de las comunicaciones telefónicas en Barcelona— y otros eran propaganda: se decía que el POUM se había aliado en secreto con Franco. Orwell participaba en una guerra que tan solo empezaba a comprender.

Pese al conflicto entre las facciones, volvió a su vértice de la guerra, con el POUM, y el 20 de mayo, de madrugada, asomó la cabeza por encima del parapeto de la trinchera y la bala de un fascista le atravesó la garganta. Si el proyectil le hubiera perforado la carótida en vez de pasar a unos milímetros de ella, Orwell habría muerto desangrado allí mismo. Le dañó las cuerdas vocales, por lo que durante un tiempo su voz quedó reducida a un susurro, y lo hirió de gravedad. El escritor describió con todo detalle la experiencia física y psicológica: «Aunque parezca un tópico, en lo primero que pensé fue en mi mujer. Lo siguiente que sentí fue una violenta rabia por tener que dejar este mundo, en el que, a pesar de todo, me encuentro muy bien. Tuve tiempo de sentirlo de forma muy vívida».[3]

En junio de aquel año fue asesinado Andrés Nin, líder del POUM. Alberto Besouchet, un joven voluntario brasileño que había llegado con una carta de recomendación para Nin, participó, según algunas fuentes, en los combates que tuvieron lugar en las calles de Barcelona aquel mes, mientras Orwell se hallaba convaleciente. Al igual que Nin, Besouchet moriría en España en circunstancias inciertas, y en general se supone que los estalinistas lo mataron aquel mismo mes o más tarde en la guerra. Según la biógrafa de Modotti, se dice que esta ayudó a sentenciarlo al transmitir al Partido Comunista de España una carta del Partido Comunista Brasileño en que se lo identificaba como trotskista.[4]

En aquella época Modotti había abandonado de forma paulatina las rosas para consagrarse al pan. En 1927 se afilió al Partido Comunista Mexicano y poco después empezó a trabajar para el Socorro Rojo Internacional, proyecto de la Internacional Comunista. «Creía que ser una comunista modelo significaba renunciar a su anterior interés por la autoexpresión personal y sexual», escribió Albers, quien señaló que Modotti dejó de trabajar como modelo de artistas y «abandonó los temas de las flores y la arquitectura para centrarse en las características heroicas y enternecedoras de las masas mexicanas».[5] Las obras de transición eran retratos conmovedores, a veces de personas solas, a menudo de jóvenes macilentos parecidos a quien debió de ser ella durante su etapa de niña trabajadora, en ocasiones de grupos, y muchas veces de madres con sus hijos.

En esa fase sí hizo más fotografías de naturalezas muertas. En una se ve una canana repleta de balas que cruza el mástil de una guitarra, junto con una mazorca colocada entre ambos; otra muestra la mazorca y la canana con una hoz; una tercera, la hoz con un martillo sobre un sombrero mexicano, y en una cuarta la hoz y el martillo aparecen solos como en el símbolo soviético. En la fotografía, las herramientas arrojan sombras, la luz baña los respectivos mangos, resalta la textura que tiene el del martillo y destella en la hoja de la hoz. Modotti convierte el símbolo en los utensilios reales, con lo que nos lleva de lo abstracto a lo particular, y esa concreción intrínseca a la fotografía es la antítesis del dogma y sus generalizaciones. Sin embargo, también permite que los significados establecidos dominen la obra, en lugar de buscar los suyos o de poner en entredicho las ortodoxias.

En 1928, Diego Rivera la incluyó en uno de sus murales con una canana —como las de las fotografías que ella había tomado el año anterior— en las manos, entre un grupo de hombres armados sobre los que ondea una bandera roja con la hoz y el martillo. Rivera fue trotskista y amigo de Trotski durante el exilio mexicano de este. Modotti, como estalinista, lo rechazaría a su regreso a México, y con el tiempo el pintor y su esposa, Frida Kahlo, también abrazarían el estalinismo. El Partido Comunista Mexicano ya había expulsado en 1929 a Rivera, a quien Modotti tildó de traidor en una carta de aquella época dirigida a Weston. Aquel mismo año, el que al parecer fue el gran amor de la artista, el audaz revolucionario cubano Julio Antonio Mella, fue asesinado una noche en que la pareja caminaba del brazo por Ciudad de México. Se culpó a Modotti, que recibió ataques en la prensa y fue deportada.

Tras ese episodio devastador, una luz pareció apagarse en ella y una nueva vida empezó. Vittorio Vidali, agente de un departamento del NKVD —la policía secreta soviética— encargado de asesinar, sembrar el terror, sabotear y secuestrar, viajaba, sin que al parecer Modotti lo supiera, en el barco en que ella zarpó de México rumbo al exilio.[6] Según una teoría, Vidali huía de México, adonde había llegado dos años antes procedente de la URSS, por ser el asesino de Mella. Durante la larga travesía por el Atlántico los dos radicales italianos intimaron, y quizá fuera entonces cuando se convirtieron en amantes. En el futuro unas veces estarían juntos y otras separados, pero él dominaría el resto de la vida de Modotti, y con frecuencia se dijo que era su marido, aunque no he encontrado fuentes que indiquen que llegaran a casarse. Modotti pasó años con él en Moscú y en otros lugares de Europa a los que estuvo destinado. Trabajó con diligencia en los ámbitos del comunismo internacional, tradujo artículos de la prensa extranjera, escribió textos de propaganda, participó en misiones de contrainteligencia y contraespionaje, acató las estrictas normas del comunismo convertido en totalitarismo y sobrevivió en la sociedad cada vez más paranoica y punitiva de Rusia y en las cada vez más implacables organizaciones comunistas del exterior.

¿Fue la mismísima alegría o la sensación de ser dueña de sí misma que le proporcionaban la belleza, el arte y su visión creativa lo que la convenció de que debía renunciar a ellos para convertirse en revolucionaria? Muchas personas tuvieron una trayectoria similar: se sometieron a un comunismo doctrinario que imponía la obediencia estricta y ejercía una vigilancia rigurosa. Y aquella deriva anterior a la Segunda Guerra Mundial distaba de ser la única vez en que los izquierdistas que en principio defendían los derechos humanos y la igualdad acababan por apoyar a déspotas que vulneraban sin medida tales derechos. También ella viajó a España en 1936, antes que Orwell, antes de que estallara la contienda, y permaneció en el país hasta el final del conflicto. Adoptó el nombre de María, que, según señala su biógrafa, evoca a mujeres humildes, a sirvientas y a la Virgen. «Al igual que María, Tina se convirtió en un modelo de entrega, amabilidad, ascetismo y pesadumbre. Buscaba las tareas más desagradables y peligrosas».[7]

En un momento determinado la encontramos ocupándose de un hospital vestida con un hábito de monja. La túnica, puesta a modo de disfraz, recuerda la famosa reacción del tipo pan y rosas de Emma Goldman ante un hombre que le señaló que «no era apropiado que una agitadora bailara», a lo que ella replicó: «No creía que una causa que defendía un ideal hermoso, el anarquismo, la liberación y el no sometimiento a las convenciones y los prejuicios debiera exigir la negación de la vida y de la alegría. Afirmé que nuestra causa no podía esperar que me convirtiera en una monja y que el movimiento no debía transformarse en un convento. Si implicaba eso, yo no lo quería. "Quiero libertad, el derecho a la expresión personal y el derecho de todos a las cosas bonitas y radiantes"».[8]

Resulta difícil saber qué deseaba Modotti en aquel instante, pero con el nombre de María barrió, vació cuñas, atendió a niños acribillados o mutilados por ametralladoras disparadas desde aviones fascistas y continuó trabajando para el Socorro Rojo Internacional. Quizá creyera que al final habría cosas bonitas y radiantes. Se le ha acusado de colaborar con Vidali en misiones de contraespionaje. Según contó Octavio Paz, Modotti advirtió a su esposa de que el café de Valencia que la pareja frecuentaba era «un lugar de encuentro de elementos anarquistas y trotskistas, de traidores de la revolución y enemigos del pueblo y otra serie de frases por el estilo».[9]

Vidali vivió su momento de esplendor cuando, con el sobrenombre de Carlos Contreras, luchó en el Quinto Regimiento de la República española y recorrió el país para interrogar a presos, organizar pelotones de ejecución y fusilar él mismo. Se había hecho comunista muchos años antes en Italia, en parte para combatir el fascismo; en España no combatió el fascismo, sino la disidencia de la ideología soviética y de la ortodoxia comunista, de modo que ejecutó sobre todo a anarquistas, trotskistas y similares. Su superior inmediato dijo de él que era «casi como un monstruo».[10] No luchaba por España. España era el campo de batalla en el que luchaba por Rusia. Se dice que en junio de 1937 participó en el interrogatorio, tortura y asesinato de Nin, líder del POUM.

La relación de Orwell con dicho partido lo convirtió en un objetivo, por lo que terminó su estancia en España como un hombre perseguido en Barcelona, donde durante el día se hacía pasar por un turista acaudalado y por la noche se escondía en las ruinas, desesperado por huir del país. La orden de detención del escritor y de Eileen probablemente los hubiera conducido a la muerte. Los diarios de la estancia de Orwell en España fueron confiscados durante un registro de la habitación de hotel de Eileen, y es posible que se encuentren en Rusia, en un viejo archivo soviético. El 23 de junio, dos días antes de que él cumpliera treinta y cuatro años, por fin lograron subir a un tren con destino a Francia y a la seguridad.

Tras el regreso a Wallington, Orwell se sintió incómodo con la placidez bucólica que había apreciado en otras épocas. «Aquella seguía siendo la Inglaterra que había conocido en mi infancia: las zanjas del ferrocarril cubiertas de flores silvestres, los prados donde pastan y meditan caballos relucientes, los lentos arroyos bordeados de sauces, el verde regazo de los olmos, las alondras en el jardín de las casas», escribió al final de su libro sobre España. «Temo que no despertaremos hasta que nos obligue a hacerlo el estruendo de las bombas», añadía.[11] Y, al igual que otros muchos, sabía que las bombas llegarían con la guerra mundial de la que la española era un primer acto.

Aun así, volvió a adaptarse a la vida en Wallington, cuidó del jardín y de las gallinas, escribió panfletos sobre la guerra de España y siguió trabajando en su libro acerca de ella. *Homenaje a Cataluña* se publicó en abril de 1938 con una tirada pequeña, de mil quinientos ejemplares, de los que en vida del autor solo se vendió la mitad. Recibió algunas críticas positivas, pero Orwell temía que su editor, que era socialista, intentara impedir su distribución, y los comunistas se mostraron hostiles, como era de prever. No obstante, el escritor apenas si pudo prestar atención al destino del libro, pues el suyo se había revelado incierto un mes antes, cuando empezó a escupir sangre en gran cantidad. Una ambulancia lo trasladó a un sanatorio de Kent, donde se confirmó que tenía tuberculosis pulmonar. Perdió un año a causa de la enfermedad —estuvo casi seis meses en el sanatorio (donde le prohibieron usar la máquina de escribir pero le permitieron pescar) y otros seis en Marruecos con Eileen, con la esperanza de que el clima cálido y seco le sentara bien— y en abril de 1939 retomó una vez más su vida en Wallington. Sus primeros diarios domésticos comienzan ahí justo antes de que la pareja partiera hacia Marruecos y se reanudan a su regreso con el comentario, anotado el 10 de abril de 1939, de que acababa de pasar una semana en la cama y los narcisos silvestres habían florecido, las rosas estaban retoñando y las «alondras cantan con ganas».

Modotti permaneció en España hasta la victoria de Franco y también ella tuvo que huir a Francia para salvar el pellejo. Vivió sus últimos años con Vidali en México, en las sombras, bajo nombres falsos. En ocasiones se ha dicho que Vidali organizó el asesinato de Trotski en México en agosto de 1940. Modotti murió en enero de 1942, antes de cumplir los cuarenta y seis años, en un taxi cuando volvía a casa tras pasar la velada con unos amigos. En respuesta, Pablo Neruda escribió el poema «Tina Modotti ha muerto», en el que se dirige a ella directamente y que está colmado de rosas —«la última rosa de ayer», pero también «la nueva rosa»—, de pesar y del ansia de tranquilizarla diciéndole que no ha desaparecido del todo. El silencio de Modotti está ardiendo, dice Neruda, pero «el fuego no muere», concluye el poema.[12]

Muchos años antes, en un mural para una escuela provincial de agricultura, Rivera había pintado a Modotti como una figura poderosa cuyo fuerte torso desnudo aflora del tronco de un árbol, como si naciera directamente de la tierra. Neruda la describe como plantada en la tierra igual que una semilla, como llena de raíces, como una flor, una heroína, un soldado que marcha sobre la nieve, pero aun así ella se ha ido. El fuego no muere, pero ella sí se apagó.

Entre quienes creían que Vidali la había «liquidado», por emplear la expresión de la época, se contaban el escritor ruso Víctor

Serge, que a la sazón vivía en México, y el periódico mexicano *La Prensa*. Serge, amigo de Orwell, escribió en su diario que la artista «estaba en desacuerdo con la OGPU [la policía secreta y agencia de inteligencia soviética], con la que había trabajado durante mucho tiempo, y temía por su vida».[13] Quizá Vidali fuera el asesino, el chacal, el vendido de quien Neruda prometió alejarla en su poema. O quizá no. Neruda también era un entusiasta de Stalin, a quien años más tarde dedicaría una oda, y no reconoció las atrocidades del régimen hasta 1956, y Modotti tenía un historial de problemas cardiacos.

Tras su muerte, sus fotografías y negativos quedaron en poder de Vidali. Al igual que otras muchas, la de las rosas que se vendió por tanto dinero tiene en el dorso, a modo de marca de hierro del ganado, de número tatuado de un preso, el sello que Vidali usaba cuando los comunistas eran los enemigos de la revolución y él estaba en medio de todo. El sello lleva escrito «Comandancia General. 5.º Regimiento de Milicias Populares» alrededor del borde y, en el centro, «Comisario político».

Dorso de *Rosas, México* (1924), de Tina Modotti,
con el sello de Vittorio Vidali.

IV

Los limones de Stalin

2 + 2 más el entusiasmo de los obreros = 5 (1931), de Yakov Guminer.

1

El sendero de sílex

En 1946, un dictador plantó limoneros o, mejor dicho, mandó plantarlos. Diez años antes, Orwell había plantado sus rosales en el jardín que rodeaba su casa. Al parecer uno de ellos era un Albertine, una variedad creada en 1921 por el cultivador francés Albert Barbier, o similar a un Albertine. No es del todo seguro que los dos rosales que en la actualidad crecen allí sean los que él plantó, pero no cabe duda de que la casita es aquella donde él y Eileen O'Shaughnessy Blair vivieron de forma intermitente durante años a partir de la primavera de 1936. Consta que el alquiler era de siete chelines y seis peniques (noventa peniques) a la semana, una cantidad módica incluso en la época. A veces se decía que el edificio, que con toda probabilidad había albergado a labradores durante la mayor parte de su existencia, era del siglo XVIII, o del XVII o, cuando alguien cargaba las tintas sobre su antigüedad, del XVI. (Esther Brookes, la maestra de escuela que compró la casa en 1948, dice que es medieval, pero no aporta ninguna prueba de la fecha).[1]

Se construyó con piedra, ladrillos, árboles y yeso. En las paredes del primer piso se ven vigas viejas, no recortadas en forma de líneas rectas, sino curvadas e irregulares, tal como salieron de los árboles. Un gran hogar domina el pequeño salón, que hizo las veces de tienda de la aldea. Tiene una hornacina donde se cocía el pan, y la chimenea se eleva hacia el dormitorio de mayor tamaño, donde forma una especie de zigurat de ladrillo que retiene el calor y que los nietos de Dawn y Graham tomaban por una estructura para trepar. Según me contó Graham, arriba del todo, en el desván, las vigas conservan las ramas de hace siglos. Alrededor de la vivienda se extienden trigales y, aunque el trigo se siembra y se cosecha todos los años, la agricultura es más antigua que las casas, la iglesia y los árboles en esas tierras que se labran desde hace un milenio.[2]

Volví a Inglaterra a finales de verano, cuando aún no habían transcurrido ni dos años de mi primer encuentro con Graham y Dawn, la casa, las rosas y las preguntas que suscitaron entonces. Me instalé en Cambridge a fin de documentarme, lo que significaba hablar un poco con la gente y leer mucho, dedicar algunos ratos a consultar los archivos de la Universidad de Cambridge y observar. Un jueves, tras escribir un editorial sobre el cambio climático para *The Guardian* mientras desayunaba, metí en la mochila un chubasquero y una botella de agua y me dirigí en autobús a la estación de tren de Cambridge. Una vez allí, me compré un sándwich, una chocolatina y un billete de ida y vuelta para Baldock, un trayecto corto. Recordaba el exterior de la estación de Baldock del viaje de hacía dos años, pero entonces había subido de inmediato a un taxi y el resto había sido una nebulosa de unos minutos.

Esa vez, un agradable día de finales de verano, recorrería a pie los cinco kilómetros que separaban la estación de la casita. No disponía de ningún mapa en papel de la zona ni de impresora, y la aplicación de mapas de mi teléfono móvil no funcionaba en el extranjero, de modo que antes de partir había esbozado un croquis del itinerario y sus giros según se mostraban en Google Maps. Me resultó del todo inútil en cuanto hube torcido dos o tres veces en las calles de Baldock. Tendría que improvisar, y me hizo ilusión esa pequeña zambullida en lo desconocido apacible.

Mi ruta cartografiada terminaba al final de un sendero que discurría entre vallas de jardines traseros a un lado y trigales al otro y que me dejó al borde de una autopista por la que los coches circulaban a toda velocidad. Así pues, detuve a una anciana vestida de azul vivo que se acercó paseando. Fue la persona idónea a la que preguntar, una veterana que me indicó con voz aflautada dónde quedaba el camino, que, según me contó, antaño había sido la carretera principal hacia Wallington, tras lo cual me dio algunos datos sobre el paso elevado que atraviesa la carretera A505 y me observó hasta que crucé como un rayo la autopista.

Aquel jueves de sol y nubes blancas dispersas nadie más me salió al paso, por lo que me sumí en un trance introspectivo y reparé en los detalles del sendero, los campos y el cielo. A menudo Inglaterra me parece encajonada y de escala pequeña, pero los trigales eran inmensos y los surcos se curvaban para seguir los contornos de la tierra, formada por una serie de ondas y ondulaciones, como la superficie del mar lejos de la orilla, una especie de océano de tierra que yo surcaba. En algunos campos ya se habían cosechado las mieses y solo quedaban dorados rastrojos cubiertos de polvo; en otros, el trigo estaba maduro y cada tallo seco se inclinaba en forma de gancho o de signo de interrogación debido al peso de la espiga, y en algunos lugares los tallos de sectores enteros estaban tumbados en franjas dejadas por la guadaña. Algunos de los campos se alzaban en aquellas ondulaciones hasta el horizonte, un mar de oro que se extendía hacia el cielo azul.

Otras tierras estaban desnudas y recién aradas, y los pálidos surcos calizos aparecían sembrados de sílex. Me había cautivado esa piedra, desconocida para mí, la primera vez que la había visto en mis paseos por Cambridgeshire con Rob Macfarlane años antes: sus tonos negro, azul y blanco, el modo en que se curvaba como algo orgánico, los curiosos perfiles que adoptaba, la superficie lisa y los bordes afilados como una cuchilla. Los sílex de los campos situados entre Baldock y Wallington eran más bonitos que los que había visto entonces. La codicia y la curiosidad se apoderaron de mí, por lo que empecé a salirme del sendero para recogerlos. Tiraba algunos y recogía más, fascinada por las formas y la percepción de la gran cantidad que había a mi alrededor.

Incluso tras siglos de agricultura, había para dar y tomar, docenas en cada metro cuadrado, desde lascas y esquirlas hasta grandes pedruscos irregulares que pesaban un par de kilos. Estos últimos parecían a primera vista, al menos a mis ojos, animalillos y órganos internos voluminosos. Constituían un diccionario de posibilidades del sílex y yo estaba aprendiendo de él un vocabulario de formas. Una era la de un enorme palillo de tambor, de un negro brillante por dentro y de un blanco roto por fuera. Otras recordaban penes y testículos, y algunas rocas partidas semejaban bustos de figuras humanas, al menos a mí me lo parecían, y reuní una pequeña familia de piedras antropomorfas de caras negras o azul celeste.

Los sílex suelen tener un exterior blanquecino y áspero, con la textura del cemento, que, al igual que la capa superficial del cerebro y el cerebelo, se denomina «córtex o corteza», mientras que por dentro son lisos como la cerámica vidriada o el cristal. El interior es blanco o negro o de cualquier tono de un exquisito gris azulado de tormenta, desde el claro hasta el muy oscuro, o una mezcla de esos colores. Son curvos, y a veces se describen como nódulos, pero sus bordes más filosos son más afilados que los escalpelos. El sílex, al igual que la obsidiana, fue la piedra preferida en la Edad de Piedra. Alrededor de la vecina ciudad de Hitchin, donde en la época de Orwell se hallaba el Woolworths en el que al parecer compró la mayoría de los rosales de seis peniques, se han descubierto cientos de herramientas de sílex de la Edad de Piedra.

Los sílex se formaron cuando esos terrenos se hallaban en el fondo del océano; al principio eran el sedimento que llenaba las oquedades del lecho o que se introducía en el espacio que dejaban los animales marinos al descomponerse: a menudo adoptan siluetas biomorfas porque, de hecho, son vaciados de lo que la vida dejó atrás. La caliza que dio a esa tierra su color blanco son los residuos de las conchas de innumerables animales marinos minúsculos, de modo que si el paisaje se ondula y ondea como el mar profundo, quizá se deba a que en el pasado fue exactamente eso. Así pues, nadé tranquilamente por un océano de sílex y trigo, no muy segura de estar en el camino correcto hasta que topé con una carretera angosta bordeada de setos y cruzada por las enormes letras blancas de la palabra DESPACIO. Descendía trazando una curva para entrar en Wallington.

Había setos a lo largo de algunos tramos del sendero y de las carreteras junto a las cuales discurría, y entre ellos, zarzaperrunas o rosales silvestres que hacía meses que habían dado flores, reemplazadas ahora por ramilletes de escaramujos que adquirían un color anaranjado, aún no maduros, a diferencia del trigo. Era literalmente un paisaje de pan y rosas, y de moras, tierra caliza, sílex y senderos antiguos con libre derecho de paso por todo ese espacio agrícola. Desde la casita donde habían vivido Orwell y Eileen di un corto paseo, dejando atrás la imponente oscuridad del establo de Manor Farm, hasta el cementerio de viejas tumbas cuyas inscripciones iban borrándose bajo el liquen, el musgo y la hiedra, y entré en la iglesia. Luego me comí el sándwich sentada en un murete que había fuera y volví sobre mis pasos.

Reflexionar sobre las rosas de Orwell y adónde conducían ha sido un proceso sinuoso y quizá rizomático, por emplear una palabra aplicada a las plantas que, como las fresas, extienden sus raíces o estolones en muchas direcciones. Los filósofos Gilles Deleuze y Félix Guattari adoptaron el término para describir un modelo de conocimiento descentralizado y no jerárquico. «Cualquier punto del rizoma puede ser conectado con cualquier otro, y debe serlo —afirman—. Eso no sucede en el árbol ni en la raíz, que siempre fijan un punto, un orden».[3] La ramificación de los árboles y de las raíces se utiliza con frecuencia como un modelo de linaje, de la evolución de las especies o de las lenguas, como un árbol genealógico, como cualquier transmisión cronológica y ramificada, motivo por el cual Deleuze y Guattari señalan más adelante: «El rizoma es una antigenealogía».

Escribieron eso antes de que la distinción entre árboles y rizomas se difuminara un poco más con, por ejemplo, la identificación del bosque de casi cuarenta y tres hectáreas de álamos temblones de Utah, cuyos aproximadamente cuarenta mil árboles comparten un sistema de raíces, son en esencia clónicos y constituyen un único organismo, el mayor de la tierra, de unos ochenta mil años. O con las redes subterráneas de micorrizas, a veces denominadas «internet de las plantas», o «wood wide web», que conectan entre sí los árboles de los bosques y por las cuales circulan nutrientes e información que convierten algunos bosques en una comunidad de comunicación formada por árboles no tan aislados.

Thoreau señaló que todos los animales son bestias de carga, «aptas para transportar una parte de nuestros pensamientos».[4] Las plantas también nos proporcionan metáforas, significados e imágenes, con tallos, retoños, injertos, raíces y ramas, árboles de información, semillas de ideas, frutos de nuestro trabajo, madurez, personas que están verdes, y con la riqueza simbólica de lo que hacemos con nuestras plantas domesticadas: desbrozar y podar, sembrar, cosechar y mucho más.

Unos días antes, en otro paseo de exploración, había topado con las rosas del jardín botánico de Cambridge, donde los rosales apenas tenían flores —se habían convertido en escaramujos, algunos muy hermosos—, salvo una *Rosa setigera* de pétalos de un intenso rosado. Un cartel informaba: «Estas plantas demuestran la compleja ascendencia de la rosa moderna, desentrañada por el genetista Charles Hurst mediante un programa de hibridación de veinticinco años llevado a cabo aquí en los albores del siglo XX». La genética busca la clase de árboles genealógicos a los que Deleuze y Guattari trataban de encontrar una alternativa, pero es asimismo un modelo fundamental para conocer cómo funcionan la herencia y la evolución. Así pues, fui a la Biblioteca de la Universidad de Cambridge, pedí las cajas de los papeles de Hurst y pasé un día entero examinándolas, sacando una carpeta tras otra y extrayendo con ellas la historia de la vida y la obra de un hombre. Hurst había aparecido en algunos textos sobre rosas que yo había leído, pero las cajas encerraban una historia más compleja.

Charles Chamberlain Hurst, hombre de bigotes puntiagudos y dinero heredado, era la mano derecha de William Bateson, un científico que desempeñó un papel decisivo en la creación del moderno campo de la genética, palabra que además acuñó. A partir de 1900, cuando se recuperaron los datos experimentales de Gregor Mendel y se utilizaron como base de investigación, Hurst, Bateson y varias científicas de la Universidad de Cambridge realizaron un trabajo fundamental sobre la herencia y la evolución. Aparte de proporcionar un mayor conocimiento de la vida y de los procesos de la herencia y la evolución, los descubrimientos en el campo de la genética tuvieron una enorme aplicación práctica. Entre los colegas de Hurst se contaban desde miembros de sociedades de aficionados a la floricultura hasta los genetistas más destacados del mundo. No pocos de ellos eran ambas cosas, como Rose Haig Thomas, una rica entendida en rosas, mecenas de investigaciones, fundadora de la Sociedad Mendeliana y autora de artículos científicos y de un libro infantil ilustrado en el que trataba de que los jóvenes lectores se sintieran fascinados por los pulgones y otras plagas de las plantas.

Hurst dedicó sus recursos económicos, su tiempo y el vivero de cuarenta hectáreas que había heredado a investigar primero las orquídeas y a estudiar luego las rosas durante décadas, con resultados interesantes tanto para los cultivadores de estas flores como para los investigadores científicos. Además, crio conejos de pelo largo y de pelo corto y descubrió que el gen del pelo largo era recesivo, y examinó los *stud books* —los registros genealógicos de los purasangres británicos, que se remontan a muchas generaciones— para documentar que el color de los caballos era heredado. Probó que los ojos azules eran recesivos en los seres humanos y se mostró tenaz frente a la oposición, que fue nutrida (y por ello lo apodaron «el bulldog de Bateson»). Mientras que Bateson había pasado a ser director del Instituto John Innes de Norfolk en 1910, Hurst se estableció en Cambridge tras la Primera Guerra Mundial. Rona Hurst, con quien acababa de casarse, era su ayudante de laboratorio e investigaba al microscopio los cromosomas de las rosas.

Los Hurst veían las rosas como un misterio por descifrar y una familia cuyo árbol genealógico había que trazar. «Desde la guerra —escribió él en 1928— me he consagrado por entero al estudio de la genética de la rosa. En el Jardín Botánico de Cambridge se ha reunido una colección completa de las especies, subespecies e híbridos conocidos llegados de diversas fuentes, entre ellos especies silvestres que mi esposa y yo recogimos en Inglaterra y en cinco cantones suizos, y plantas nacidas de semillas que me han enviado viajeros y personas de Norteamérica, México, Turquestán, Siberia, China y Japón con quienes mantengo correspondencia».[5]

El vivero de Hurst, creado en 1773 por su tatarabuelo en Leicestershire, en las Midlands, contaba con más de ocho hectáreas dedicadas solamente a las rosas: en 1922, en un catálogo comercial que publicó, enumeraba mil variedades que tenía en venta, entre ellas «las cincuenta rosas más fragantes», cincuenta «rosales comunes y llorones» y las «veinte mejores rosas para llevar en el ojal».[6] Los nombres desbordan las posibilidades: Llama de Fuego Irlandés, Adonis, Dama Lectora, Reina de las Nieves, Día Especial, Ofelia Dorada, Lolita Armour, Sirena, Los Ángeles y toda una retahíla de nombres de personas concretas, entre ellos varios que a la vez conmemoran y hacen desaparecer a mujeres casadas, como el de Mrs. Arthur Johnson.

En ocasiones, zambullirse en libros y archivos se parece mucho a zambullirse en paisajes. Me topé con Hurst en la rosaleda universitaria, y en un ensayo académico sobre los últimos años de Orwell en la isla de Jura encontré una mención a su interés por las polémicas sobre genética en la Unión Soviética de Stalin. Era un laberinto en el que merecía la pena meterse, habida cuenta de que esas polémicas le brindaron la oportunidad de analizar cuestiones más amplias respecto a la verdad y los hechos, las mentiras y la manipulación y sus consecuencias. Es decir, le sirvieron más o menos de inspiración, en especial para *1984*.

A menudo se asocia la palabra «inspiración» a cosas positivas y deseables, y existe la imagen sentimentaloide de la musa como una mujer hermosa que es objeto de la pasión del escritor. En el caso de los escritores políticos, las fuentes de inspiración, o al menos los acicates para escribir, suelen ser aquello que resulte más repulsivo y preocupante, y la oposición es un estímulo. Sin duda, Stalin fue la principal musa de Orwell, si no como una personalidad, sí como la figura central de un aterrador régimen autoritario envuelto en mentiras.

2

El imperio de las mentiras

En agosto de 1944, Orwell quedó fascinado por la conferencia que sobre la situación de los científicos y la ciencia en la Unión Soviética pronunció el biólogo John R. Baker en el simposio del PEN acerca de la libertad de expresión celebrado en Londres. Según el escritor, Baker fue prácticamente el único que denunció la violenta represión de esa libertad en la Unión Soviética. En «La destrucción de la literatura», publicado dieciocho meses después, Orwell explicó que uno de los cuatro oradores principales «dedicó la mayor parte de su discurso a defender las purgas rusas» y que «los demás se limitaron a alabar la Rusia soviética», si bien otros defendieron la libertad de hablar de la sexualidad, «pero nadie aludió a la libertad política» salvo en el contexto de la politización de la ciencia.

«Su principal derecho —dijo Baker de los científicos— es la libertad de investigar. Sin él, son como seríamos nosotros si un dictador controlara incluso nuestra imaginación. Cuando se pierde la autonomía científica, se produce una situación grotesca, pues ni siquiera con la mejor intención del mundo pueden distinguir los jefes políticos entre el verdadero investigador, por un lado, y el farsante y el que se da bombo, por otro».[1] Y la auto-

nomía científica se había perdido. Baker afirmó que Trofim Lysenko, director del Instituto de Genética de la Academia Soviética de Ciencias Agrícolas, «ilustra claramente la degradación de la
ciencia bajo un régimen totalitario».*

La historia del ascenso de Trofim Lysenko, seudocientífico y
brillante estratega político, es también la de la caída del magnífico agrónomo Nikolái Vavílov, la historia del triunfo de un mentiroso sobre un hombre que decía la verdad y del enorme coste de
esas mentiras. Vavílov era, en palabras de Gary Paul Nabhan, etno-
botánico contemporáneo suyo, «el único hombre sobre la tierra
que había recogido semillas de plantas comestibles de los cinco
continentes, el explorador que había organizado ciento quince
expediciones en unos sesenta y cuatro países para encontrar formas nuevas de que la humanidad se alimentara»[2] y un científico
que había publicado más de cien trabajos de investigación.

Vavílov perseguía ante todo conocer la biodiversidad agrícola, el gran recurso contra las enfermedades de las plantas y el medio para generar nuevas variedades vegetales. En sus investigaciones y exploraciones subyacía el deseo de mejorar la producción
de alimentos, en primer lugar para Rusia y los rusos, y tras ese
deseo estaba el anhelo humano de dar de comer a los hambrien-
tos. Su éxito más conocido fue la creación del mayor banco de
semillas del mundo, que se hallaba en Leningrado, como se lla-

---

* Se podría señalar que la negación del cambio climático patrocinada
durante décadas por el sector de los combustibles fósiles y la inacción resultante ilustran con claridad la degradación de la ciencia bajo el capitalismo.
Fingir —como han hecho durante mucho tiempo los medios de comunicación dominantes y los funcionarios estadounidenses y, a veces, británicos—
que la ciencia tenía dos caras o carecía de base era pasar por alto los hechos,
las vidas y el futuro. Con frecuencia repetían, sabiéndolo o sin saberlo,
marcos de referencia y argumentos originados por las grandes empresas de
combustibles fósiles.

mó San Petersburgo desde poco después de la muerte de Vladímir Lenin, en 1924, hasta el final de la era soviética. La inmensa colección, que formaba parte del Instituto de Industria Vegetal dirigido por Vavílov entre 1921 y 1940, abría la posibilidad de la seguridad alimentaria a través de la biodiversidad: especies y variedades que podían ser resistentes a enfermedades o plagas, crecer en condiciones diversas, aumentar la producción o el valor nutritivo, etcétera (y el banco es famoso en parte porque sus abnegados guardianes prefirieron morir de hambre antes que comerse las toneladas de semillas y otras materias vegetales durante los ochocientos setenta y dos días del sitio de Leningrado).

La trayectoria profesional de Vavílov fue viento en popa hasta que chocó con Lysenko. Este fue objeto de la atención pública por primera vez en octubre de 1929, cuando sus experimentos con cultivos de trigo de invierno se acogieron como un remedio mesiánico contra las crisis de los cereales de la joven nación. Las conclusiones que Lysenko, al igual que la prensa soviética, extrajo de su chapucero trabajo no eran sólidas desde una perspectiva científica, pero le resultaron útiles para medrar. Desde ese punto de partida lanzó una provechosa campaña en dos frentes: para iniciar una guerra contra la ciencia genética y para ganarse poco a poco el favor de Stalin. Sabía adular y acusar, y Stalin ya se había sentido inclinado a oponerse a la visión darwinista de las mutaciones aleatorias y la selección natural como motores de la evolución.

Al igual que Lysenko, Stalin era partidario del lamarckismo, la idea de que los caracteres adquiridos se heredan (el cuello de la jirafa es el ejemplo habitual; Jean-Baptiste Lamarck y sus seguidores sostenían que una jirafa que estirara el cuello para conseguir alimento transmitiría cuellos más largos a su descendencia). Puede perdonarse a Lamarck, nacido en 1744, que fuera lamarckista, pero las personalidades del siglo XX tienen pocas excusas salvo el oportunismo ideológico para responder de su interpretación errónea de la evolución darwinista. Ya en 1906 Stalin había alabado el «neolamarckismo, al que el neodarwinismo está cediendo terreno».[3]

Al cabo de unos años un socialista escribió: «El socialismo es una teoría que presupone la igualdad natural entre las personas y que se esfuerza por conseguir la igualdad social [...]. El darwinismo, por el contrario, es la prueba científica de la desigualdad».[4] Al parecer Karl Marx admiró a Darwin y vio un reflejo de su idea de la evolución social en el concepto de la evolución de las especies. En cambio, el darwinismo pasado por el tamiz de la interpretación hobbesiana de Thomas Henry Huxley puso el acento en el conflicto y la competencia, y el mismo Darwin describió la evolución como una lucha entre miembros de una especie que compiten por unos recursos escasos. Esta noción fue distorsionada por los partidarios del capitalismo del libre mercado y el egoísmo personal para convertirla en una confirmación de que ambos eran naturales, inevitables e incluso buenos. Por quienes no parecían ver ninguna forma de rechazar los valores sociales superpuestos sin rechazar la teoría científica.

Una tercera vía hermosa se presenta en las conclusiones que el filósofo anarquista Piotr Kropotkin extrajo del tiempo que pasó en Siberia, donde la supervivencia no se basaba en una competencia individualista por los recursos, que eran abundantes, sino en el empeño cooperativo de hacer frente a las duras condiciones. Denominó «apoyo mutuo» a esa colaboración entre los miembros de una especie, describió el papel que desempeñaba en la vida animal y en la humana y subrayó que a menudo la evolución y la cooperación se entrelazaban, en lugar de oponerse, pero su libro de 1902, *El apoyo mutuo*, apenas influyó en los debates de la época. La ciencia de la evolución actual se ha acercado más a la versión de Kropotkin. El mundo natural parece cada vez más cooperativo e interdependiente y menos competitivo e individualista.

Sin embargo, en los tiempos de Orwell la evolución era darwinismo, y el darwinismo solía ser darwinismo social. Los sóviets perpetraron atrocidades contra los datos de la biología y contra quienes los defendían y proponían. Los científicos occidentales cometieron sus propios pecados. Muchos que suponían que las ideas darwinistas de la evolución confirmaban el *statu quo* —la superioridad de los ricos sobre los pobres, de los aristócratas sobre los plebeyos, de los blancos sobre los no blancos— se convirtieron en eugenistas, defensores de que existían grupos humanos superiores e inferiores y, en ocasiones, formas de promover a los primeros y erradicar a los últimos mediante controles sociales punitivos o directamente mediante el genocidio. Hurst era eugenista, al igual que Baker, cuya conferencia despertó el interés de Orwell por la seudociencia soviética, y el hijo de Darwin presidió durante unos años la Sociedad de Educación Eugenésica Británica.

El régimen nazi llevó al extremo las ideas eugenistas, lo que reforzó las justificaciones de Stalin para oponerse a la ciencia genética. Julian Huxley, nieto de Thomas Henry Huxley y vicepresidente de la Sociedad Eugenésica Británica entre 1937 y 1944, al menos acertó respecto a los otros motivos de la hostilidad de Stalin y Lysenko: «La herencia mendeliana —escribió en 1949 en *Soviet Genetics and World Science*, uno de los últimos libros que Orwell leyó—, con sus genes que se autorreproducen y sus mutaciones aleatorias sin propósito, al parecer ofrece excesiva resistencia al deseo humano de cambiar la naturaleza y escapa al control que al hombre le gustaría imponer. El lamarckismo, en cambio, encierra la promesa de un rápido control».[5]

En los dos primeros tercios del siglo XX estaba muy extendida la creencia de que todos y todo podían reinventarse, de que era posible arrumbar las viejas costumbres, olvidar el pasado, controlar el futuro y cambiar la naturaleza humana, y a menudo estaba unida a la noción de que esas grandes transformaciones podían confiarse a una élite (de científicos unas veces, de políticos otras). Al igual que el lamarckismo, la eugenesia era, a su modo, la idea de que podía imponerse la perfección en los seres humanos, un medio monstruoso justificado por fines dudosamente utópicos. Por lo visto muchos creyeron que la naturaleza humana, tanto en su psicología como en su biología, era tan maleable que podía reinventarse la manera en que los seres humanos vivían y pensaban, amaban y trabajaban.

Lysenko convencería a Stalin de que el trigo, como los hombres, era maleable y de que él podía crear trigo que heredara caracteres adquiridos. Estaba pergeñando una seudociencia acorde con la ideología marxista y las aspiraciones soviéticas. Se equivocó de parte a parte respecto a hechos fundamentales, pero la corrupción y las anteojeras ideológicas mantuvieron a raya las consecuencias. Vavílov también trabajaba en la creación de variedades de trigo más resistentes y productivas, pero los métodos racionales que él empleaba requerían varios años, mientras que Lysenko prometía unos resultados increíblemente rápidos.

En 1928, la Unión Soviética se hallaba al principio de su primer plan quinquenal para seguir un programa acelerado de industrialización que atrajo a muchas personas a las ciudades y aumentó la carestía del pan. La escasez empeoró con el mal tiempo y con la política agraria de Stalin. Se acusó a los campesinos más acomodados y menos colaboradores de ser *kulaks*, y a principios de 1929 Stalin inició un veloz y brutal embate de «deskulakización» para aniquilar a los miembros de esa imprecisa categoría. Se ejecutó, encarceló o envió a Siberia y otros lugares remotos a un ingente número de campesinos, sobre todo de Ucrania.

El Gobierno confiscó el grano a los demás, por la fuerza, mediante tortura, a punta de pistola. Incluso mientras la población se moría de hambre, Stalin estaba convencido de que lo engañaban, de modo que la brutalidad continuó. Se impidió abandonar las regiones sin medios de sustento a quienes intentaban marcharse, y se mató a quienes trataban de robar alimentos. Se obligó a los campesinos que quedaban con vida a ir a granjas colectivas, donde las condiciones solían ser caóticas, inhumanas y, por lo demás, desfavorables para la productividad. Ideólogos que no sabían nada de agricultura fueron los encargados de dirigirlas. A comienzos de la década de 1930 se reunieron las condiciones necesarias para una catástrofe.

En la «hambruna del terror» resultante, a veces conocida como Holodomor, unos cinco millones de seres humanos murieron de inanición, la mayoría en Ucrania. Campesinos famélicos acudieron a las ciudades para mendigar migajas, fueron a las estaciones de tren con la esperanza de escapar o perecieron en el camino. Sus cadáveres esqueléticos yacían a lo largo de las carreteras. Enloquecidos por el hambre, algunos recurrieron al canibalismo e incluso se comieron a sus hijos. El régimen soviético consideró que los millones de personas que morían de inanición eran incompatibles con la imagen de éxito del comunismo, de modo que ocultaron su destino con la ayuda de la mayoría de los periodistas occidentales destinados en Rusia, quienes se enfrentaron a la censura y la expulsión por contar la verdad, pero que en gran parte se mostraron demasiado dispuestos a obedecer.

Personalidades públicas —entre las que destaca el dramaturgo George Bernard Shaw,[6] a quien el régimen soviético había adulado sobremanera— negaron la existencia de las hambrunas, como hizo Walter Duranty, del *The New York Times*, quien aprovechó su prestigio para desacreditar a otros periodistas que intentaban informar de los hechos. No los habían torturado; el proceso para conseguir que aceptaran una mentira fue más delicado. En aquella época, solo unos pocos periodistas, entre ellos Malcolm Muggeridge, amigo de Orwell, contaron la verdad respecto al hambre y sus causas.[7] Gareth Jones, que en 1933 lo hizo con mayor audacia que ningún otro, fue en 1935 víctima de un asesinato aún no resuelto.

Muggeridge afirmó que la teatralidad era el «producto más característico»[8] de la Unión Soviética, país que creaba quimeras para ocultar las realidades desagradables en vez de mejorarlas. Algunos miembros del partido le aseguraron que había pan en abundancia y que el futuro de la agricultura era prometedor. Cuando fue a verlo con sus propios ojos, encontró «reses y caballos muertos; campos descuidados: cosechas escasas pese a unas condiciones climatológicas moderadamente buenas; todo el grano que se producía, confiscado por el gobierno; nada de pan, nada de pan en ningún sitio, ni ninguna otra cosa; desesperación y desconcierto». De un campesino descorazonado que estaba con sus desnutridos hijos en una granja colectiva contó: «Su paga era de setenta y cinco kopeks al día. Con los precios del libre mercado, setenta y cinco kopeks permitirían comprar media rebanada de pan».

El periodista estadounidense Eugene Lyons se arrepentiría más tarde, en un libro de 1937 titulado *Assignment in Utopia*, de haber dado por buenas las mentiras. En su reseña de la obra, Orwell observó: «Al igual que muchos otros que han ido a Rusia llenos de esperanza, se desilusionó poco a poco, y a diferencia de otros, al final decidió contar la verdad. Es lamentable que toda crítica hostil contra el actual régimen ruso probablemente se considere propaganda contra el socialismo; todos los socialistas son conscientes de este hecho, lo que no contribuye a la conversación sincera».[9] Tal vez fuera el libro de Lyons el que llamó la atención de Orwell sobre algo que se convertiría en un episodio famoso de la tortura que en *1984* destruye a Winston Smith hasta que acepta que dos y dos son cinco. Era una fórmula real, una propuesta para desarrollar el plan quinquenal soviético en cuatro años. «La fórmula $2 + 2 = 5$ captó mi atención al instante —escribió Lyons—. De inmediato me pareció tan audaz como ridícula: la osadía, la paradoja y la irracionalidad trágica del escenario soviético, su mística simplicidad, su desafío a la lógica [...]. $2 + 2 = 5$ en luces de neón en las fachadas de las casas moscovitas, en letras de más de treinta centímetros en vallas publicitarias».[10] Quizá se tratara de un adoctrinamiento en la anulación de la inteligencia propia, y sin duda las mentiras fueron el único cultivo que tuvo un rendimiento extraordinario año tras año.

Se silenció, se envió al exilio o se ejecutó a quienes se empeñaron en defender la ciencia, la historia o realidades inconvenientes de cualquier índole, situación que alcanzó un punto crítico en 1936, un año decisivo. En agosto de ese año comenzó el primer simulacro de juicio en Moscú. Dieciséis exdirigentes soviéticos fueron fusilados tras realizar confesiones obtenidas mediante tortura. Fue otra forma de teatralidad, un circo del terror. Las confesiones devinieron un género teatral establecido, con autoinculpaciones de delitos atroces y a menudo absurdos o increíbles, seguidas de la autodegradación ante las autoridades. Para alcanzar tales resultados se rebajaron y torturaron incluso la verdad, la lengua y los documentos históricos. Stalin estaba decidido no solo a liquidar a sus adversarios potenciales, en especial a los trotskistas, a fin de gobernar sin traba alguna, sino también a destruirlos a ellos y su credibilidad mediante métodos que aterrorizaran a todos los demás hasta el punto de que callaran y obedecieran. Como Orwell expresaría con más fuerza que casi nadie antes o después que él, uno de los poderes que poseen los tiranos es el de destruir y distorsionar la verdad y obligar a los demás a someterse a lo que saben que no es cierto.

Dentro de la Unión Soviética, las mentiras arrancadas a los exdirigentes en los procesos y las ejecuciones hicieron trizas la historia de la joven nación. Comenzó la época de las fotografías retocadas; en ocasiones se falsificaba la misma fotografía una y otra vez a medida que se eliminaba a las figuras, primero de la vida y luego de las imágenes y de la historia. Guénrij Yagoda, jefe de la NKVD, que había estado a cargo de la colectivización forzada (y del laboratorio de sustancias tóxicas de Stalin), cayó en desgracia por informar de la reacción negativa de la opinión pública a los simulacros de juicios. Fue ejecutado después de que lo degradaran, denunciaran y juzgaran en el tercer simulacro de juicio de 1938. Su sustituto tuvo un sino parecido y fue ejecutado a principios de 1940.

«La ejecución fue la solución preferida a todos los problemas, incluidos los provocados por ejecuciones anteriores —señala Adam Hochschild—. Cuando el censo nacional mostró que el reino del terror de Stalin estaba mermando la población, el dirigente ordenó que se ejecutara a los miembros del consejo del censo. Como era de esperar, los nuevos funcionarios presentaron cifras más altas. Según calcula la mayoría de los historiadores, Stalin fue el responsable directo de la muerte de unos veinte millones de personas entre 1929, fecha en que aplastó a sus rivales y concentró todo el poder en sus manos, y su fallecimiento en 1953».[11]

El año en que comenzaron los simulacros de juicio, los genetistas intentaron debatir con los lysenkoístas en una conferencia pública. Fue una guerra subsidiaria del empirismo y la libertad en aras del conocimiento. Para una docena de colegas de Vavílov, las consecuencias de esta disidencia fueron el arresto y la ejecución. Vavílov no se doblegó, aunque había sido denunciado por Lysenko. En marzo de 1939 se puso en pie en una asamblea de científicos celebrada en el Instituto de Industria Vegetal y declaró: «Acabaremos en la hoguera, arderemos, pero no nos retractaremos de nuestras convicciones».[12] En noviembre de aquel año, Stalin lo mandó llamar y le dijo en una reunión a medianoche: «Tú eres el Vavílov que juguetea con flores, hojas, injertos y otras zarandajas vegetales en vez de ayudar a la agricultura como hace el académico Lysenko».[13]

En 1940, tras una discusión cara a cara con Lysenko, Vavílov se fue a Ucrania para recoger semillas de plantas silvestres y cultivadas. Mientras buscaba ejemplares en la ladera de una montaña, unos funcionarios que iban en un coche negro se detuvieron y se lo llevaron. Acusado de espía, traidor, saboteador y causante principal de la hambruna, durante los once meses siguientes se le sometió a cuatrocientos interrogatorios, en su mayoría nocturnos. Un día, tras diez horas de interrogatorio, confesó en falso ser miembro de una organización de derechas. Revocada la condena a muerte tras una apelación, lo enviaron a un campo de prisioneros. Allí, con una dieta a base de harina cruda y col helada, el hombre que había hecho tanto por solucionar el hambre murió de inanición el 26 de enero de 1943.

Fue otro científico, C. D. Darlington, quien en 1945 redactó con un colega una tardía necrológica de Vavílov para la revista *Nature* a modo de denuncia del régimen soviético, y fue a Darlington a quien Orwell escribió en 1947 para saber más del lysenkoísmo. Darlington había tenido problemas para dar salida a sus artículos críticos sobre la ciencia soviética, pues la URSS había sido un aliado británico en la Segunda Guerra Mundial y pocos deseaban abordar los crímenes de la nación. También Orwell había tenido dificultades para publicar *Homenaje a Cataluña* primero y *Rebelión en la granja* más tarde porque las posturas antisoviéticas eran impopulares incluso después de que acabaran la alianza británico-soviética y la contienda. Mientras trabajaba en *1984* escribió a Victor Gollancz, editor de izquierdas que le había publicado algunos de sus primeros libros, para pedirle que lo liberara del contrato que daba a Gollancz el derecho sobre sus libros venideros, ya que temía futuros conflictos y que la obra no se distribuyera.

La trayectoria profesional de Lysenko siguió en ascenso, y el antigenetista se convirtió en director del Instituto de Genética. En 1948 presidió una conferencia en que se criticó la genética y en que la seudociencia de Lysenko se erigió en una doctrina oficial a la que era peligroso criticar en el país. Miles de profesores e investigadores que habían discrepado en el pasado perdieron sus puestos de trabajo. Tres científicos eminentes se suicidaron para evitar la persecución. Un hermano de Vavílov que era físico se sometió a la farsa, pero escribió en su diario: «Todo es muy triste y vergonzoso».

En diciembre de 1949, unas cinco semanas antes de morir, Orwell pegó en su diario el siguiente titular:

LYSENKO: «EL TRIGO PUEDE TRANSFORMARSE EN CENTENO».[14]

El artículo recogía la ridícula afirmación de Lysenko de que «en zonas montañosas con condiciones invernales desfavorables, el trigo de invierno puede convertirse en centeno», lo cual, según él, confirmaba sus teorías y las ideas de Stalin. Orwell se distinguió entre sus coetáneos por ser capaz de criticar al sector de la izquierda que había derivado hacia el autoritarismo y la falsedad, pero sin unirse a otros izquierdistas que se habían vuelto conservadores y toleraban otras formas de brutalidad y engaño. Tal actitud lo llevó a trazar un camino propio por el terreno desigual de la política de mitad de siglo y tras su muerte lo convirtió en una figura totémica elogiada por todos los grupos del espectro político.

3

Limones a la fuerza

En 1945, en Ucrania, en la Conferencia de Yalta, donde Stalin, Churchill y Roosevelt negociaron el nuevo orden tras la Segunda Guerra Mundial, el primer ministro británico o su hija comentó que quería limones —para las bebidas según una versión, y para el caviar según otra—, y al despertar descubrió que durante la larga noche de febrero había aparecido por arte de magia un limonero cargado de frutos en el palacio donde se alojaban.[1] Tras la contienda, a Stalin le obsesionó durante años la idea de forzar los límites naturales de los limoneros. Al parecer estaba convencido de que era posible modificar por la fuerza la naturaleza fundamental de esos árboles, igual que la de las personas, igual que la del trigo, y quiso cultivarlos en su dacha de la península ucraniana de Crimea y en la que tenía en Kuntsevo, en las afueras de Moscú. Viacheslav Mólotov, un poderoso funcionario del régimen y uno de los pocos bolcheviques que sobrevivieron a las purgas, recordaba mucho después de la muerte de Stalin: «En su dacha se construyó un invernadero especial para los limoneros. Uno grande... Y cómo vagaba por ahí... Aunque yo no lo vi. Y todo el mundo: ¡oh!, ¡ah! Y puedo decir con toda sinceridad que de mí provenían menos "ohs" y "ahs" que del resto y lo que yo realmente pensaba era:

¡que le den morcilla! ¡Un limonero en Moscú!».[2] Otro funcionario de alto nivel contó que Stalin lo había llevado a pasear por ese jardín y le había dado una rodaja de limón tras otra para que se las comiera, con lo que lo obligaba a pronunciar elogios todo el rato.[3]

Stalin tenía enormes jardines en sus diversas dachas y él mismo daba órdenes a los jardineros que los cuidaban. Proporcionaban comida en abundancia al dictador y su familia. Su hija, Svetlana, recordaba: «Mi padre no podía limitarse simplemente a contemplar la naturaleza. Necesitaba hacerla producir, transformar constantemente alguna cosa».[4] Stalin tenía en Moscú invernaderos donde los limoneros pasaban los inviernos, pero dijo a sus jardineros: «Que se acostumbren al frío».[5] Cabe imaginar que la selección artificial durante generaciones habría dado como resultado limoneros más resistentes, pero parecía que él intentaba curtir a cada uno de los ejemplares como si fuera un sargento de instrucción con sus reclutas. Su enorme limonar de Crimea se heló. A los limoneros de su nativa Georgia, con un clima templado, les fue mejor. Plantó algunos —o, mejor dicho, decretó que se plantaran; emitía a diario órdenes dirigidas a sus jardineros— en su dacha abjasia, donde solo sobrevivió uno al glacial invierno de 1947-1948. Quizá Stalin u otra persona mandara replantarlos, pues un artículo de viajes informa de que en la actualidad la dacha está rodeada de limoneros.

En una escena de *Alicia en el país de las maravillas*, unos sirvientes aterrorizados pintan de rojo unas rosas blancas porque se había ordenado que en el jardín hubiera rosas rojas y, si la reina descubría el error, «nos mandaría cortar a todos la cabeza».[6] ¿Cómo percibió Stalin el hecho de que los limoneros no se adaptaran al frío? ¿Negó lo ocurrido y, como en el caso de los funcionarios del censo, buscó a alguien a quien castigar? ¿Crearon los jardineros el espejismo del éxito plantando nuevos limoneros y fingiendo que eran los de antes? En esta historia subyace la pregunta de cuánto se mintió Stalin a sí mismo mientras obligaba a los de su entorno a mentir acerca de todo. ¿Perdió de vista la falsedad mientras comandaba la nación para que obedeciera sus órdenes? ¿Qué significó ser el que imponía las mentiras, sustentar espejismos, esconder realidades brutales y exigir el sometimiento a una versión de la realidad que era el resultado de sus mandatos y ocultaciones más que de la información?

Sin embargo, ese poder no logró que el trigo obedeciera a una seudociencia ni que los limoneros sobrevivieran a inviernos rigurosos. El lamarckismo fue un error en su tiempo; en la época soviética fue una mentira. Las promesas de Lysenko sobre el trigo eran mentiras. La negación de la gran hambruna que produjo millones de muertes al principio de los años treinta del pasado siglo fue una mentira. Los delitos confesados mediante tortura en los simulacros de juicio fueron en su mayoría mentiras. La gente mintió para conservar la vida, murió por contar la verdad o mintió y aun así murió. Otros perdieron la noción de lo que era verdad. La historia se reescribió a menudo conforme los instigadores de la Revolución rusa eran ejecutados por sus camaradas revolucionarios. Se ejecutó a verdugos; a algunos interrogadores se los envió a gulags, donde coincidieron con aquellos a quienes habían interrogado. Se prohibieron los libros, se desautorizaron los hechos, se proscribió a los poetas, se proscribieron las ideas. Era el imperio de las mentiras. Las mentiras —el ataque al lenguaje— eran los cimientos necesarios para todos los demás ataques.

En 1944 Orwell escribió: «Lo que de verdad aterra del totalitarismo no es que cometa "atrocidades", sino que ataque el concepto de verdad objetiva; exige controlar el pasado y el futuro»,[7] un marco de referencia que se transformaría en el «Quien controla el pasado controla el futuro. Quien controla el presente controla el pasado», del Hermano Mayor.[8] El ataque a la verdad y al lenguaje posibilita las atrocidades. Si alguien borra lo que ha ocurrido, silencia a los testigos, convence a las demás personas de las ventajas de apoyar una mentira; si mediante el terror impone el silencio, la obediencia y los embustes; si consigue que determinar lo que es verdad resulte tan imposible o peligroso que los demás desistan de intentarlo, ese alguien puede perpetuar sus crímenes. Suele decirse que la primera víctima de la guerra es la verdad, y una guerra perpetua contra la verdad afianza todos los autoritarismos, desde los nacionales hasta los mundiales. A fin de cuentas, el autoritarismo, al igual que la eugenesia, es en sí una clase de elitismo basado en la idea de que el poder debe distribuirse de manera desigual.

El actual dirigente autoritario de Rusia, Vladímir Putin, se ha dedicado a rehabilitar la reputación de Stalin. Lysenko parece beneficiarse de ese revisionismo y de algunas tergiversaciones del significado de la epigenética. Con todo, es la obra de Vavílov la que ha perdurado a través de las semillas, las que encontró, reunió y cultivó, las que sus partidarios protegieron en el banco de semillas durante el sitio de Leningrado. «Aproximadamente un cuarto de siglo después de su muerte —escribe Nabhan—, cuatrocientas variedades nuevas seleccionadas de las semillas que él recogió alimentaban a un porcentaje tan grande de ciudadanos soviéticos que la frecuencia de las hambrunas [...] cayó en picado».[9]

Los limoneros de Stalin se malograron, y aunque un árbol individual —un olivo, un tejo, una velintonia, una higuera sagrada— sea capaz de vivir mil años o más, los trigales de Wallington me recordaron que las semillas de las plantas anuales o ciertas prácticas como la agricultura pueden sobrevivir a un régimen político, un dictador, una sarta de mentiras y una guerra contra la ciencia. Las mentiras mutan más libremente que las semillas y ahora existen nuevos cultivos de ellas.

V
Refugios y ataques

El honorable Henry Fane (1739-1802) con Inigo Jones y Charles Blair (1761-1766), de sir Joshua Reynolds.

1

Cercamientos

En 1936, un inglés plantó rosales. Ese acto formaba parte de la creación de un jardín, y los jardines son una manera que tiene la cultura de hacer naturaleza. Es decir, son una versión ideal de la naturaleza pasada por el filtro de una cultura concreta, ya sean formales como los de piedras y arena japoneses o los paraísos islámicos, con una fuente en el centro, o bien improvisados como muchos de los jardines particulares comunes, fruto de un espacio, un tiempo, un presupuesto y una planificación limitados. Un jardín es lo que queramos (y podamos manejar y permitirnos), y lo que queremos es lo que somos, y quienes somos es siempre una cuestión cultural y política. Es cierto incluso en el caso de los huertos, ya plantemos calabazas o pimientos, y más aún en el de los jardines de recreo.

El artista y jardinero paisajista escocés Ian Hamilton Finlay escribió en cierta ocasión: «Algunos jardines se describen como refugios, cuando en realidad son ataques».[1] Los de Orwell están sembrados de ideas e ideales, circundados por las vallas de la clase social, el origen étnico, la nacionalidad y las suposiciones que entrañan, y tienen numerosos ataques que se ciernen al fondo. Los jardines se han defendido como espacios apolíticos; es famoso el final de *Cándido*, la sátira política de Voltaire, donde el personaje que da título al libro se retira para cultivar su jardín, una decisión que a menudo se ha entendido como un alejamiento del mundo y de la política. Parece ser una decisión definitiva, pues nada indica que Cándido pretenda recuperar fuerzas para volver a la lucha.

En la juventud de Voltaire, en los jardines de la aristocracia europea abundaba la naturaleza dispuesta en composiciones geométricas, con árboles podados para darles forma de cono u otras; una naturaleza que acataba el orden cartesiano. Versalles era el ejemplo superlativo, un jardín que partía del centro del poder monárquico del Gran Canal, el cual, visto desde el palacio, parecía extenderse casi hasta el horizonte, con largas avenidas rectas bordeadas de estatuas clásicas y árboles. Se había conquistado la naturaleza. Concebida como un reino desorganizado o incoherente, se le había dado un orden y una disciplina estrictos por obra de la autoridad absoluta del rey. Era una naturaleza antinatural y estaba orgullosa de serlo.

Los jardines de la aristocracia inglesa de la segunda mitad del siglo XVIII adoptaron la estética de la naturalidad —con frecuencia una naturalidad diseñada y planificada con esmero y ejecutada laboriosamente—, que celebraba la estética del mundo natural al tiempo que se preciaba de embellecerla y mejorarla. Al igual que los de Versalles, implicaban las arduas tareas de excavación y fontanería, pero para crear arroyos sinuosos y terrenos ondulantes que ocultaran el trabajo que habían entrañado. La naturaleza era soberana, aunque el gusto y el dinero ingleses eran sus señores. Con todo, el nuevo estilo de jardinería supuso una revolución estética. Si los jardines se parecían cada vez más al mundo natural no manipulado, el mundo natural se admiró cada vez más como un espacio de placer estético y, en tanto que los jardines paisajistas eran para una élite, el mundo natural era mucho más accesible a todos.

Aun así, los jardines naturalistas supusieron también una contrarrevolución. Más o menos constituían una prueba de que la aristocracia inglesa y la jerarquía social eran naturales, de que el poder y los privilegios de los aristócratas estaban enraizados en el paisaje, incluso cuando se arrancó de él a los habitantes más humildes mediante las leyes de cercamiento y se los empujó a la emigración o al trabajo industrial en las grandes ciudades. El proceso de cercar los terrenos comunes empezó en Inglaterra en la Edad Media y alcanzó su momento culminante entre 1750 y 1850 con una serie de leyes parlamentarias al respecto. Dichas leyes concedieron a los poderosos tierras que durante mucho tiempo se habían administrado y dedicado a la ganadería y la agricultura de manera colectiva, con lo que desaparecieron aldeas y aldeanos, así como su prosperidad y autodeterminación. Peter Linebaugh, historiador de los terrenos comunes, señala que en Inglaterra y Gales, «entre 1725 y 1825, casi cuatro mil leyes de cercamiento permitieron la apropiación de más de dos millones de hectáreas, en torno a una cuarta parte de la superficie cultivada, para los terratenientes políticamente dominantes. [...] De esa forma se eliminaron las aldeas con campos comunes y los derechos consuetudinarios y se contribuyó a la crisis de pobreza de finales del siglo XVIII».[2]

Esas medidas transformaron la clase trabajadora rural en una población desarraigada y desposeída que llenó las ciudades como mano de obra de la Revolución Industrial. Linebaugh cita el cercamiento, la esclavitud y la mecanización como la trinidad de las fuerzas que impusieron una brutal transformación laboral en los siglos XVIII y XIX. El poeta campesino John Clare vivió dicha transformación en Northamptonshire y describió cómo era el lugar cuando

Una libertad sin límites regía nuestro paisaje,
ninguna valla privada se interponía
acortando las posibilidades de nuestra vista;
su único límite era la bóveda celeste.[3]

Tras su destrucción, la libertad «ha huido asustada» y «todos protestaron contra la ley sin ley de los cercados». El cercamiento fue en su época lo que la privatización ha sido en la época neoliberal: el desposeimiento de la mayoría en beneficio de la minoría y un ataque a la idea de los terrenos comunes y del bien común.

En principio, el argumento en favor del cercamiento era la eficiencia y la productividad. Un informe de 1804 de Arthur Young sobre la agricultura en Hertfordshire menciona a un campesino que vivía a unos pocos kilómetros de Wallington: «El señor Forster, caballero buen conocedor de la agricultura, de Royston, lamentó el gran inconveniente de los campos comunes y suplicó encarecidamente un cercamiento general. No puede sembrar nabos en el campo común sin permiso del rabadán del municipio y paga al pastor un chelín y seis peniques por cada media hectárea para que no se coman los cultivos».[4] En otras palabras: la comunidad tomaba las decisiones. El cercamiento socavó el poder de esa comunidad al tiempo que empobrecía a los trabajadores rurales y enriquecía a los terratenientes.

El cercamiento era legal y literal: el libro de Young contiene varias ilustraciones que muestran la técnica del *plashing*, que consistía en entretejer plantas jóvenes para que al crecer formaran setos impenetrables en torno a los campos. Sin embargo, en las aldeas próximas a Wallington, la sociedad agrícola se resistió a los cercados y defendió la agricultura de campos comunes hasta entrado el siglo XIX, y el propio Young llegó a considerar que el cercamiento empobrecía y destruía.

Mientras trastocaba una antigua cultura rural, la aristocracia se mostró como asentada en la naturaleza y la campiña. «La naturaleza —escribe la historiadora del arte Ann Bermingham—, con sus diversas representaciones en la pintura, la poesía, las cartas, las costumbres, la vestimenta, la filosofía y la ciencia, se erigió en un valor social supremo y se recurrió a ella para aclarar y justificar el cambio social. Uno hacía algo de una determinada manera porque era más "natural"».[5] Definir el orden social como natural y a la aristocracia como enraizada en el mundo natural justificó a la aristocracia británica conforme ampliaba su poder y su riqueza incluso mientras los franceses decapitaban y expulsaban a la suya tras la revolución de 1789. La idea de la naturaleza como una piedra de toque de cuanto es verdadero y bueno ha perdurado hasta nuestros tiempos.

Un dato revelador fue la estética de los espacios abiertos cuando los jardines al estilo inglés dejaron de ser creaciones contenidas y exuberantemente antinaturales para transformarse en jardines paisajistas y naturalistas que ocupaban más terreno. Bermingham señala que, a medida que la campiña de los alrededores se antojaba cada vez más reglamentada y artificial debido a los cercados, los jardines «parecían cada vez más naturales, como el paisaje antes del cercamiento».[6] Sin embargo, los medios para limitar el acceso a esas extensiones edénicas también las demarcaban. Uno era el salto de lobo, una zanja que circundaba la finca a modo de barrera sin estorbar la vista, por lo que la propiedad parecía no tener fin. El salto de lobo creaba la sensación de lo ilimitado desde el interior a la vez que impedía el acceso a los demás.

No obstante, en los tiempos de Orwell el mundo natural se concebía a menudo como ajeno a lo social y lo político. El dramaturgo alemán Bertolt Brecht escribió en un poema de 1939 unos versos muy conocidos:

¡Qué tiempos son estos
en que una conversación acerca de los árboles casi es un crimen
porque implica estar callando sobre tantas fechorías![7]

Y el fotógrafo francés Henri Cartier-Bresson ya había dicho algo similar en aquella misma década de los treinta: «¡El mundo se desmorona y personas como Adams y Weston fotografían piedras!».[8] Al parecer entendía que los árboles y las piedras quedaban fuera de la esfera política, que no eran vulnerables a la influencia humana, y veía las fotografías de los vanguardistas de California como refugios apolíticos. Muchos de sus contemporáneos estaban fotografiando el impacto social del Dust Bowl en el centro de Estados Unidos —el mundo se desmoronaba de verdad mientras las enormes tormentas de polvo arrancaban el mantillo del suelo— y el Gobierno federal plantaba hileras de árboles a modo de contravientos para tratar de detener la erosión. Todo el arte es propaganda, señaló Orwell, y la naturaleza es política. Al igual que los jardines. Y las flores. Y los árboles. Y el agua. Y el aire. Y el suelo. Y el tiempo atmosférico.

Escribo esto un par de días después de que una agencia de noticias diera la siguiente información sobre Australia: «Los incendios descontrolados han arrasado más de diez millones de hectáreas (una superficie equivalente al tamaño de Corea del Sur) en todo el país en las últimas semanas, según los últimos datos, y han afectado con especial virulencia al sudeste».[9] Entre los lugares asolados por el fuego se contaban franjas de bosques de Gondwana, los más antiguos del mundo, que se habían mantenido húmedos y estables durante cien millones de años. Hay gente que muere defendiendo la Amazonia, y el papel que desempeñarán la plantación de árboles y los bosques en la lucha contra el caos climático es objeto de encendidos debates, al igual que la definición de bosque como, a poder ser, un ecosistema complejo constituido por numerosas formas de vida de muchas épocas, y no como un monocultivo forestal. La tala de árboles o su conservación y plantación son batallas políticas.

Escribo esto mientras unos albañiles hacen agujeros en mi casa y veo las magníficas vigas de secuoya con que se construyó a finales del siglo XIX, de árboles que quién sabe lo antiguos que eran cuando los talaron, probablemente nacidos en bosques primarios con helechos, pájaros y comunidades vegetales que proliferaban bajo los doseles arbóreos y sobre la copa de esos mastodontes, mientras las redes fúngicas (más rizomáticas que rizomas) conectaban sus sistemas de raíces. Escribo esto usando energía limpia producida por el viento y el sol, una opción posible donde vivo porque la gente se organizó contra la compañía eléctrica y porque en las dos primeras décadas del siglo XXI la ingeniería ha transformado la energía solar y la eólica en tecnologías eficaces y asequibles, una de las revoluciones más pasadas por alto de todos los tiempos. Escribo esto en una casa cuya agua recorre doscientos cincuenta y siete kilómetros desde un embalse de un parque nacional de Sierra Nevada que se llena con el deshielo, lo cual es consecuencia de una batalla por proteger el lugar que John Muir y su Sierra Club perdieron hace más de un siglo.*

Sé que la cultura determina incluso el deseo de dedicarse a la jardinería, de estar en el campo y de la vida rural; que ese deseo

---

* Se refiere a la presa que anegó el valle Hetch Hetchy, en el Parque Nacional de Yosemite, y a cuya construcción se opuso el naturalista John Muir, fundador en 1892 del grupo conservacionista Sierra Club. (*N. de la t.*).

está enraizado en la clase social, o al menos lo están las formas que adopta. Orwell así lo reconoció en un ensayo de 1940, donde decía de su generación: «La mayoría de los muchachos de clase media crecieron a la vista de una granja; como es natural, era la faceta pintoresca de la vida rural lo que les atraía, es decir, la aradura, la cosecha, la trilla, etcétera. A menos que tenga que hacerlo él con sus propias manos, un muchacho rara vez se dará cuenta del tedio y la pesadez horribles que suponen arar las nabizas, ordeñar las vacas de ubres resecas a las cuatro de la mañana, etcétera».[10]

Yo lo aprendí de la muralista latina Juana Alicia, una figura legendaria en el Área de la Bahía de San Francisco y alumna de la primera clase que impartí, siendo veinteañera.[11] Se trataba de un seminario sobre paisaje y representación de un curso de posgrado, en el Instituto de Arte de San Francisco. Mediada la clase, Juana, que vivía cerca de mí, por lo que a veces íbamos juntas a casa, comentó que había trabajado de jornalera en California durante su infancia y su juventud y que la habían fumigado con pesticidas mientras recogía lechugas estando embarazada, y que las imágenes del paisaje agrario que yo había mostrado le recordaban esas experiencias. Fue un rapapolvo de lo más amable y uno de los más eficaces.

Me recordó lo que mis vecinos negros ya me habían enseñado esa misma década: que el anhelo de ser más tosco, más rústico, más duro y más desaliñado suele ser un anhelo de personas blancas y que trabajan en oficinas, y que las que no hace mucho que han escapado de las labores agrícolas, que han dejado de ser aparceras, esclavas o trabajadoras itinerantes, que han sobrevivido al hecho de verse tratadas como seres sucios o atrasados, suelen alegrarse de ser refinadas y elegantes. Una persona tiene que sentirse segura en lo alto para querer bajar, urbana para ansiar lo rural, tranquila para desear la tosquedad, preocupada por la artificialidad para buscar esa versión de la autenticidad. Y si ve el campo como un sitio de descanso y respiro, probablemente no trabaje de jornalera.

En los siglos XIX y XX, el aprecio a la naturaleza solía mostrarse como un signo de refinamiento e incluso de virtud. Sin duda Stalin amaba los jardines y los invernaderos de sus dachas, y los nazis combinaban las ideas sobre la pureza racial y la protección de la naturaleza, en especial de los bosques, y no pocos de los primeros grupos conservacionistas estadounidenses promovieron opiniones eugenistas. Es posible que haya formas virtuosas de amar la naturaleza, pero el amor a la naturaleza no garantiza la virtud.

2

Gentility

El artista sir Joshua Reynolds, una figura descollante en la Inglaterra de su época, pintó su obra de mayores dimensiones a principios de la década de 1760, y es tan inmensa —casi dos metros y medio de alto y más de tres y medio de ancho— que el Metropolitan Museum of Art tiene que quitarle el marco para sacarla de la galería donde suele estar expuesta. Muestra, casi a tamaño natural, a tres hombres en un paisaje, dos con atuendo urbano sentados a una mesa y el tercero de pie, un poco apartado y con una vestimenta más rural. El lienzo está dividido en dos por un elemento arquitectónico del que forman parte una cabeza y un torso clásicos tan entrelazados con las frondas y tan envueltos en el follaje que es fácil no verlos pese a su blancura. Esa arquitectura que es asimismo naturaleza que es a la vez una referencia clásica ayuda a plasmar una noción muy particular de *gentility* («nobleza, distinción») y de estar asentado en la tierra. El paisaje de fondo era el ideal en aquel tiempo: grupos de árboles esponjosos, la curva de las colinas, una masa de agua tranquila y, detrás, más colinas y más árboles. No hay vallas, granjas, casas, muros, caminos ni otras personas; solo una naturaleza despoblada que se extiende ondulante hasta la lejanía.

A la izquierda, sentado a la mesa, vemos un hombre serio y poco agraciado que parece mayor que los otros dos. Más cerca del centro se repantinga un hombre pálido que tiene las piernas cruzadas y enfundadas en medias de seda y calzones blancos. En su muslo apoya la cabeza un perro de caza que comparte con él su lánguida postura. Los volantes de la camisa asoman por la abertura superior del chaleco como las alas de una mariposa de encaje. El hombre sentado y el perro vuelven la cabeza hacia la figura que está de pie y hacia la derecha del cuadro, y que por tener un fondo más despejado casi parece un reino aparte. Su casaca roja y su chaleco verde contrastan con los colores apagados de los otros dos, del mismo modo que sus botas de caña alta con espuelas invitan a pensar en un hombre más dado a la acción que sus dos compañeros, aunque a él también le salen volantes entre los botones del chaleco. Tiene el rostro relajado en una expresión que se antoja de aburrimiento o desdén, lo que hace que aparente más edad: en 1763 tenía solo veinte años.

Se trata de Charles Blair, tatarabuelo de Orwell, y el hombre repantingado en el centro es Henry Fane. La posición social de ambos cambió entre el momento en que Reynolds empezó el retrato y cuando lo terminó. En 1762, Fane pasó a ser el honorable Henry Fane al convertirse su padre en el octavo conde de Westmorland después de que un pariente lejano muriera sin heredero. Ese mismo año, Blair contrajo matrimonio con la hermana de Henry Fane, Mary, con lo que pasó a ser yerno de un conde. «Puesto que no ha sido posible descubrir que a la sazón tuviera éxito alguno en su haber, solo cabe suponer que el cuadro constituye un canto monumental a los lazos tradicionales de parentesco y amistad»,[1] afirma la historiadora del arte Katharine Baetjer, que en otra parte observa: «Un hijo menor no habría tenido la importancia necesaria desde el punto de vista dinástico»[2] para ser el tema de un cuadro tan grande y caro. (Los honorarios de Reynolds fueron de doscientas libras, una suma enorme en la época. Reynolds era el retratista preferido de la buena sociedad de su tiempo y amasó una fortuna pintando en cadena obras como esa).[3] Tal vez Blair tuviera algo que ver con el encargo del cuadro que lo mostraba en pie de igualdad con ese otro joven más aristocrático, si bien el lienzo permaneció en la familia Fane hasta que alguien lo encontró muy deteriorado en uno de los cuartos trasteros, tras lo cual fue restaurado y más tarde vendido a otro advenedizo, Junius Morgan, que lo donó al Metropolitan Museum en 1887. (La riqueza de Morgan procedía de la banca, en concreto del banco que se transformaría en JPMorgan Chase).

El dinero que permitió que Blair fuera digno de unirse a la hija de un conde tenía su origen en Jamaica, lo que equivale a decir que tenía su origen en el azúcar. En aquel entonces era un producto extraordinariamente valioso —las exportaciones británicas procedentes de Jamaica, sobre todo las de azúcar y las de ron, elaborado con azúcar, quintuplicaban las provenientes de las trece colonias de Norteamérica— y el resultado del trabajo extraordinariamente brutal de los esclavos. Los africanos esclavizados eran la población mayoritaria de Jamaica, y la minoría blanca los tenía sometidos mediante la crueldad punitiva, los mataba a trabajar, de manera literal, y compraba sustitutos sacados a la fuerza de África. Entretanto, los británicos temían que los africanos se rebelaran, miedo que les servía de justificación para mostrarse más brutales.

Aunque a la mayoría se le privó de la posibilidad de aprender a leer y a escribir y de un público receptivo, hubo un número suficiente de esclavizados en las Antillas que contó su historia, por lo que tenemos unas cuantas narraciones desde su perspectiva. Por ejemplo, en las Bermudas vendieron a Mary Prince cuando tenía doce años a una pareja despiadada, separándola así de su familia y del mundo que conocía. Su nueva dueña le enseñó a realizar diversas tareas domésticas. «Y me enseñó (¡cómo voy a olvidarlo!) mucho más que eso; me enseñó la diferencia entre el escozor provocado por la cuerda, la fusta y el látigo de cuero cuando su mano cruel los aplicaba sobre mi cuerpo desnudo. [...] Me acostaba por la noche y me levantaba por la mañana atemorizada y triste; y a menudo deseaba escapar como la pobre Hetty de ese cruel cautiverio y descansar en la tumba».[4] Hetty era otra esclava, una compañera amable que había muerto cuando, estando embarazada, la golpearon «hasta que estuvo toda cubierta de sangre». Mary Prince fue vendida más veces, y uno de sus propietarios la llevó a Inglaterra, donde por fin consiguió la libertad y una voz con la publicación de su relato en 1831.

En una carta de finales de 1936, Eileen Blair describió una visita a su familia política en una casa «muy pequeña y guarnecida casi por entero con cuadros de antepasados. Los Blair son por origen escoceses de las Tierras Bajas y carentes de interés, pero uno de ellos ganó muchísimo dinero con los esclavos, y su hijo [...], que era sumiso como un corderito, se casó con la hija del duque de Westmorland (cuya existencia yo ignoraba) y vivió tan a lo grande que se gastó todo el dinero y no pudo ganar más porque se habían acabado los esclavos. Así pues, su hijo se alistó en el ejército y lo dejó para ingresar en la Iglesia y se casó con una jovencita de quince años que lo aborrecía y tuvieron diez hijos, entre ellos el padre de Eric, que ahora tiene ochenta años y es el único que sigue con vida, y son bastante pobres pero siguen en el trémulo borde de la *gentility*, como Eric lo denomina en su último libro, que dudo que sea del agrado de la familia».[5] Orwell apenas habló de su ascendencia, aunque el protagonista de *Subir a respirar* se casa, infelizmente, con una mujer de orígenes pareci-

dos: «Durante generaciones, sus antepasados habían sido soldados, marinos, sacerdotes, oficiales angloindios y cosas por el estilo.
Nunca habían tenido dinero, pero tampoco habían hecho nunca
nada de lo que yo podría definir como trabajo. Y, dígase lo que se
quiera, esta gente tiene cierto atractivo para el esnobismo».[6]

La palabra *gentility* significa «de alcurnia, de origen aristocrático», y está emparentada con *genteel* («refinado, elegante»)
y *gentle* («gentil») —como en *gentleman* («gentilhombre»)—, términos que describen la clase social y una idea de refinamiento o,
mejor dicho, las fusionan, como si siempre se hallaran unidas.
Ambos tienen un pariente en *gentile* («gentil»), que se refiere a
quien no es judío. *Gentry* («buena posición social»), *gentility*,
gentiles, *gentleman*... y al final *gentleness*, vocablo que empezó a
significar «amabilidad, dulzura» en el siglo XVI. En la raíz de todas ellas se encuentra *gen-*, de la palabra protoindoeuropea que
significa «dar a luz, engendrar». Entre los descendientes lingüísticos
de esta raíz figuran «generación», «generativo», «genuino», «genealogía», «generoso», «genitales», «génesis», «degenerar» y, más
tarde, «genes», «genética» y «genocidio».

El pintor retrató a esos tres hombres como refinados, cómo-
dos y relajados en el paisaje natural. El que está de pie con gran
aplomo en la campiña inglesa —o la versión idealizada que de
ella tenía Reynolds— era dueño de plantaciones y esclavos, que
no aparecen en el cuadro. En otras palabras: la elegancia de los
hombres y su paisaje del ocio, propio de una zona templada, están financiados por una industria brutal de los trópicos. El negocio se conoció como el «comercio triangular», en el que las
mercancías británicas se trocaban por seres humanos de África,
los cuales se transportaban a las Américas, donde se adquirían
azúcar y ron. Los productos asiáticos también formaban parte
del sistema, que era más circular que triangular y despreciable en

todo momento. La brutalidad engendró un lujo que era en sí mismo dulzura concentrada. Al igual que el algodón, el té y la vajilla de porcelana que todavía se denomina *china* en inglés, el azúcar fue uno de los productos que la época colonial llevó a Gran Bretaña, y dejó de ser un lujo poco frecuente para convertirse en un alimento básico; de ese modo, lo más típicamente inglés, una taza de té, pudo prepararse con té indio endulzado con azúcar caribeño y servirse en porcelana china.

El cuadro de Reynolds es lo que se denomina una «pieza de conversación», un género en que se muestra a personas ricas en un ambiente relajado, a menudo en el exterior, podríamos decir que actuando con naturalidad. En otras piezas de conversación aparece un esclavo o criado negro, a veces un niño negro, un varón, que lleva el collar con candado de los esclavos. En los ejemplos que he encontrado no se nombra a esas figuras negras, y por el título de muchos de los cuadros se diría que solo se retrataba una familia blanca. Las personas negras quedan excluidas: no es que se las tape con un aerógrafo como en las fotografías soviéticas de la época de Stalin, sino que nunca se las invitó a entrar.

Como indican el poema de Brecht y el comentario de Cartier-Bresson, incluso en los tiempos de Orwell el paisaje se consideraba un espacio al margen de la política, una especie de refugio, pero en las últimas décadas es como si se hubiera abierto una brecha en un muro y la política hubiera entrado a raudales. O, mejor dicho, los estudiosos hablan de lo que queda fuera de las pinturas y las novelas, de los jardines, los parques y las fincas, y de cómo eso siempre dio sentido a lo que había dentro. Es casi el razonamiento opuesto al del ensayo «Vermeer in Bosnia» de Lawrence Weschler, en el que la serenidad de los cuadros del pintor flamenco ayuda al juez del tribunal de crímenes de guerra a sobrellevar los días y los años que ha pasado oyendo relatos de atrocidades a sus autores y a las víctimas. En aquel caso, el magistrado se retiraba a un refugio para lidiar con la realidad de la injusticia, la crueldad y el sufrimiento; en este, los jardines y las casas de campo son evasiones de quienes evitan afrontar el sufrimiento y su complicidad en él. Jardines refugios, jardines ataques.

En *Cultura e imperialismo*, de 1993, Edward Said escribió un capítulo muy influyente sobre *Mansfield Park*, de Jane Austen. Esta novela de 1814 gira en torno al deseo de pertenecer a la clase social y la posición de los Bertram, una familia acaudalada que vive en una mansión en el campo, al sur de Inglaterra. En el libro, el más puritano y con menos humor de la autora, algunos de los hijos de sir Thomas Bertram salen del jardín amurallado que es la *gentility*, mientras que su sobrina, Fanny Price, nacida en la pobreza, logra entrar en él gracias a su decoro y diligencia. Y detrás de todo, señala Said, están las plantaciones de azúcar de la isla de Antigua y la mano de obra esclava que costean el lujo y el ocio de la familia. Sir Thomas y su hijo mayor parten hacia el Caribe para ocuparse de sus posesiones, pero de ese modo abandonan el escenario de la novela. La isla y sus plantaciones, los esclavos y los sistemas de producción quedan fuera del ámbito del libro, y por tanto la base económica de todo y los seres humanos ocultos tras esa base, o enterrados debajo, continúan siendo invisibles e inimaginables.

En 2013, el English Heritage —el organismo gubernamental encargado de conservar y dar a conocer el paisaje histórico de Gran Bretaña— publicó la antología *Slavery and the British Country House*, en cuya introducción se indica: «La relación entre la riqueza de los terratenientes, las fincas británicas y la mano de obra africana esclavizada ha aflorado en los últimos veinte años».[7] El libro describe la riqueza que entró a espuertas en Gran Bretaña desde territorios remotos y cómo se gastó en la construcción de mansiones fastuosas y de jardines y parques aún más magníficos. «Los comerciantes y los miembros de la élite terrateniente de Gran Bretaña que participaron en la proliferación de casas de campo desde finales del siglo XVII (los últimos para consolidar su posición social; los primeros para incorporarse a esa élite) emplearon cada vez más las nociones de *gentility*, sensibilidad y refinamiento cultural en parte para distanciarse de sus vínculos con la economía esclavista».

Uno de los autores señala: «En el conjunto de Gran Bretaña, los datos de indemnizaciones a esclavos indican que, en la década de 1830, se suponía que entre el 5 y el 10 por ciento de las casas de campo británicas estarían ocupadas por dueños de esclavos y que en algunas localidades e incluso regiones la cifra sería mucho más elevada».[8] El profundo confinamiento de la esclavitud y las plantaciones de azúcar, que exigían mucha mano de obra, planean sobre lugares tan superficialmente antitéticos que sirven casi como coartadas: los paisajes hermosos que parecen no tener nada que ver con la manipulación, el trabajo, la producción y la política. En ese sentido, el carácter apolítico de la naturaleza era en sí mismo una producción política.

3

Azúcar, adormideras y teca

Charles Blair, dueño de plantaciones, se casó con lady Mary Fane, cuyo padre, antes de marcharse para disfrutar de su título de conde, había sido un comerciante de Bristol, ciudad inmersa en el tráfico de esclavos. Reynolds también lo pintó a él a principios de la década de 1760: un hombre robusto y seguro de sí mismo con peluca blanca, y con tanto terciopelo de color rojizo que parecía un poco un sofá puesto en pie en un paisaje de un verde sucio. La madre de Mary Fane, Elizabeth Swymmer Fane, era heredera de plantaciones de azúcar y de una fortuna obtenida con el tráfico de esclavos.

Como señaló Eileen Blair, los descendientes de Charles Blair y Mary Fane Blair perdieron la fortuna jamaicana, al parecer debido en parte a la abolición de la esclavitud en el Imperio británico en 1833. Un registro para la plantación West Prospect de los Blair recogía el nombre de algunas de las ciento treinta y tres personas esclavizadas de la finca en 1817: Big Nancy, Abigail, Maryann, Charity, Daphne, Hannah, Louisa, Lucky, Sam, Ross, Philip, Johnny, Yorkshire, Dorset, Dublin, Galway...[1] El uso de topónimos ingleses e irlandeses para dar un nuevo nombre a los africanos desplazados resulta especialmente inhumano. Harry

Blair, de veinte años, y Sarah Blair, de treinta y tres, figuran entre la minoría que aparece en la lista con un apellido; en este caso, un apellido que invita a preguntarse si su dueño era también su padre.

Cuando Eric Blair eligió el nombre de George Orwell, se desvinculó de los Blair, pero se envolvió en lo inglés por partida doble. San Jorge es el santo patrón de Inglaterra, y el rey Jorge V ocupaba el trono en aquel entonces. En la escuela habían atiborrado de griego y latín a Orwell, de modo que sabía que el nombre tenía su origen en las palabras griegas que significan «tierra» y «trabajo», y que por tanto quería decir «agricultor, el que trabaja la tierra». De ahí las *Geórgicas* de Virgilio, el poema épico de la agricultura. «Orwell», una palabra de inglés antiguo, contiene, claro está, un *well* («bien»), y a veces se ha interpretado aquí como «manantial» (otra de las acepciones del término), de modo que una posible traducción de «Orwell» sería «manantial al pie de una colina puntiaguda».[2] Otra fuente señala que *oran* u *ora* significa «frontera, borde, filo o margen» y que «Orwell» quiere decir «manantial en el borde».[3] Existen asimismo el apellido Urwell y la vieja parroquia de Orwell en Escocia, cuyo nombre se dice que es de origen gaélico y que significa «madera de tejo».[4] Todos los significados lo convierten en un elemento distintivo de un paisaje. Se dice que Orwell lo tomó del río Orwell de Suffolk, cercano a la casa de sus padres. El apellido posee el encanto añadido de la ambigüedad, ya que se pronuncia un poco como *or* («o», la conjunción disyuntiva) y como *oh, well*, que expresa resignación, un suspiro, indiferencia.

En su irascible juventud, Orwell cultivó la aversión hacia los escoceses, lo cual quizá sea otro motivo por el que eligió no aparecer en público con el apellido de la familia; su decisión de retirarse a Escocia en sus últimos años es una señal de que la había superado. El caso es que Blair es un apellido escocés. Charles

Blair, que heredó en Jamaica tierras y seres humanos, contrajo matrimonio con Mary Fane, y la pareja tuvo otro Charles Blair, quien a su vez llamó a su hijo menor Thomas Richard Arthur Blair. Este último, nieto del hombre que destaca en el cuadro de Reynolds y abuelo del hombre en torno al cual gira este libro, ingresó en la iglesia y estuvo en la India y al parecer en Tasmania. Con treinta y tantos años, el pastor, que pasaba temporadas en la India, se casó con Frances Catherine Hare, de quince, a quien conoció en el cabo de Buena Esperanza, en la actual Sudáfrica. Más que ciudadanos ingleses, eran ciudadanos del imperio.[5]

El padre de Orwell, Richard Walmesley Blair, nacido en 1857, era el benjamín de ese benjamín y se crio principalmente en Dorset, al sur de Inglaterra. Richard Blair también se casó tarde, cuando su carrera profesional en la India estaba estancada. Trabajó en la producción de opio en la India hasta su jubilación, en 1912, casi siempre como agente subdelegado del Gobierno británico. Orwell nació en la pequeña población agrícola de Motihari, en el estado de Bihar, en el centro del negocio del opio en el norte de la India. No se sabe mucho sobre la vida de la familia en el periodo en que el escritor, su hermana mayor y su madre vivieron con el padre. Una fotografía que lo muestra como un bebé regordete con cara de contrariedad en brazos de una mujer de piel oscura vestida de blanco nos recuerda que los británicos de recursos modestos se sentían atraídos por los empleos coloniales en parte porque les brindaban la posibilidad de llevar una vida más lujosa y más elitista que en la madre patria, con muchos sirvientes a un precio módico.

Richard Blair supervisaba el cultivo de adormideras y la producción de la droga en un proceso que empobrecía, coaccionaba y a veces imponía castigos brutales a los campesinos indios que trabajaban en las plantaciones y se encargaban de las técnicas de refinado. La mayor parte del opio así producido se le endosaba a China, claro está, como un artículo que compensaba las numerosas mercancías de ese país que Gran Bretaña necesitaba, y a mediados del siglo XIX se libraron dos guerras del opio por el rechazo de China a esa sustancia adictiva que había hecho mella en muchos de sus ciudadanos. «La flor nacional de Inglaterra es la rosa Tudor roja, pero la espinosa verdad es que Inglaterra debe mucho de su riqueza a otra flor de color rojo sangre: la adormidera», señala un escritor actual.[6] El protagonista de *Los días de Birmania*, de Orwell, un comerciante de teca que vive en ese país, declara: «Los anglo-indios podríamos ser casi soportables si tan solo admitiéramos que somos unos ladrones y siguiéramos robando sin tapujos».[7]

Orwell descendía de colonos y servidores del imperio que vivían en la abundancia gracias a las tierras y el trabajo ajenos. Su madre, Ida Mabel Limouzin Blair, se crio en Birmania, donde su padre, que era francés, se dedicaba al comercio de teca y la construcción naval. Bosques de teca junto a una costa, campos de caña de azúcar en una isla y adormideras en el centro de un continente, paisajes de trabajo y explotación que se extendían por todo el mundo, muchas veces, y quizá normalmente, invisibles para sus lejanos beneficiarios. No creo en la culpa ancestral, pero sí en el legado, y los antepasados de Orwell se beneficiaron de la empresa imperial y de las jerarquías nacionales, y en ocasiones tuvieron en sus manos verdadero poder. Acaso el dato más revelador para mí sea lo fácil que ha resultado identificar a sus ascendientes generación tras generación. Esa «trazabilidad» se relaciona con personas que entraron en los registros, reconocidas, oficiales. Eran personas que figuraban.

Hay aristócratas, plebeyos, parlamentarios y un regicida: el coronel Adrian Scrope, que fue ahorcado, arrastrado por un caballo y descuartizado por haber firmado la orden de ejecución de Carlos I.[8] Hay escritores: un poeta menor, Nicholas Rowe; un dramaturgo menor, Francis Fane, y, hasta donde sé, Frances Manners, incluida en *The Monument of Matrons*, la primera antología británica de escritoras, de 1582. Hay propietarios de esclavos, y a través de la abuela de Orwell, Frances Hare Blair, existe un parentesco lejano con William Wilberforce, líder del movimiento antiesclavista en el Parlamento. Parte de esta información figuraba en la biblia de la familia que Orwell heredó junto con la plata y algunos de los cuadros que Eileen Blair mencionó. Las biblias de familia y la plata —para mí, con antepasados irlandeses católicos y judíos de la Europa del Este que no dejaron herencia alguna y tuvieron vedada la vida pública y cuyos registros desaparecieron al cabo de unas generaciones— despiertan algo que en el pasado tal vez fuera envidia, pero que ahora no es más que un sentimiento de lejanía.

4

Old Blush

Las rosas son perfectas e intemporales, no tienen raíces ni temporada, flotan sobre campos lilas, de un verde apagado o de un ocre amarillento, siempre en flor, solo pétalos, con la sombra de cada uno nítida en el de debajo, y se elevan en un reino sin espinas, tierra, babosas y pulgones, sin muerte ni descomposición. No están sometidas a la ley de la gravedad, con frecuencia se apiñan como fenómenos celestes, una nebulosa rosada, una galaxia rosada, una supernova rosada, a veces engalanadas con cintas o encumbradas sobre ramilletes de flores más menudas.

Son las rosas de chintz y calicó que hicieron fortuna en 1984, cuando Ralph Lauren y otros diseñadores empezaron a usar nostálgicos estampados floreados en la ropa personal y de casa. En un artículo sobre moda publicado en marzo de 1985 en *The Washington Post*, se indicaba: «Atribuir el mérito (o la culpa, si las rosas de Provenza descomunales no son de su gusto) no es tarea sencilla. Hay quien considera que Ralph Lauren inició el actual bombardeo de chintz cuando el año pasado utilizó dicho tejido tanto para la ropa del hogar como para la de vestido».[1] Fue entonces cuando me llamaron la atención y despertaron un anhelo en mí, una especie de deseo no solo de poseer las rosas y cualquier funda de almohadón o chaqueta en que estuvieran estampadas, sino también de catar lo que parecían prometer: cierta clase de confortabilidad, aplomo, solidez y arraigo que era inseparable de un tipo concreto de anglofilia.

Las rosas prometían algo más que a sí mismas. Eran deseables como no lo son las rosas vivas, ya que perdurarían, mientras que parte de la belleza de las flores radica en su evanescencia. No eran el único tipo de imaginería floral que excitaba mi deseo: en mi juventud codiciaba los antiguos mantones chinos, donde los pétalos de peonía se destacaban en un perfecto punto de satén, y a veces sucumbía a las famosas flores de cerezo de Hiroshige, a las ilustraciones de los viejos envases de semillas estadounidenses y a algunas humildes telas de algodón estampado que habían sido sacos de harina reconvertidos en prendas de ropa y edredones rústicos, pero las rosas que aparecieron en 1984 flotaban arrastrando consigo asociaciones inequívocas.

Ignoro cómo supimos que no tenían que ver solo con las rosas, las flores y las telas, sino también con las casas de campo, la tradición y la posición social, en una encrucijada de la historia estadounidense en que empezaban a desvanecerse cierto ideal de igualdad y la seguridad respecto al futuro, y en que los Reagan estaban en la Casa Blanca y servían de modelo de sus respectivas versiones personales del elitismo exclusivista para la minoría, al tiempo que desmontaban las redes de protección de la mayoría. La estética de los tejidos que Lauren y otros ofrecían era nostálgica, una mirada hacia el pasado. El deseo de esas telas floreadas que nació en mí era un deseo un tanto fastidioso de algo más y distinto de los artículos en sí, un anhelo del instante de llegada a una forma de ser y a un reino del que eran meros adornos. Eran pasajes para una especie de arrogante seguridad en una misma que al tiempo me atraía y me repugnaba.

Al quererlas, quería algo más que las telas o algo distinto a esas telas, quería lo que significaban, y luego llegué a odiar esa promesa. Cuando tuve la oportunidad de adquirir una, me pareció demasiado recargada, demasiado cursi, demasiado empalagosa para lucirla o tenerla. Las prendas de vestido, los almohadones y la ropa de cama sembrados de rosas eran como las golosinas que nos apetece comer y que a la vez nos empachan aun antes de darles un mordisco. Me incitaban desde lejos con promesas sobre el lugar al que pertenecían, un lugar que nunca fue mío ni lo sería. Quizá la distancia era temporal: me incitaban desde el país de ensueño de un pasado idealizado, el pasado de la égloga y del paraíso. Pero el paraíso es un jardín tapiado, definido en parte por aquello que deja fuera.

La palabra «nostalgia» viene de *nóstos*, «regreso a casa», y de *-algía*, «dolor, pesar», pero las telas me provocaban una suerte de anhelo de regresar a algo que nunca había sido mi hogar ni el de mis antepasados, y lo mismo debió de ocurrirle a Ralph Lauren, hijo de inmigrantes judíos y criado en el Bronx, que había iniciado su carrera profesional en los años sesenta con una línea de corbatas para hombre llamada Polo y había construido un multimillonario imperio mundial vendiendo ropa personal y de casa o, mejor dicho, vendiendo la imagen de colarse por la puerta para unirse a la clase alta imitando sus trajes y adornos.

No se trata tanto de que esas cosas sean verdaderamente deseables como de que nuestros deseos han sido podados, domeñados y cultivados para que giren hacia ellas del mismo modo que los girasoles se orientan hacia el sol, y la fuerza de ese deseo es auténtica pese a que su origen esté manipulado. Los anuncios de Lauren eran como fotogramas de películas sobre esplendorosas personas blancas perfectas, altas, esbeltas y acaudaladas, que vivían en un relax perpetuo, siempre en entornos pijos y agradables. Uno de sus primeros logros fue vestir a Robert Redford para *El gran Gatsby*, que trata precisamente de un advenedizo entre la élite adinerada, y se decía que en su línea Safari, iniciada en 1984, había influido la producción de la película *Memorias de África*, de 1985, que había convertido el relato de la vida de la aristócrata danesa Isak Dinesen en su plantación de Kenia en una sucesión de cuadros vivos con imperialistas guapos (entre ellos Redford en el papel de un hombre aficionado a la caza mayor, hijo de un conde inglés) vestidos con prendas bonitas en bonitos escenarios tanto interiores como exteriores.

Los productos de Lauren y su imaginario tenían que ver con el imperio, pero el imperio siempre tenía que ver con personas que parecían dominar cosas que se habían apoderado de ellas y las habían transformado. Lauren explicitaba lo que estaba implícito en esas imágenes textiles: los vínculos que las unían a un sector concreto, un sector en el cual él no tenía ningún reparo en tratar de entrar o, mejor dicho, un sector que no tenía ningún reparo en reinventar situándose a sí mismo en el centro de un imperio que evocaba safaris, el polo, la aristocracia y la tradición, y cuya supuesta esencia él devaluaba al reinventarlo como una mera superficie.

El polo era un juego persa e indio antes de que los británicos lo adoptaran. «Calicó» viene del nombre de Calicut, la ciudad costera india de donde los europeos exportaban especias y esa tela delgada de algodón. La palabra *chintz* aparece en inglés por primera vez en los registros del siglo XVII de la Compañía de las Indias Orientales y, por lo visto, procede de un vocablo hindi que significa «rociar o espolvorear».[2] Las telas de chintz se creaban mediante procesos complejos de pintado a mano y xilografía sobre algodón, y la técnica india tuvo un enorme impacto en Europa cuando se puso de moda a principios del XVIII. En aquel entonces, el novelista londinense Daniel Defoe señaló: «Las telas de chintz y de calicó pintado, antaño usadas solo en la confección de alfombras, edredones, etcétera, y de ropa para niños de la plebe, han devenido el vestido de nuestras damas».[3]

Los primeros estampados eran claramente indios, con plantas enroscadas y sinuosas cuyas flores parecían idealizadas y abstractas, y con siluetas de bordes marcados. Más tarde surgió una industria inglesa que adoptó las técnicas indias y el chintz se convirtió en algo inglés. El chintz listado que Richard Ovey creó en Inglaterra en 1801 no se diferencia mucho de la tela de los vestidos floreados que Ralph Lauren diseñó en 1984: las fucsias y otras flores se mezclan con rosas grandes en guirnaldas en las que se enroscan cintas de rayas rosadas y verdes, en una estética más naturalista que los dibujos de flores indios, con sus bordes nítidos y su estilo formal.[4] Los contrastes eran menos marcados, las líneas más suaves, los perfiles menos definidos. A mediados del siglo XIX, la exportación de telas —confeccionadas con el algodón importado de las plantaciones esclavistas de Estados Unidos— había pasado a suponer una parte considerable del comercio internacional de Gran Bretaña.

Probablemente los modelos de todas aquellas rosas del chintz inglés eran variedades nuevas que se cruzaron con los rosales llegados de China, rosales que, a diferencia de la mayoría de los europeos en aquella época, tenían la capacidad de echar flores durante meses, no solo en una única eclosión. Los famosos versos del poeta del XVII Robert Herrick «Coged las rosas mientras podáis / pues veloz el tiempo vuela» se refieren a las variedades de rosales del pasado, que florecían durante un breve periodo en la primavera. Cuando la floración de los rosales se alargó hasta el verano y el otoño, se subvirtió la moraleja de la *vanitas/sic transit gloria mundi* de las rosas europeas. Todavía se exhortaba a las mujeres a casarse jóvenes, pero los rosales florecían durante todo el verano e incluso después.

«La introducción de la rosa china en Inglaterra a finales del siglo XVIII —escribió en 1941 el genetista de rosas Charles C. Hurst— provocó una revolución total en las rosaledas de Europa, América y Oriente Próximo. [...] La mayor parte de los rosales del pasado florecía solo una vez al año, a principios del verano, mientras que los modernos florecen sin interrupción desde comienzos del verano hasta finales de otoño. En un clima favorable como el de la costa Azul, es posible que den flores durante todo el año, pues son potencialmente de floración perenne. Estudios recientes muestran que este hábito de floración continua se debe a la acción de un gen mendeliano recesivo introducido en nuestras rosas modernas por las rosas chinas y las de té, ya cultivadas en China durante mil años o más».[5]

Los cuatro rosales chinos introducidos en Inglaterra entre 1792 y 1824 se conocen como «China stud roses» («sementales chinos»), como si fueran sementales de caballos de carreras, igual que los sementales árabes que llegaron un siglo antes y se cruzaron con yeguas inglesas y engendraron los purasangres. Aunque los rosales eran chinos y al menos uno de ellos se cultivó en Suecia antes que en Gran Bretaña, recibieron nombres de varones ingleses: Slater's Crimson China, Parsons' Pink China, también conocido como Old Blush, Hume's Blush Tea-Scented China y Parks' Yellow Tea-Scented China. Los rosales que yo había encontrado en la casa de Orwell en Wallington, floridos a principios de noviembre, sin duda descendían en parte de esos rosales chinos, como casi todos los rosales de jardín que hoy en día se cultivan en Occidente.

Cuando la princesa Diana murió y Elton John le dedicó una canción en la que la llamaba «rosa de Inglaterra» y ante las puertas del palacio de Buckingham se acumularon montones de homenajes florales, las rosas que la gente fotografió y las que ofreció probablemente fueran en parte chinas, y lo mismo cabe decir de las que propagó David Austin, el famoso cultivador de rosas, fallecido en 2018, después de producir durante seis décadas rosas con la fragancia y las formas de las primeras rosas, junto con la floración repetida de las floribundas y de las híbridas de té. A todas las llamaba «rosas inglesas» y les daba nombres ingleses tomados de la literatura, la alta sociedad y la historia, como por ejemplo Ancient Mariner, Wife of Bath, Thomas à Becket y Emily Brontë, así como de aristócratas, horticultores y personajes de Shakespeare, desde Falstaff hasta Perdita, y a una le dio el de Mortimer Sackler, el especulador de los medicamentos con opioides, nacido en Brooklyn.[6] Podría decirse, por un lado, que Sackler estaría mejor representado por una adormidera y, por otro, que la venta de opiáceos se hallaba en el centro del Imperio británico (y del trabajo al que el padre de Orwell se dedicó toda su vida).

De camino a Inglaterra a fin de documentarme para este libro, miré la carta de aperitivos de British Air, que ofrecía Jaffa Cakes, unas galletas blanditas con una capa de mermelada coronada por chocolate negro, y, pese a que no las pedí, solo ver su nombre me despertó el deseo de comerlas. Compré un paquete en una tienda del aeropuerto. Además, dio la casualidad de que llevaba un número de la *London Review of Books* con un artículo sobre Jaffa: «Ocurre dos veces al año. La playa entre Tel Aviv y Jaffa se llena de palestinos de Cisjordania. Para muchos niños, es la única vez que van a la costa, a pesar de vivir en los territorios ocupados a no más de veinte o treinta kilómetros».[7]

Más tarde, en un caluroso día de agosto, entré en Fortnum & Mason, el inmenso emporio de alimentación y de lujosos artículos del hogar, en el centro de Londres, y lo encontré atestado de lo que parecían extranjeros que compraban botes decorativos de té y galletas y otros accesorios de lo «típicamente inglés», algo que reconocíamos y deseábamos, por lo menos quienes nos apiñábamos en la tienda a finales del verano. No estaba segura de si el acto de adquirirlos era de sumisión, de conquista o una mezcla nebulosa de ambas, y yo también compré té, tras lo cual fui a los almacenes Liberty, que estaban igual de abarrotados, y compré telas con estampado de flores.

Gran Bretaña —el lugar mítico bañado en el resplandor crepuscular del imperio, no la realidad contradictoria de hoy en día— se antojaba un sitio sobre el cual todos nosotros, incluso yo, criada en California, habíamos recibido demasiados conocimientos, y también un *collage* de innumerables fragmentos de otros territorios. Era la persona de la sala a la que se suponía que debíamos prestar atención y de la que debíamos saberlo todo, la que se suponía que había de definir lo que importaba y cómo debían ser las cosas. Cuando me hice mayor y tuve más información sobre las clases sociales, el imperialismo y la Irlanda bajo el dominio británico de la que huyeron los abuelos de mi madre, no superé la anglofilia, pero adquirí una dosis de anglofobia para compensarla. En cualquier caso, lo que yo sentí no fue nada comparado con lo que Jamaica Kincaid sintió y sobre lo que escribió con vehemente elocuencia.

5

Las flores del mal

Kincaid, que se crio en Antigua cuando la pequeña isla caribeña aún era británica, habla como si lo no expresado en la refinada Gran Bretaña se hubiera acumulado para crear una voz con una fuerza tremenda. «No sabes lo furiosa que me pongo —escribió— cuando oigo mencionar a los norteamericanos lo mucho que aman Inglaterra, lo hermosa que es, gracias a sus tradiciones. Lo único que ven es a una antigualla llena de arrugas que pasa en carruaje saludando a la multitud. En cambio, lo que yo veo es a millones de personas, de las cuales soy una más, que han quedado huérfanas: sin patria, sin dios, sin un pedazo de tierra que venerar, sin ese amor que lo supera todo y que da lugar a esas cosas a las que da lugar un amor que lo supera todo, y lo peor y más doloroso de todo, sin lengua».[1]

Es decir, en vez de una lengua materna propia, tuvo el inglés, aunque con él creó un estilo prosístico totalmente propio, con frases hechas de furia y precisión, basándose, en la medida de lo posible, en las repeticiones rítmicas y en las palabras cortas. Sus frases se retuercen, serpentean, avanzan raudas y se alargan para crear complejos razonamientos sobre las flores, los jardines, la naturaleza, el racismo, el colonialismo y la rabia. Ha escrito como nadie —al modo de una jardinera experta y ávida con un auténtico amor por las plantas y la estética y con un punto de vista corrosivo— sobre todas las cuestiones que las tapias de los jardines no dejan fuera.

Llegó a Nueva York a finales de los sesenta, en su juventud, y trabajó de niñera. Se expresaba con tanta gracia y desparpajo que llamó la atención de un hombre que la llevó a *The New Yorker*, donde entró como redactora. El estilo editorial de la revista era el de varones blancos como E. B. White y John McPhee, quienes escribían con una voz sobria y ágil que se consideraba el *summum* de la claridad y la bondad literaria, un estilo que parecía sugerir que lo que los escritores decían era algo con lo que la gente razonable estaría de acuerdo, que su orientación particular era universal y que el sentido común era el bien supremo y una cuestión establecida.

Kincaid también escribía con un estilo claro y directo, pero era consciente de que muchas personas no estaban de acuerdo con ella, en especial muchas personas blancas. Afirmaciones del tipo «Casi como si les avergonzaran la repugnancia y la animadversión que los extranjeros les inspiran, los ingleses las compensan amando y abrazando las plantas extranjeras en bloque»[2] son enérgicas declaraciones de guerra o, mejor dicho, el reconocimiento de viejas guerras en múltiples formas, entre ellas la flora, los jardines, los nombres y las ideas sobre lo bello y lo justo. Guerras contra ella, entre otros. Los estadounidenses tampoco se libran de sus ataques: «El gran Abraham Lincoln, presidente por el que siento un afecto tan profundo que cultivo en mi jardín rosas bautizadas en su honor, era racista pero aborrecía la esclavitud, y eso me basta, ya que por suerte soy descendiente de los esclavizados».[3]

Con el tiempo se instaló en Vermont, aunque comentaba a menudo cuánto odiaba la nieve, el frío y el invierno. Allí creó un ambicioso jardín, y escribió muchas veces sobre él, sobre las plantas que encargaba y sobre cómo se enfrascaba en los catálogos de jardinería. En ocasiones describía con todo detalle el puro placer que le proporcionaban los jardines y las plantas; la naturaleza de los sentimientos, deseos y estados de ánimo que le provocaban; lo que era sentarse a admirar los arriates de flores que había creado; qué rosas consideraba horrendas y cuáles exquisitas.

Sin embargo, su tema recurrente al escribir sobre plantas y jardines eran las personas desplazadas y desarraigadas, la imposición de una cultura, las plantas trasplantadas y transformadas, los pasados olvidados e inventados, la eliminación de los nombres de siempre para endosar de forma arbitraria otros nuevos. «No conozco el nombre de las plantas del lugar donde nací. [...] Esa ignorancia de la flora del sitio de donde soy (y del que soy) solo refleja que, cuando viví allí, era de la clase conquistada y vivía en un territorio conquistado; un principio de esa condición es que nada acerca de una interesa lo más mínimo, a menos que el conquistador así lo estime. Por ejemplo, había un jardín botánico [...], pero, según recuerdo, ninguna de las plantas era originaria de Antigua».[4]

El colonialismo implicaba saber mucho de los colonizadores y su lugar, y demasiado poco sobre el pueblo al que una pertenecía y sus lugares. En un ensayo titulado «Flowers of Evil» («Flores del mal») escribió sobre los jardines flotantes del valle de México —lo que es ahora Ciudad de México—, la invasión de Hernán Cortés y la planta cocoxóchitl, que llegó a Europa y fue bautizada en honor a un tal señor Dahl de Suecia e hibridada en innumerables variedades vistosas de dalia, cuyos orígenes se han olvidado. En otro texto Kincaid ha escrito con enorme ferocidad sobre los narcisos.

En *Lucy*, de 1990, el personaje que da título a la novela es, como lo fue la autora, una joven inmigrante caribeña que trabaja de niñera para una mujer de quien le molestan su despreocupado desconocimiento de las diferencias que las separan y su tendencia a desdibujar la relación empleadora/empleada. El conflicto del que solo una de ellas es consciente alcanza su punto culminante cuando la empleadora insta a Lucy a admirar los narcisos que empiezan a asomar a principios de la primavera en el invernal nordeste de Estados Unidos. Lucy recuerda que en la escuela femenina Reina Victoria de su isla colonizada la obligaron a memorizar el poema de Wordsworth sobre los narcisos, narra una pesadilla con esas flores que jamás había visto y que en el sueño la hacen desaparecer, y luego explica: «Yo había logrado olvidar aquel incidente hasta que Mariah volvió a mencionar los narcisos. Entonces se lo conté con una furia que nos sorprendió a las dos».[5] Más tarde se topan con unos narcisos en el parque. «Yo no sabía qué tipo de flores eran, así que mi súbito deseo de destruirlas era un misterio incluso para mí». O no, dado que habían intentado destruirla a ella.

Al cabo de unos cuantos años, Kincaid declaró: «No me gustan los narcisos, y eso es un legado del método inglés: cuando era niña me obligaron a memorizar el poema de William Wordsworth».[6] Y más adelante volvió a hablar de ellos: «En mi imaginación infantil, el poema, su contenido (aunque no su autor) y las personas a través de las cuales me llegó me provocaban rechazo. [...] Y por eso, para mí, "Vagaba yo solitario como una nube" no se convirtió en una imagen individual que maravillaba serenamente la imaginación, sino en la orden tiránica de un pueblo, el británico, en mi vida infantil».[7]

Escribió este último fragmento tras plantar dos mil bulbos de narciso, que se sumaron a los tres mil quinientos que ya había

sembrado. Tal vez había llegado al punto en que podía contra-
rrestar los significados impuestos con los que ella misma se imponía. Las plantas son maleables en muchos aspectos. Crecen,
evolucionan, se adaptan, se descomponen; además, adoptan los
significados que les atribuimos, desde los árboles de Navidad y
los laureles de la victoria hasta los espirituales lotos y las eróticas
orquídeas. Los narcisos y el idioma inglés tenían significados
muy distintos para alguien que nació entre ellos. «De resultas de
la helada —anota Orwell en su diario el 13 de marzo de 1940—,
han quedado arrasadas todas las clases de coles, excepto unas
cuantas de Bruselas. Las coles de primavera no solo han muerto,
sino que han desaparecido por completo, sin duda comidas por
los pájaros. Los puerros han sobrevivido, aunque están bastante
alicaídos. [...] Todos los esquejes de los rosales han sobrevivido,
salvo uno. Ya han salido las campanillas de invierno y algunos
crocus amarillos, unas cuantas prímulas intentan florecer, los tulipanes y los narcisos asoman, los ruibarbos están brotando, lo
mismo que la peonía, los groselleros negros retoñan, los rojos
no, los espinosos con retoños».[8]

Al plantar aquel jardín en Wallington, al plantar rosas en el
jardín, Orwell estaba echando raíces en un suelo concreto y en
unas ideas, unas tradiciones y unos linajes que, tanto si los de-
testaba como si no, eran suyos y estaban a su alrededor. O quizá intentaba apartarse de ellos al tomar decisiones que lo llevaban a descender de clase social, al producir con el sudor de su
frente una parte considerable de lo que comía y al apacentar sus
cabras en los pastos comunes de la aldea. No era del todo posible escapar de ellos, e incluso la forma que adoptó aquella
fuga se enraizaba con fuerza en ciertas nociones de ruralismo idí-
lico y de un ideal bucólico. Orwell tampoco era ajeno a esas influencias.

El año en que plantó los rosales, escribió: «Según el sistema capitalista, para que Inglaterra pueda vivir de forma relativamente confortable, deben vivir al borde de la indigencia cien millones de indios. Es una situación vergonzosa, pero consentimos en ella cada vez que tomamos un taxi o nos comemos un plato de fresas con nata»,[9] aunque las fresas y la nata, a diferencia del té con azúcar, eran productos nacionales. Diez años después retomó el tema y dijo a sus compatriotas británicos: «Deben ustedes elegir entre liberar a la India y tener más azúcar. ¿Qué prefieren?».[10]

VI

El precio de las rosas

Producción de rosas cerca de Bogotá, Colombia, 2019.

1

Problemas de belleza

El hombre que plantó rosales en 1936 escribió muchas veces sobre las flores. En las novelas ambientadas en Inglaterra esparció
descripciones de flores entre las praderas, los estanques, los caminos y otros telones de fondo rurales (y *Los días de Birmania* están
sembrados de descripciones de flores tropicales y de flores propias de zonas templadas que han adquirido un tamaño gigantes-
co). Sus diarios contienen listas de flores que tenía que comprar,
anotaciones sobre el cultivo de flores domésticas y menciones de
flores silvestres que había visto. En uno de los ensayos de 1944
publicados en *Tribune*, lamentaba «la rápida desaparición de los
nombres ingleses de flores. [...] A los nomeolvides se les llama
cada vez más "miosotis". Muchos otros nombres, espuela de caballero, lágrimas de ángel, cresta de gallo, quebrantapiedras,
están desapareciendo en favor de los sosos nombres griegos de
los manuales de botánica».[1] Tenía una opinión tan clara sobre los
nombres de flores que expuso la misma queja al cabo de dos
años en «La política y la lengua inglesa», uno de sus ensayos más
conocidos.

Un lustro después de plantar las rosas en Wallington, en «El
león y el unicornio: el socialismo y el genio de Inglaterra», ensa-

yo escrito durante la Segunda Guerra Mundial, afirmó que hay «un rasgo secundario del pueblo inglés, muy acusado, aunque no se comenta con frecuencia: el amor por las flores. Este es uno de los primeros rasgos que llaman la atención cuando se llega a Inglaterra desde el extranjero, en especial desde el sur de Europa. ¿No se contradice de lleno con la indiferencia de los ingleses por las artes? En realidad no, porque se encuentra en personas desprovistas de todo sentimiento estético».[2] A continuación, clasificaba las flores entre las aficiones, y las aficiones entre las características de quienes valoraban la libertad y la vida privada, pero había abierto la puerta de una habitación en la que no entró, o quizá la puerta de algo mucho más amplio que una habitación. Si traspasamos esa puerta con el rótulo «estética y Orwell», nos internamos en el mismísimo centro de sus intereses vitales.

La puerta se entreabre con un chirrido. ¿Y qué hay de quienes aman las flores pero carecen de sentimientos estéticos? En ese pasaje, Orwell afirma que el amor por las flores no tiene por qué ser estético, si lo estético implica un placer meramente visual. ¿Implica solo eso? Describe la floricultura como una afición y enumera otros ejemplos de aficiones, en un país «de filatélicos, de colombófilos, de carpinteros aficionados, de recortadores de cupones de descuento, de jugadores de dardos, de chiflados por los crucigramas»,[3] actividades de utilidad y antigüedad de lo más variado. Pero el amor por las flores se extiende más allá de los aficionados a la jardinería, y por eso para algunas personas las flores son algo que se produce y se cuida, mientras que otras opinan que están para disfrutar de ellas en las praderas, los jardines o los jarrones, sin necesidad de ninguna otra acción. ¿Qué es lo que aman cuando aman las flores?

Las flores se utilizan sin duda para expresar lo erótico, lo romántico, lo ceremonial y lo espiritual, como las guirnaldas que rodean los altares, las que cuelgan del cuello de los ganadores de las carreras de caballos, etcétera. Pero antes de que una flor se emplee para que haga algo más, para que enaltezca un acto humano, es en sí misma un motivo de atención. Decimos que las flores son bellas, pero al hablar de su belleza nos referimos a algo más que a su aspecto, razón por la cual las naturales son mucho más bonitas que las artificiales (aunque quizá las fotografías de flores remiten a las naturales con todas sus resonancias como no lo hacen las de imitación). La belleza radica en parte en lo que evocan o a qué se asocian, como la encarnación de la vida y el crecimiento, o la anunciación del fruto al que darán lugar. Una flor es un nodo en una red de sistemas vegetales de interconexión y regeneración. La flor visible es un indicador de esos sistemas complejos, y parte de la belleza que se le atribuye como objeto autónomo tal vez se relacione en realidad con que es un elemento de un todo mayor.

He pensado muchas veces que en buena medida la belleza que nos conmueve en el mundo natural no reside en el esplendor visual estático que se plasma en una fotografía, sino en el tiempo en sí en cuanto pautas y recurrencias, con el paso rítmico de los días, las estaciones y los años, el ciclo lunar y las mareas, el nacimiento y la muerte. Como armonía, organización y coherencia, una pauta es en sí un tipo de belleza, y parte del malestar físico provocado por el cambio climático y los trastornos medioambientales estriba en la destrucción de ese ritmo. El orden más importante no es el espacial, sino el temporal. Algunas fotografías lo captan, pero la costumbre de ver en forma de imágenes nos incita a perder de vista la danza. Los pueblos indígenas, a veces despreciados por no valorar la naturaleza en la tradición rural inglesa, a menudo la valoraban si la veían como pautas ordenadas en el tiempo, no como un placer pictórico estático. Es decir, se sentirían más inclinados a celebrar, por ejemplo, momentos claves en la trayectoria temporal del sol a lo largo del año que una puesta de sol de excepcional belleza.

En la introducción del grueso volumen de *Collected Essays* de Orwell de la colección Everyman's Library, John Carey afirma del escritor: «Casi nunca elogia la belleza y, cuando lo hace, la halla en cosas más bien desaliñadas y que pasan inadvertidas: los ojos del sapo común, un rosal de seis peniques comprado en Woolworths».[4] Yo señalaría que Orwell elogia muchas veces la belleza y que esas cosas que pasan inadvertidas se convierten en medios para ampliar la definición de belleza, y que busca versiones de esta que no son elitistas ni establecidas, que busca lo hermoso en lo cotidiano, lo plebeyo y lo descuidado. Esa búsqueda hace que la belleza sea insumisa a las convenciones. Incluso la grisura de *1984* está salpicada de momentos de tregua proporcionados por las cosas que su rebelde solitario admira, anhela, goza, sobre todo un paisaje nada excepcional y un pisapapeles de cristal con un fragmento de coral rojo incrustado.

Winston Smith califica de precioso el pisapapeles que descubre en una tienda de viejo, y el objeto deviene significativo en el relato. «Era un objeto extraño —se nos dice— e incluso podía ser comprometedor si lo encontraban en poder de un miembro del Partido. Cualquier cosa antigua, o puestos a eso cualquier cosa bella, resultaba siempre vagamente sospechosa».[5] La sospecha en cuanto signo de la conciencia y del placer que el Partido pretendía erradicar, como la experiencia que Orwell elogia en «El león y el unicornio» al considerar las aficiones como una actividad privada que el totalitarismo pretende minar. El ensayo empieza con la famosa frase «Según escribo estas líneas, seres humanos sumamente civilizados me sobrevuelan intentando matarme». Al modo de un foco, el contexto proyecta unas luces y unas sombras dramáticas sobre sus preocupaciones: el contexto está siempre presente en su obra. El pisapapeles existe en el contexto de la Policía del Pensamiento; las aficiones y las cuestiones sobre la belleza existen en el contexto del Blitz.

«Belleza» es una de esas palabras excesivamente amplias, de bordes deshilachados, a la que no se presta atención por ser demasiado conocida y que a menudo se emplea para aludir solo a la belleza visual. Pero entre los tipos de belleza que el *Oxford English Dictionary* enumera en la entrada de *beauty* figuran muchos que no son visuales, como «la característica de una persona o cosa que complace o satisface en grado sumo a la mente; excelencia moral o intelectual», una persona admirable, un ejemplo prodigioso o excepcionalmente bueno de algo.

En su libro *On Beauty and Being Just*, la erudita Elaine Scarry señala que una de las quejas respecto a la belleza es que contemplarla constituye un acto pasivo: «mirar o escuchar sin ningún deseo de cambiar lo que hemos visto u oído».[6] Es una definición sorprendente por su simplicidad. Lo que no deseamos cambiar puede ser el estado deseable materializado y es donde se cumplen los principios estéticos y éticos. Scarry lo contrapone al «ver u oír que es el preludio de intervenir en lo visto u oído, de cambiarlo (como ocurre ante la injusticia)».[7] Con frecuencia las personas obsesionadas con la productividad y la injusticia desprecian el no hacer nada, aunque por lo general «no hacer nada» implica un montón de acciones y observaciones sutiles y el sutil cultivo de relaciones que hacen muchos tipos de «algo». Es hacer algo cuyo valor y resultados son difíciles de cuantificar o mercantilizar, e incluso podría argüirse que cualquier forma o todas las formas de escapar de lo cuantificable y mercantilizable constituyen una victoria sobre las cadenas de montaje, las autoridades y las sobresimplificaciones. Quizá no sea casual que el libro *Cómo no hacer nada: resistirse a la economía de la atención*, de Jenny Odell, empiece en una rosaleda pública de Oakland, California.

«Mirar o escuchar sin ningún deseo de cambiar lo que hemos visto u oído». Quizá los diarios domésticos de Orwell sean reseñas de eso: sus breves relatos sobre las labores, los cultivos y los hechos banales no implican un gran deseo de que las cosas sean distintas de lo que son. Los relatos —la ficción, los mitos, los cuentos infantiles, el periodismo— suelen versar sobre lo que sucede cuando algo va mal: cuando el político es corrupto, cuando el río está contaminado, cuando se explota a los trabajadores, cuando se pierde a la persona amada. Hasta los libros infantiles más plácidos contienen leves crisis que permiten explorar la pérdida, los malentendidos o los contactos fallidos. Lo que existe «sin ningún deseo de cambiarlo» es estático; es anterior al inicio del relato, a la caída en desgracia, o posterior a su conclusión con un reencuentro, una rectificación u otro tipo de arreglo. Pero todos los relatos de lo que ha ido mal contienen al menos de manera implícita, como un valor o un objetivo, lo que habría implicado que las cosas hubieran ido bien. Y a menudo lo que impulsa la narración es el deseo de defender y restaurar lo justo, lo ecuánime y lo bueno.

Esta tensión se produce incluso en el arte no narrativo. A la artista Zoe Leonard le daba reparo crear fotografías bonitas durante la crisis del sida, y se lo contó a su colega David Wojnarowicz, artista y activista, quien respondió: «Zoe, esas imágenes son bonitas, y es por lo que estamos luchando. Nos enfadamos y nos quejamos porque tenemos que hacerlo, pero queremos regresar a la belleza. Si lo dejas, no tendremos adónde ir». Así pues, la belleza puede ser tanto lo que no deseamos cambiar como adonde deseamos ir, la brújula o más bien la Estrella Polar del cambio. Leonard medita sobre aquella conversación: «Estábamos todos demasiado atareados para pensar en la belleza. Estábamos demasiado enfadados para pensar en la belleza. Estábamos demasiado desconsolados para pensar en la belleza. Me sentía idiota con aquellas fotografías de nubes, pero David tenía razón. Una se enzarza en las luchas no porque quiera luchar, sino porque quiere llegar a alguna parte como humanidad. Quiere contribuir a crear un mundo donde pueda estar de brazos cruzados reflexionando sobre las nubes. Ese debería ser un derecho nuestro como seres humanos».[8] Podría argüirse que si pasamos demasiado tiempo sin estar de brazos cruzados reflexionando sobre las nubes, tal vez olvidemos cómo se hace o por qué; que existe la posibilidad de que perdamos tantas fuerzas en el camino que seamos incapaces de llegar a aquel destino.

La mujer que escribió para reprender a Orwell por hablar de las rosas al parecer opinaba que prestar atención a lo que no necesita ser cambiado es ociosidad, un desperdicio y una distracción. Quienes se centran en la injusticia, en esas cosas que cuanto más contemplamos más queremos cambiar, tienden a considerar que la contemplación de lo que no queremos cambiar es como eludir nuestro deber o soslayar la conciencia de lo que sí queremos cambiar. Por el contrario, yo he hablado de dicha actitud como de una regeneración de la energía para hacer frente a la destrucción, pero Scarry apunta que también puede ser importante como estudio de los modelos de lo deseable y de lo bueno. ¿Cuál es el objetivo del cambio social o del compromiso político? ¿Acaso el estudio de lo bueno que existe o ha existido puede formar parte de la tarea? Naturalmente, hay una diferencia significativa entre la posición adusta (y generalizada) de que siempre empezamos desde cero porque todo está contaminado o corrompido, y la posición de que lo bueno existe como una especie de semilla que hay que cuidar con mayor empeño o propagar más.

2

En la fábrica de rosas

Cuando el avión descendió, vislumbré los invernaderos, que refulgían cual faroles enormes sobre la sabana colombiana en una noche oscura como boca de lobo. Había ido a verlos, aunque nada me garantizaba que me permitieran entrar en uno; muchos lo habían intentado y habían fracasado, y en general estaban envueltos en el misterio. Todo el mundo veía lo que salía de ellos y llegaba a raudales a Estados Unidos; cómo se producía era un secreto. Aterrizamos en el aeropuerto de Bogotá y mi compañero, Nate Miller, buscó un taxi que nos llevó por el extrarradio de la enorme extensión de la ciudad y por kilómetros de bulevares flanqueados por edificios de hormigón.

Al igual que otras urbes latinoamericanas que yo había visitado, Bogotá se me antojó a un tiempo monumental y endeble, majestuosa y precaria. Su arquitectura me pareció improvisada. Edificios de estilos y solidez variados se apretujaban en las avenidas, se veían policías fuertemente armados en las esquinas, y ante la entrada de empresas y restaurantes se apostaban guardas jurados de expresión ceñuda pertrechados asimismo con armas automáticas. El alambre de espino coronaba los muros, las ventanas tenían rejas de hierro, y las puertas, muchas cerraduras.

El taxista nos dejó en una calle adoquinada que ascendía hacia lo que por la mañana yo veía que eran los empinados cerros verdes que rodean el borde oriental de la ciudad. Llegamos tan tarde que no recuerdo cómo conseguimos la llave del piso que habíamos alquilado por una semana al tío de un amigo de Nate. Me acosté en un dormitorio con paredes de yeso encaladas, techo de tres metros y medio de alto y una enorme cama de madera ya hecha con sábanas gastadas y sucias y una pila de mantas mugrientas. Al lado de la cama había una ventana que daba a la calle y que tenía dos capas de postigos de madera con unos cerrojos de hierro descomunales por dentro y, por añadidura, una reja del mismo metal por fuera.

Por la mañana salimos a tomar café, y a la luz del día vi mejor el bonito y viejo barrio de La Candelaria, que era donde nos alojábamos, y también reparé en la profunda pobreza de la gente que atendía minúsculos tenderetes de comida en la calle, a veces con solo unos cuantos pastelillos o golosinas que debían de reportarles unas ganancias infinitesimales. Más tarde veríamos hombres que abrían los puños para mostrar esmeraldas en bruto extraídas de la tierra colombiana y que regateaban con otros en la esquina donde se comercia con esa piedra preciosa; artesanas sentadas en el suelo con collares de cuentas tradicionales expuestos sobre mantas extendidas delante; una anciana que bailaba al son de un pequeño reproductor de música, ejecutando los pasos de una danza con solemne dignidad, como si se encontrara completamente sola en un mundo sombrío, pero con un sombrero a la vista para que le echaran dinero.

Nate se había criado en San Francisco y, tras estudiar en la universidad, había trabajado con un grupo internacional en defensa de los derechos laborales en Colombia, donde la organización de los trabajadores en sindicatos y la afiliación a estos pueden ser peligrosas, y donde un estadounidense era un testigo con menos probabilidades de que lo mataran y quizá capaz de impedir que asesinaran a otros. Había completado su periodo en el grupo con una investigación de las condiciones laborales en el sector de la floricultura que culminó en un sustancioso informe publicado en Estados Unidos.[1] Había llegado a amar Colombia y a su pueblo y había creado fuertes lazos de amistad, de modo que no me costó convencerle de que pasara una semana más en el país y me llevara por las afueras de Bogotá, donde se cultivan las flores, antes de partir hacia la costa para ver a su ahijado y tocayo.

Dejó su trabajo de organizador sindical en Nueva York para embarcar en un avión que lo llevó al mismo aeropuerto texano al que llegué yo desde San Francisco, y así viajamos juntos a Colombia. Nate, a quien conozco desde el final de su adolescencia, es idealista, entusiasta, sociable, alto y delgado, tiene el cabello rizado y rapado en los lados, y lleva gafas que le dan un aire de sabio. Tiene la piel tan atezada que a menudo la gente cree que no es blanco, sino de otra raza. Entre eso y que habla español con fluidez y acento colombiano, pasaría inadvertido allá donde fuera, mientras que yo, con mi palidez y mi conocimiento rudimentario del castellano, llamaría la atención.

Aquella primera mañana buscó un autobús, uno de los pequeños vehículos no regulados en que los pobres se desplazan por Bogotá y más allá, y nos dirigimos hacia la periferia de la ciudad, donde se cultivan las flores. La gente subía y bajaba en tropel del atestado autobús. El conductor se detuvo en diversos controles para entregar dinero a otros hombres. Dejamos atrás a trabajadores de la construcción con uniforme azul fuerte y chaleco de seguridad verde fosforescente que dormitaban en la mediana de las avenidas, a vendedores de rosas de colores chillones que pregonaban su mercancía y a limpiaparabrisas que iban y venían volando entre el tráfico en cada parada. Los perros callejeros deambulaban entre esa barahúnda, olvidados por todo el mundo.

Llegar al campo significaba llegar a los invernaderos, como los que había visto refulgir la noche anterior antes de aterrizar. Eran inmensos, de las dimensiones de una pista de atletismo, con paredes y cubiertas hechas de láminas de plástico transparente que el polvo acumulado había vuelto opacas con el tiempo, y no se alzaban solitarios, sino en formaciones de doce o veinte. La mayoría de ellos quedaban ocultos tras setos y muros y tenían guardas apostados en la verja. Las flores se veían a través de los retazos que no habían perdido la transparencia. El clima de la sabana de Bogotá, que se halla a más de dos mil metros sobre el nivel del mar y a solo unos cuatrocientos ochenta kilómetros al norte del ecuador, es templado y constante, y gracias a las doce horas de luz del día ecuatorial durante todo el año, la temporada de cultivo nunca termina.

Hace unas décadas se promovió la industria de las flores en Colombia para que reemplazaran a otro producto agrícola de exportación: las hojas de coca y la cocaína elaborada con ellas. Aunque la sustitución fue un fracaso —la coca sigue cultivándose en lugares más remotos—, en el país ha crecido una inmensa industria de las flores con sus propios problemas, que produce el 80 por ciento de las rosas vendidas en Estados Unidos y otras flores para la exportación. El primer transporte aéreo de flores con destino a Estados Unidos se realizó en 1965; cuando Nate escribió su informe, Colombia era el segundo exportador mundial de dicho producto, y el sector, que da trabajo a unos ciento treinta mil colombianos, era la principal fuente de empleo femenino en el país. En Kenia y Etiopía existe una industria parecida que abastece el mercado de flores europeo.

Mientras cruzábamos un pueblo para subir a otro autobús que nos dejaría en una carretera bordeada de invernaderos de plástico a lo largo de kilómetros, Nate me contó que la mayoría de los trabajadores habían sido agricultores independientes una generación antes. Un proceso análogo al de los cercamientos británicos de los siglos XVIII y XIX había convertido a muchos de ellos en trabajadores sin tierra de la agricultura industrial. En el campo vimos, aquí y allá, pequeñas granjas con vacas y bancales de diversos cultivos, pero la industria de las flores y sus invernaderos creaban una especie de anillo de plástico alrededor de Bogotá, de cuyo aeropuerto salía la mayor parte de la cosecha.

Yo había enviado un correo electrónico a Rainforest Alliance, encargada en principio de certificar que el cultivo de las flores cumplía las estrictas normas medioambientales y laborales, y, no sé cómo, justo antes de que nos marcháramos nos concertaron una visita a una de las plantaciones, pero se trataba de un hecho tan sorprendente que nos costaba creer que fuera a suceder. Nate no había logrado entrar en ninguna durante los años que se había dedicado a la investigación, y tampoco lo había conseguido un cámara bogotano al que conocí más tarde, y no porque no lo hubiera intentado. En el correo electrónico, yo había dicho que estaba escribiendo un libro sobre las rosas, y había contado que viajaba con un compañero, y supongo que no se informaron sobre quién era yo, lo que habría activado una pequeña alarma, y tampoco preguntaron cómo se llamaba mi compañero, cuyo nombre habría hecho saltar grandes alarmas. Así pues, aquel primer día deambulamos por los alrededores de la carretera bordeada de invernaderos, pedimos permiso, en vano, para echar un vistazo en unos cuantos, y nos dirigimos en taxi a otras plantaciones donde también probamos suerte, con idéntico resultado.

Al día siguiente tomamos un taxi diminuto y baqueteado para ir a casa de un empleado de Rainforest Alliance. Vivía en un bonito edificio situado en la parte alta del borde oriental de la ciudad, y su lujoso coche de alquiler con chófer incluido nos llevó a los tres por la periferia elevada, de árboles altos y hogares ricos, hasta la Sunshine Bouquet Company, de propiedad estadounidense. Incluso antes de que nos detuviéramos a la entrada de la plantación de rosas, o fábrica de rosas, de Sunshine Bouquet —un recinto bien protegido y rodeado de setos—, a Nate y a mí nos quedó claro que mi amigo sabía mucho más sobre el negocio que aquel hombre, aunque nos abstuvimos de decírselo. Iba bien vestido, dispensaba cumplidos y perogrulladas sobre la empresa en un inglés excelente y, si no me equivoco, él tampoco había puesto nunca los pies en una plantación de rosas.

Nos condujeron a una especie de sala de juntas desde donde se veía un comedor en el que ya había algunos empleados —la mayoría entraba a trabajar muy temprano— y nos contaron unas cuantas cosas que confirmaron que los directores se sentían orgullosos de la empresa y que, no sé por qué, creían que iban a dejarnos impresionados. Nos mandaron a los invernaderos con un jefe y dos trabajadores de categoría superior, Carolina y José, ambos vestidos con un mono como el que llevaba la mayor parte de sus compañeros, con lemas estampados en la espalda.

El de ella rezaba:

> Cuando se trabaja en equipo,
> el éxito y los triunfos se celebran en equipo.

Y el de él:

> El esfuerzo y la pasión satisfacen nuestra labor.

Esos lemas se leían en la espalda del uniforme de otros trabajadores, al igual que los siguientes:

Sunshine Bouquet, el mejor lugar para ser feliz.

Queremos crecer junto contigo.

La actitud depende de ti.
Lo demás queremos que lo aprendas aquí.

Las consignas eran del género que a menudo se denomina «orwelliano», es decir, siniestras por su falta de sinceridad e inquietantes por sus contradicciones y su imposición a unos empleados que parecía improbable que las aprobaran de corazón o las lucieran por decisión propia. Pero yo no había ido a ver monos, sino rosas y el trabajo que las producía. Y enseguida entramos en uno de los numerosos invernaderos que había. Cada uno se componía de una estructura metálica y grandes láminas de plástico sujetas a ella que se abrían con el tiempo cálido para que hubiera ventilación y se cerraban herméticamente cuando refrescaba.

Entramos por una puerta situada en el centro y nos encontramos en un camino ancho que conducía a la puerta de enfrente. Estaba flanqueado hasta el final por largas hileras de rosales más altos que yo, con las plantas tan pegadas entre sí que formaban un seto tupido en el que no era fácil distinguir un ejemplar de otro, y con las filas tan cerca unas de otras que quien pasara entre ellas, como no tardamos en hacer nosotros, tenía que caminar de lado. Las espinas nunca quedaban lejos. Unos cordeles tendidos entre postes de madera sujetaban los tallos, y experimenté una sensación de apiñamiento, de compresión, de repetición y casi de aturdimiento al contemplar tantas rosas en tantas hileras que se extendían hasta tan lejos que convergían en un punto de fuga, de modo que veía cómo las rosas, los postes y las vigas se iban empequeñeciendo en la distancia, pero todavía dentro del invernadero de plástico.

Nuestros guías me contaron que obtenían ciento cuatro rosas por metro cuadrado al año. A lo largo del pasillo central había unos carritos estrechos en los que las flores cortadas se colocaban en montones ordenados. Las rosas de cada hilera, unas más abiertas que otras, eran todas del mismo color. El nombre de cada variedad se indicaba al principio de la fila. Iron Pink. Constellation. Billabonga. Privilege. Pink Floyd. Pop Star. Icon. Billionaire. Halloween. Las rosas rechazadas y los pedazos recortados se acumulaban en cubos de la basura.

Casi todas eran variedades de la híbrida de té, de líneas más aguzadas y más rectas que las antiguas. Las cerradas, que culminaban en un extremo puntiagudo, tenían unos cuantos pétalos que se despegaban limpiamente del capullo y se doblaban hacia atrás para formar líneas rectas y puntas más afiladas. Los pétalos de las rosas antiguas son curvos, en general más redondos y más suaves, y alcanzan su plena expresión al abrirse la flor. Esas rosas parecen recatadas, en tanto que las modernas a menudo se antojan descaradas, como si una flor introvertida se hubiera vuelto extrovertida. La mayoría de las rosas comerciales nunca se abren del todo y llegan a los mercados en forma de capullo, una especie de perdigón puntiagudo de pétalos muy apretados en el extremo de un tallo largo, y cuando hay doce juntas casi semejan un carcaj de vistosas flechas.

Los trabajadores tienen un lema: «Los amantes se llevan las rosas, y los trabajadores, las espinas». Una rosa es bonita, pero un invernadero con millares y millares de ellas, un lugar que produce millones de ejemplares al año, con tallos, hojas y pétalos desparramados por el suelo y amontonados en cubos de basura como subproductos, no lo es. Si esas rosas eran bonitas, su belleza estaba destinada a darse en otro lugar, para otras personas, en otro continente. Algunas habían crecido en bolsas de papel para proteger los pétalos de la luz, y vimos una hilera de rosales cuyos tallos culminaban en unos sacos marrones, como si fueran divas en el camerino con rulos en el pelo.

Según nos contaron mientras caminábamos, nos deteníamos, examinábamos y escuchábamos, desde ese complejo enviaban seis millones de rosas a Estados Unidos el día de San Valentín y otros tantos el día de la Madre. En la industria colombiana de las flores, esas dos festividades se traducen en una enorme presión sobre los trabajadores, jornadas más largas y agotamiento. Pero las remesas salen casi a diario durante todo el año. Los camiones frigoríficos, con cuatrocientas cajas de rosas cada uno, parten del recinto de Sunshine Bouquet y se dirigen a toda velocidad al aeropuerto, donde la carga se transporta en aviones Boeing 747 hasta Miami para que otros camiones la distribuyan a lo largo y ancho de Estados Unidos. Nos contaron que cada caja contiene trescientas treinta rosas y que un Boeing 747 puede albergar cinco mil cajas, es decir, un millón seiscientas cincuenta mil rosas. Que un avión inmenso cargado únicamente con rosas quemara el carbono de estas para sobrevolar a gran altura el Caribe y entregar su contenido a personas que nunca sabrían qué se escondía tras las flores compradas en el supermercado quizá fuera el mejor símbolo de alienación que hubiéramos podido encontrar. ¿Es posible arrancar más las rosas de sus raíces? «Muy pocas veces, haciendo un verdadero esfuerzo mental, relaciono este carbón con el remoto trabajo de las minas», escribió Orwell acerca del combustible que quemaba en casa,[2] y menos veces aún habría relacionado alguien las rosas con el trabajo duro realizado en esos invernaderos. Eran las fábricas invisibles del placer visual.

3

El espíritu cristalino

Hace mucho tiempo discutí con otros escritores sobre qué hace que un libro sea bueno. Uno de ellos estaba entusiasmado con un relato escrito con elegancia y de estructura ingeniosa, y los otros se sumaron a la idea de que esas bases bastaban. La obra tenía gracia formal, pero, a mis ojos, su crueldad general y su representación distorsionada y despectiva de un grupo marginado la volvían al menos tan desagradable como hermosa era. «Es verdad —señaló Orwell en su ensayo sobre Jonathan Swift— que la calidad literaria de un libro es hasta cierto punto separable de su contenido. Algunas personas tienen un don natural para usar palabras, al igual que otras personas tienen de nacimiento "buen ojo" para los juegos. En gran medida es una cuestión de ritmo y de saber instintivamente cuánto énfasis usar».[1]

El libro elogiado por los otros manipulaba su material y engañaba a los lectores de modos que contravenían los principios periodísticos e historiográficos. Esa corrupción del material original parecía anteponer la creación artística del autor a cualquier obligación hacia la gente de la que trataba, o hacia quienes lo leyeran con el deseo de conocer mejor el mundo, o hacia los registros históricos, como si la vida de los demás fuera una materia en bruto con la que los escritores pudieran hacer cuanto se les antojara. Siempre he considerado un reto y una obligación trabajar ciñéndome a los hechos, y opino que un escritor de no ficción puede encontrar la libertad necesaria sin retorcerlos ni tergiversarlos.

Ninguno de los otros parecía compartir conmigo la percepción de que no se trataba de un conjunto de cuestiones éticas separadas del éxito estético, sino de una parte integrante de la estética de la obra de arte. La belleza no es solo formal ni reside únicamente en las características superficiales que seducen a la vista o al oído; reside en pautas de sentido, en la evocación de valores y en la relación con la vida que el público lector lleva y con el mundo que quiere ver. El gesto de un bailarín puede ser hermoso porque es un movimiento ejecutado con precisión por un artista y atleta de gran destreza, pero hasta una patada a un niño ejecutada con gracia es fea. El significado pervierte la forma, y la elegancia formal es siempre susceptible de ser corrompida por el significado que transmite. «Lo primero que le pedimos a un muro es que se sostenga en pie —escribió Orwell en su crítica del pintor Salvador Dalí—. Si se sostiene en pie es un buen muro, y el propósito al que sirva es una cuestión independiente. Y, aun así, incluso el mejor muro del mundo merece ser derribado si rodea un campo de concentración».[2] La forma no puede separarse de su función. Y la belleza —o la fealdad— puede encontrarse en el sentido, en el impacto y en las consecuencias más que en la apariencia.

El disidente solitario que el 5 de junio de 1989 se plantó, cerca de la plaza de Tiananmén de Pekín, ante una larga fila de tanques para impedir que aplastasen la revuelta estudiantil era una figura menuda e insulsa con camisa blanca, pantalones negros y llevaba una bolsa de plástico con la compra en cada mano. Mientras plantaba cara a los carros de combate, balanceaba un brazo, lo estiraba con torpeza y corría para permanecer delante del primer tanque. La confrontación arriesgada con un poder muy superior ejemplifica lo que entendemos por un gesto bello. Al parecer aquel hombre estaba dispuesto a jugárselo todo en defensa de un ideal y de un grupo de idealistas. La palabra «integridad» significa «coherencia moral» y «compromiso», pero también alude a algo completo, incólume, indemne, y es una característica propia de muchas cosas hermosas. El libro que yo aborrecía era desleal y faltaba al compañerismo.

A Orwell le apasionaban los gestos, las intenciones, los ideales y el idealismo bellos con que se topaba, y para defenderlos pasó buena parte de su vida enfrentándose a sus respectivas antítesis. En un pasaje de *Homenaje a Cataluña* describe uno de sus encuentros más intensos con tales cosas: «En el cuartel Lenin de Barcelona, un día antes de alistarme en la milicia, vi a un miliciano italiano delante de la mesa de los oficiales. Era un joven rudo de unos veinticinco o veintiséis años [...]. Algo en su rostro me conmovió profundamente. [...] Con su uniforme raído y su rostro orgulloso y conmovedor, simboliza el particular ambiente de aquella época».[3]

Luego refiere que la ciudad entera tenía algo de aquel espíritu: «Los camareros y los dependientes de los comercios te miraban a los ojos y te trataban de igual a igual. Las formas de tratamiento serviles o ceremoniosas habían desaparecido temporalmente. [...] En las Ramblas, la ancha arteria central de la ciudad por la que multitudes iban y venían constantemente, los altavoces tronaban día y noche con canciones revolucionarias. Y lo más extraño de todo era el aspecto de la gente. [...] Había muchas cosas que se me escapaban y que en cierto modo no acababan de gustarme, pero en el acto comprendí que era una situación por la que valía la pena luchar».[4]

Años después, todavía recordaría a aquel soldado y escribiría un poema sobre él en el que se suponía que el joven estaba muerto, olvidado, enterrado bajo capas de mentiras. Pero concluía con estos versos:

> *No hay poder, sin embargo, que nos desherede*
> *de aquello que vi en tu rostro un día,*
> *ni bomba que haga añicos*
> *tu espíritu de cristal.*[5]

Esas cualidades —podemos calificarlas de heroicas, nobles o idealistas— fueron la belleza que halló en España, junto con la fealdad de una guerra corrupta, el hedor, las privaciones, el caos de las trincheras y el impacto de estar a punto de morir a consecuencia de una herida de bala y luego ser perseguido como un conejo. En el poema, las mentiras son asesinas, asfixian, aunque algo sobrevive más allá de la muerte. En la obra de Orwell coexisten a menudo los opuestos y sus choques, y él explora las tensiones que generan: erizos y profetas, lilas y nazis, sapos y bombas atómicas, hermosos libros viejos y agujeros de memoria.

Son las partes enfrentadas de los conflictos en que se enfrascó, y en ocasiones una es el contrapeso de la siniestra fealdad de la otra. En 1941, tras partir de Londres durante los bombardeos alemanes, al día siguiente de visitar los refugios antiaéreos del metro y de la cripta de una iglesia, escribió: «En Wallington. Crocus por doquier, unos cuantos brotes de alhelí, campanillas de invierno en todo su esplendor. Un par de liebres quietas en el trigo de invierno, mirándose la una a la otra. De vez en cuando en esta guerra, cada tantos meses, uno saca la nariz fuera del agua unos instantes y advierte que la tierra sigue girando alrededor del sol».[6]

Las palabras «integridad» y «desintegración» —literalmente «pérdida de la integridad que mantiene unidas las partes»— derivan de la misma raíz, y la Guerra Civil española puede entenderse, según sugiere el poema, como un ataque prolongado contra muchos tipos de integridad. Existe una desintegración pacífica, conocida por los jardineros: la transmutación de lo que ha dejado de estar vivo en alimento de una nueva vida; y luego está la desintegración violenta y forzada. Por ejemplo, las explosiones nucleares filmadas —que se despliegan como si una flor monstruosa se abriera a cámara rápida— y los incendios forestales tienen momentos sublimes: en la violencia y la destrucción existe a menudo lo que podríamos llamar «belleza». Nueve años después de dirigir el Proyecto Manhattan para el desarrollo de las primeras bombas atómicas, como las que se arrojaron en Japón en 1945, el físico J. Robert Oppenheimer fue sometido a un interrogatorio para averiguar si simpatizaba con el comunismo, y le preguntaron si se oponía por razones morales a la creación de bombas de hidrógeno más potentes. La respuesta que dio evoca el comentario de Orwell sobre los muros: «Si bien desde el punto de vista técnico fue un trabajo bonito, atractivo y agradable, sigo pensando que fue un arma terrible».[7]

En el mundo actual abundan las cosas de apariencia bonita que se producen con medios horribles. Hay gente que muere para que esta mina sea rentable, para que esos zapatos tengan un precio lo más barato posible, para que aquella refinería arroje gases tóxicos mientras produce petróleo. Con frecuencia he interpretado esa disociación como una falta de integridad que impregna la vida moderna.

En el pasado la gente debía de conocer los árboles de los que procedía la madera; los campos de los que llegaban los cereales; los manantiales, el río, el pozo o la lluvia de los que obtenía el agua que bebía. Cada objeto provendría de alguna parte, de alguien o algo conocidos por el usuario, y los productores serían a la vez consumidores, o bien productores y consumidores se conocerían. La industrialización, la urbanización y los mercados transnacionales crearon un mundo donde el agua salía de los grifos, los alimentos y la ropa aparecían sin más en las tiendas, los combustibles (en nuestros tiempos, aunque no en los de Orwell, con las carboneras y el aire cargado de hollín) eran en su mayoría invisibles y el trabajo que permitía aglutinarlo todo muchas veces lo realizaban personas asimismo invisibles. Había ventajas innegables —una vida mental y material más estimulante y variada—, pero tenían un precio.

Los lugares, las plantas, los animales, los materiales y los objetos tan familiares en el pasado como los amigos y los parientes se convirtieron en extraños, al igual que quienes trabajaban con ellos. Las cosas llegaban de más allá del horizonte, de más allá de lo conocido, y saber era un acto volitivo en vez de una parte de la vida cotidiana. Orwell llevó a cabo ese acto volitivo cuando viajó al norte de Inglaterra para ver la industria minera y la pobreza de la región que hacían funcionar el país, cuando habló de la explotación de la India para que Inglaterra mantuviera su nivel de vida. La crítica que Edward Said hizo de *Mansfield Park* no se refiere solo a que todo se sostiene por mor del trabajo de los esclavos, sino a que tanto la sociedad de Jane Austen como la novela y sus personajes evitan esa información. No saben quiénes ni qué son, y su ignorancia es un feo intento de ocultar la fealdad.

Alcancé la mayoría de edad en los años ochenta, cuando se crearon campañas progresistas con el objetivo específico de visibilizar lo que hasta entonces había sido invisible; era un medio para conseguir que productores y consumidores fueran más responsables. Los activistas intentaban que el público imaginara y comprendiera los vínculos que tenía con selvas tropicales y remotos talleres de trabajo esclavo, con el apartheid sudafricano, con las pruebas nucleares en los desiertos de Nevada y Kazajistán, con las armas nucleares desplegadas en Alemania, con la tala rasa de la selva amazónica y de los bosques primarios de la costa del Pacífico norteamericana, y con la guerra sucia y los escuadrones de la muerte apoyados por el Gobierno estadounidense en Centroamérica. La distancia era una forma de invisibilidad en cuanto a cómo se producían las cosas, aunque puede haber explotación en la agricultura local o en la trastienda de un restaurante. El activismo nos exhortaba a integrar esos conocimientos sobre las condiciones de producción en lo que veíamos al mirar los resultados. En un sentido era un intento de recuperar lo perdido, de reconstruir con ahínco el conocimiento antaño incorporado en la vida cotidiana.

En el caso de las rosas, las contradicciones son especialmente acusadas. Se supone que son un símbolo del amor, de lo romántico, un regalo entregado para expresar afecto o adoración, y a menudo llevan consigo una sensación de ligereza, de placer y alegría, de ocio y abundancia del tipo que en principio transmiten los jardines de flores. «Dígaselo con flores» era un eslogan publicitario muy usado en las floristerías, y se suponía que las flores solo decían cosas tiernas y cariñosas. En la novela *La señora Dalloway*, de Virginia Woolf, el señor Dalloway compra para su esposa grandes ramos de rosas rojas y blancas como una manera de decirle «te quiero» cuando se siente reacio a pronunciar las palabras en voz alta.

Cuando se las regalamos a otra persona, pretendemos darle no solo una docena de rosas, sino también las asociaciones que llevan aparejadas. ¿Qué entregamos cuando el significado histórico y la realidad actual chocan de frente? Una trabajadora de las rosas le dijo a Nate: «Hoy en día una flor no se produce con dulzura, sino con lágrimas. Nuestro producto se utiliza en todo el mundo para expresar sentimientos bonitos, pero a nosotras se nos trata muy mal». Ignoro cómo me enteré hace tiempo de que las condiciones en que se producían las rosas para venderlas en supermercados y floristerías eran indignantes, pero, a mis ojos, las convirtieron en artículos donde la tensión entre la apariencia de algo y su significado como producto del trabajo y de la industria era especialmente fuerte.

4

La fealdad de las rosas

¿Cuántos aspectos podemos eliminar de una cosa hasta que deja de corresponderse con el nombre que le damos? ¿Cuándo algo deja de ser lo que es y se transforma en algo distinto? ¿Cuándo se disgrega el significado o se estira la definición hasta romperse en jirones? En la visita a la plantación de rosas me condujeron más tarde a una sala alargada con cientos de ramos de todos los colores dentro de unos cilindros de cristal dispuestos en fila sobre largas mesas de acero. Se estudiaba su longevidad, y el nombre de las rosas estaba escrito en rótulos colocados delante de cada ramo, como las tarjetas que indican dónde deben sentarse los comensales en una cena de etiqueta: Sophie, Mandala, Titanic, Tibet (una rosa blanca), Escimo (otra rosa blanca), Bikini, Freedom, Porvenir, Priceless, Lady Night, Diplomat, Light Orlando, Malibu, Classic Cézanne, Confidential, Mother of Pearl. Los nombres, casi todos ingleses, nos recordaban que estaban destinadas a viajar.

Lo asombroso era lo que faltaba. Los millares de rosas de aquella sala de techo bajo apenas si olían. El aroma es una especie de voz, la forma en que hablan las flores, «tanta caricia» que flota en el aire, en palabras del poeta Rainer Maria Rilke.[1] «Dígaselo con flores»; aquellas eran mudas. En el invernadero encontramos una única hilera fragante de rosas amarillas, pero aquellas flores se cultivaban por su aspecto y durabilidad, las dos características por las que resultaban lucrativas (aunque a menudo se considera que las rosas son delicadas, se trata de flores resistentes en comparación con otras muchas tan quebradizas y efímeras que su producción en masa y su transporte al extranjero resultan imposibles). El aroma no se eliminaba a propósito de las rosas, pero tampoco se buscaba.

La exaltación tradicional de las rosas tiene que ver tanto con lo que percibe la nariz como con lo que perciben los ojos. «La rosa es grata pero lo es aún más / por el aroma dulce que la colma», escribió Shakespeare.[2] Existen asimismo frases hechas sobre la fragancia: *stop and smell the roses* (literalmente, «pararse a oler las rosas», con el sentido de buscar tiempo para disfrutar de los aspectos bellos de la vida) o *come out smelling like a rose* («salir oliendo como una rosa», para referirse al hecho de salir bien parado de una situación en que se estaba condenado al fracaso). La premisa es que las rosas huelen. La obtención de su esencia es un arte desde al menos el siglo XIII a. C., cuando los persas, babilonios y griegos producían aceites perfumados. Se dice que los persas fueron los primeros en destilar la esencia, y esos métodos antiguos continúan empleándose hoy día en las destilerías caseras de Irán. Esos perfumistas no mostrarían ningún interés por un millón seiscientas cincuenta mil rosas sin demasiado olor transportadas en un Boeing 747.

Con todo, la falta de aroma fue una de las razones secundarias por las que la visita me resultó perturbadora. Después del invernadero pasamos a la nave, una inmensa estructura gélida a la que las rosas llegaban de los invernaderos para salir en forma de ramos envasados, algunos ya con la etiqueta del precio y el nombre del remoto supermercado al que estaban destinados. Se trataba de una fábrica cuyo producto eran las rosas como podría haber sido cualquier otro; una fábrica de rosas. El suelo estaba mojado y cubierto de hojas, tallos espinosos y pétalos. Los trabajadores, en su mayoría jóvenes, en su mayoría de movimientos rápidos, llevaban botas de goma y monos grises o camisas de la empresa con los lemas estampados. Algunos se habían puesto también guantes de goma.

Habría unas ciento cincuenta personas trabajando con aquel aire helado. Me sentí una intrusa en su suplicio diario y me avergonzó estar con los jefes, ya que daba a entender que aprobaba el sistema, que estaba de parte de los directores y que, al igual que ellos, observaba a los trabajadores de una forma que podría resultar intimidatoria y opresiva. El trabajo era incesante, sin interrupciones, y, dado que era imposible que los empleados respondieran con sinceridad y sin correr ningún riesgo a las preguntas que Nate y yo les formulásemos, no tenía sentido hablar con ellos salvo para saludarlos y darles las gracias.

Las rosas habían crecido, pero los ramos se componían en una cadena de producción como cualquier otro artículo de fabricación en serie. Unos hombres empujaban por la nave enormes carros cargados de rosas, y otros trabajadores, hombres y mujeres, cogían las flores envueltas en mallas rectangulares y, tras clasificarlas según el color, la longitud del tallo y otras características, las depositaban en una estructura que parecía un peine monstruoso y que iba de un extremo al otro de la nave. Las rosas pasaban en fila entre los dientes de la máquina y, al otro lado, otros trabajadores las recogían, en manojos pequeños, para formar un ramo, las clasificaban según su calidad y homogeneidad, las envolvían de modo que los capullos —porque todos eran capullos, no rosas abiertas— quedaran a la misma altura y cortaban los tallos para que tuvieran todos la misma longitud. Otros se afanaban en arrancar algunas hojas, y otros llenaban cubos con agua y sacaban los carros con los ramos acabados para llevarlos a una sala con una temperatura de poco más de cero grados, donde se clasificaban para el transporte. Algunos ramos acababan en cintas transportadoras, esas estructuras emblemáticas de la cadena de montaje.

Al final de la visita nos dieron a elegir entre algunos ramos de rosas con el aspecto más llamativamente poco natural que haya visto: rosas blancas con los pétalos teñidos de un rosado intenso, mezcladas con gipsófilas y manojos de una baya brillante. Nate y yo escogimos los menos repulsivos, porque parecía demasiado complicado rechazarlos. Llevé el mío como un emblema de vergüenza. Me señalaba como una persona que había aceptado el señuelo de las rosas baratas y la idea de que eran bonitas, en una parte del mundo donde casi todos conocían la fealdad de donde surgían.

Yo misma me enteré mucho mejor tras nuestra salida del día siguiente. Volvimos a la ciudad pequeña donde habíamos estado el primer día y nos dirigimos por una travesía tranquila al despacho en penumbra donde Beatriz Fuentes dirigía la Casa de las y los Trabajadores de las Flores, una organización en defensa de sus derechos laborales. Era una mujer robusta de pelo largo recogido en una trenza y vestida con un jersey marrón. Saludó efusivamente a Nate y nos sentamos. Empezó contándome (en español, con la traducción de Nate) la historia de su vida. Había entrado a trabajar en la industria con diecisiete años, en 1997, cuando el sector se hallaba en proceso de transformación. En aquel entonces era un sistema paternalista y el dueño hacía regalos a los empleados y los proveía de algunos productos —mencionó almuerzos, leche de vaca en el lugar de trabajo y un banquete anual—, pero de repente la situación cambió. Cesaron los obsequios y las recompensas tradicionales. «Vinieron y empezaron a hablar de eficiencia, de productividad y de no sé qué más. Conque trastocaron por completo nuestra forma de trabajo habitual».

Los trabajadores dejaron de ser empleados y se convirtieron en subcontratados y temporeros, de modo que no adquirían los derechos propios de los trabajadores indefinidos, ni siquiera después de llevar décadas en la empresa. En ese sistema, era fácil despedir a quienes enfermaban o se lesionaban, a quienes defendían sus derechos o se organizaban en sindicatos. Además, los salarios no aumentaron. La mayoría cobraba unos doscientos cincuenta y seis dólares al mes y las horas extras eran la única manera de ganar más. Nate había escrito en su informe: «Los empleados comunicaron que en las temporadas altas, por ejemplo en las semanas y los meses anteriores a los días de la Madre y de San Valentín, las semanas laborales superaban en ocasiones las cien horas. Las mujeres, muchas de ellas cabeza de familia monoparental, se exponen a numerosas sustancias químicas que se han relacionado con tasas más elevadas de defectos congénitos».

El otro cambio importante que Beatriz observó fue la llegada de técnicos cuya tarea consistía en estudiar a los trabajadores y señalar cuántas veces iba uno al cuarto de baño durante su turno o cuánto tiempo tardaba otro en cortar las flores de una hilera. Toda esa información condujo a nuevas normas que exigían maximizar la productividad y minimizar la libertad de movimientos. Los lugares de trabajo se modernizaron, como habíamos visto en Sunshine Bouquet, y a los trabajadores se les asignó una única tarea por día. Se convirtieron en partes desechables de una enorme máquina despiadada, y la máquina se aceleró, de modo que debían multiplicar el trabajo que habrían hecho treinta años antes.

Beatriz nos contó que a los invernaderos «enviaban a dos o tres cortadoras y las tenían cortando todo el día, venga a cortar y cortar con las tijeras. Y detrás de ellas había una mujer, la "patinadora" la llamamos, que recogía las flores, las contaba, las etiquetaba y se las llevaba. Pero eso significaba que una se pasaba todo el santo día cortando y cortando y cortando, lo que dio lugar a otro problema que salió a relucir cuando llegaron las empresas: las enfermedades profesionales debidas a las funciones repetitivas. Igual que nosotras usábamos las tijeras para cortar durante la cosecha, las mujeres de las salas debían clasificar, y acabaron con bursitis, tendinitis y problemas en el manguito de los rotadores».

Ella misma había tenido dolores en los brazos tras dedicarse doce años a cortar flores. «Fui al médico de cabecera, que me hizo varias preguntas y algunas pruebas y al final llegó a la conclusión de que tenía síndrome del túnel carpiano y tendinitis por culpa de las actividades que realizaba en el cultivo de flores». Con ese diagnóstico la remitieron a la mutua médica de la empresa, donde, «a mis treinta y un años, me dijeron que tenía tendinitis y síndrome del túnel carpiano por movimientos excesivos relacionados con pelar patatas, planchar la ropa de mis hijitos y lavar los platos».

Llegaron otras tres mujeres que habían trabajado un cuarto de siglo o más para las empresas productoras de flores más importantes, y que continuaban trabajando pese a las lesiones crónicas, dolorosas e incapacitantes que tenían a consecuencia del trabajo. Lo advertí por el cuidado con que se movían. Hablaron de acoso sexual, de una mujer despedida por quedarse en casa para cuidar de un bebé enfermo, de la lucha por sindicar a los trabajadores a fin de que consiguieran derechos y medidas de protección.

En 2004, Beatriz colaboró en la creación de un sindicato en la compañía donde trabajaba, pero señaló: «Las empresas floricultoras siempre han tenido políticas antisindicales. Desde que estoy en el sector he visto cerrar al menos quince empresas floricultoras, y las quince por la misma razón: cuando los trabajadores deciden organizarse y luchar por sus derechos, las empresas prefieren echar el cierre y solicitar la suspensión de pagos para no concedernos el derecho de asociación».

Los problemas no eran solo humanos. Las cuatro contaron que la sedienta y ávida industria estaba agotando las aguas freáticas. «Nos estamos quedando sin agua. Hay que tener presente que un 60 por ciento de una flor es agua. Cada flor que tenemos es agua en un 60 por ciento y sólida en un 40. Conque exportamos también grandes cantidades de agua. Además, la gente cree que en la sabana de Bogotá respiramos aire limpio, lo que es mentira, porque el aire de la sabana y de estos municipios está muy contaminado. Durante sesenta años se han usado sustancias químicas, fungicidas y demás. Y los fungicidas han acabado con las mariposas y otros insectos, con los gusanos, con muchos insectos que vivían aquí. Es decir, el problema de la floricultura no es solo social y laboral, sino también medioambiental. Así pues, en la floricultura son importantes las cuestiones sociales y laborales, y a ellas nos dedicamos aquí, pero el aspecto medioambiental es terrible. Han dado al traste con el agua, con los animales, con la flora, con el aire, ¡con todo!».

¿La fealdad estaba en las rosas por ser producidas de ese modo o en nosotros por no verlo? ¿Se habían convertido en una suerte de mentira al parecer una cosa y ser en realidad otra? ¿Eran emblemas de engaño, una especie de falsificación que expresaba la belleza formal y no las condiciones de producción? Buena parte de la obra de Orwell versó sobre la fealdad de diversa índole, pero lo que juzgó horrendo sirve como una imagen en negativo de lo que consideró hermoso.

5

Nieve y tinta

Para Orwell, gran parte de la fealdad y la belleza se encontraba en la lengua. Estaba apasionadamente comprometido con la lengua entendida como un contrato fundamental para todos nuestros otros contratos. Las palabras deberían existir en una relación fiable con aquello que describen, ya sea un objeto, un hecho o un compromiso. (Y siendo honrada respecto a la ambivalencia, la ambigüedad, el desconcierto, la conflictividad o la falta de información, una persona puede ser clara aunque la materia que trate no lo sea, como lo fue Orwell en *Homenaje a Cataluña* cuando manifestaba que no conocía la verdad de algunas situaciones y que en otras solo podía informar de lo que había visto). Otra palabra para aludir a los contratos rotos es «mentiras».

Las mentiras erosionan poco a poco la capacidad de saber y conectar. Al retener conocimientos o distorsionarlos, o al divulgar falsedades, el mentiroso priva a los demás de la información que necesitan para participar en la vida pública y política, para evitar peligros, para entender el mundo que los rodea, para actuar de acuerdo con sus principios, para conocerse a sí mismos y conocer a los otros y la situación, para tomar buenas decisiones y, en última instancia, para ser libres. El embustero abre una brecha entre lo que él sabe y lo que saben las víctimas de la mentira, aunque estas estén del todo convencidas o desconcertadas o recelen. O es posible que sean conscientes de que están engañándolas, en cuyo caso tal vez conozcan la naturaleza del engaño o lo que trata de ocultar. Con frecuencia los déspotas coaccionan a las personas para que acepten lo que saben que son mentiras, con lo que las convierten en cómplices a su pesar que quizá engañen a terceras partes. El conocimiento es poder, y su distribución equitativa es inseparable de otras formas de igualdad. Sin la igualdad de acceso a los datos, es imposible que exista la igualdad en la capacidad de tomar decisiones.

Del mismo modo que las mentiras intentan impedir que salgan a la luz determinadas informaciones, otras formas de abuso de poder tratan de impedir la entrada de hechos, informaciones y perspectivas creando clases de personas cuya voz y testimonio quedan excluidos por ley, o desacreditándolas o intimidándolas, o perpetuando su condición subordinada. Mi obra de los últimos años intenta en gran medida llamar la atención sobre la desigualdad de las voces: sobre cómo la violencia sexual y de género, además del racismo, se ha perpetrado en parte silenciando algunas voces, a menudo mediante las amenazas y la violencia, pero también por medio de la desvalorización sistémica, por ejemplo, presentando esas voces como indignas de ser escuchadas o incluso admitidas en los lugares donde las voces determinan cómo serán nuestras vidas y en qué clase de mundo.

La desvalorización de las voces permite que una sociedad esté oficialmente en contra de algo que en la práctica tolera o promueve al fingir que no existe. Uno de los ángulos muertos más significativos en el caso de Orwell gira en torno al género, al modo en que los matrimonios y las familias se convierten a veces en regímenes autoritarios en miniatura, incluso con la ocultación de verdades y la propagación de mentiras que protegen al poderoso. Esta realidad, reforzada por las leyes, las costumbres y la cultura, se reproduce en los lugares de trabajo, en las escuelas (donde Orwell la reconoció bien), en la vida pública y en otros ámbitos de la vida privada. Él formó parte de una época que (con notables excepciones) mostraba un olvido estratégico hacia desigualdades que desde entonces hemos trabajado de firme para que se reconozcan. O algunas de nosotras lo hemos hecho, mientras que otros han realizado esfuerzos ímprobos por mantener el orden antiguo con sus ocultaciones y exclusiones.

Cabe acusar a Orwell de silenciamiento porque en sus críticas de libros y sus ensayos literarios apenas tiene en cuenta a las escritoras. Casi todos sus ensayos sobre los movimientos y las tendencias literarios de su tiempo versan en exclusiva sobre hombres, aunque a la sazón eran muchas las mujeres que escribían. En su ensayo de 1940 sobre Henry Miller dice: «Miller escribe sobre el hombre de la calle, y, dicho sea de paso, es una lástima que esa calle esté llena de burdeles».[1] Lástima no por las mujeres de los burdeles, que parecen condenadas a permanecer en un telón de fondo borroso, sino por el relato cuya crítica está redactando y quizá por el hombre que inevitablemente es el tema. A Orwell se le dio mejor reconocer el racismo —lo hizo en sus textos sobre la India y Birmania—, el imperialismo, el colonialismo y la discriminación de la población negra en Estados Unidos, entre otras cosas.

En los últimos años la expresión «luz de gas» para aludir al intento de sabotear las percepciones de alguien ha pasado de la vida privada —donde se refiere sobre todo a un hombre que intimida a una mujer hasta el punto de que esta desconfía de sus propias percepciones— a lo que los demagogos hacen a sociedades enteras. En un libro trascendental sobre las mentiras, Sissela

Bok afirma: «El engaño y la violencia son las dos formas de ataque deliberado a los seres humanos. Ambos pueden coaccionarlos para que actúen en contra de su voluntad. Casi todo el daño que sufren las víctimas de la violencia puede serles infligido también mediante el engaño. Pero el engaño ejerce un control más sutil, pues opera en las creencias tanto como en los actos».[2] En cuanto información no revelada, una mentira es una especie de escudo para el embustero; en cuanto falsedad, es una espada. Que la gente crea o no crea las mentiras es importante, pero las patrañas increíbles blandidas por quienes tienen poder causan su propio mal. Obligar a alguien a vivir con las mentiras de los poderosos es obligarlo a vivir con su falta de influencia sobre el relato, lo que a la postre puede implicar la falta de influencia absoluta. Para los déspotas, la verdad, los hechos y la historia constituyen un sistema rival que deben derrotar.

La vida literaria de Orwell arrancó con una aversión normal a la hipocresía y las actitudes evasivas. La Guerra Civil española agudizó ese sentimiento, que se centró en el poder de las mentiras en la vida política, un centro de atención que se intensificó en sus ensayos de la década de los cuarenta, en *Rebelión en la granja* y en el que quizá sea el libro más significativo del siglo XX sobre la mentira sistemática: *1984*. Su bautismo de propaganda durante la guerra de España le llevó a dirigir la mirada hacia quienes tenía más cerca, hacia la corrupción en el seno del que en principio era su bando, así como hacia la del supuesto enemigo.

Ese bando era la izquierda y la intelectualidad del que en teoría era el mundo libre, en una época en que aceptaron la extraordinaria dictadura de mentiras formada por la Unión Soviética de Stalin, sus puestos de avanzada y sus partidarios en todo el mundo. Si el comunismo se proponía la distribución del poder entre todos, los dirigentes de la Unión Soviética lo acapararon reteniendo información, ya fuera la verdad sobre las hambrunas en Ucrania o datos científicos, y lo esgrimieron como un arma en los simulacros de juicio, en las confesiones forzadas, en los borrones y las reescrituras de la historia de los últimos años. La Unión Soviética obligó a la gente de la calle a volverse mentirosa, a repetir cosas que no creía, a someterse a lo que sabía que era falso. (Las consignas que los trabajadores de las rosas se veían forzados a llevar en sus uniformes tenían un regusto a esa coerción).

Otro aspecto fundamental de cualquier régimen de mentiras es la distribución desigual de la privacidad que protege nuestros pensamientos y actos. El poderoso no tiene que rendir cuentas porque sus actos se ocultan y se falsean, mientras que a la gente de a pie se le despoja de la privacidad mediante la vigilancia y se la anima a denunciarse unos a otros ante las autoridades. Esas delaciones no solo violan la privacidad, sino también la lealtad a las relaciones privadas por encima del Estado. Pavlik Morózov, el niño que en 1932 denunció a su padre a las autoridades de su localidad de los Urales, lo que condujo a la ejecución del hombre, se convirtió en un héroe y dio nombre a numerosas secciones de la organización infantil soviética de los Jóvenes Pioneros. Esta historia tiene su reflejo en un personaje de *1984*, el vecino de Winston Smith, Tom Parsons, a quien su hija denuncia por un crimen del pensamiento y que está tan bien adoctrinado que, ya en la celda de la cárcel, elogia afligido a la niña.

En la Unión Soviética y sus satélites, las acusaciones falsas fueron un medio fácil de venganza; el régimen de mentiras animaba a los mendaces y los premiaba. Debido a ese hecho y a la vigilancia constante, la gente temía compartir con los demás sus verdaderos pensamientos, esperanzas y experiencias. Las naciones capitalistas también han tenido historias vergonzosas de vulneración del derecho de sus ciudadanos a la privacidad y de ocultamiento de actos ilícitos e inmorales de sus gobiernos: en Estados Unidos, la época anticomunista se acercó mucho a ese ambiente sombrío de represión e invasión de la vida y las creencias privadas al reproducir aquello a lo que decía oponerse (y el aumento de la vigilancia estatal de la ciudadanía tras el 11-S le va a la zaga).

Con el tiempo, bajo el totalitarismo, el régimen de las mentiras hace mella en la psique de muchos de quienes viven entre sus garras y los convence de que desistan de buscar la verdad y el rigor en sus pensamientos y sus palabras y en los ajenos. Unas veces eso se manifiesta como una claudicación intelectual, la voluntad sumisa de creer lo que es oportuno creer; otras, como cinismo, la negativa a creerse nada y la confirmación de que todo está corrompido. Hannah Arendt escribió con gran acierto: «El objeto ideal de la dominación totalitaria no es el nazi convencido o el comunista convencido, sino las personas para quienes ya no existe la distinción entre el hecho y la ficción (es decir, la realidad de la experiencia) y la distinción entre lo verdadero y lo falso (es decir, las normas del pensamiento)».[3] Trazar esa distinción fue una de las principales tareas de Orwell, y podemos dar la vuelta a la frase de Arendt para afirmar que la enemiga más potente del totalitarismo es la persona que se muestra apasionada y clara respecto a la distinción entre hecho y ficción, verdad y falsedad, y se atiene a la realidad de su experiencia y a su capacidad de dar fe de ella.

Arendt y Orwell se enfrascaron en diagnósticos paralelos con *Los orígenes del totalitarismo* y *1984*, respectivamente. En su libro de 1951, Arendt habla de la soledad que esa situación engendra diciendo que «el hombre pierde la confianza en el sí mismo como compañero de sus pensamientos y esa elemental confianza en el mundo que se necesita para realizar experiencias. El sí mismo y el mundo, la capacidad para el pensamiento y la experiencia, se pierden al mismo tiempo». En el ensayo de 1946 «La destrucción de la literatura», Orwell escribe que las mentiras forman «parte integral del totalitarismo» y seguirían «haciéndolo aunque los campos de concentración y la policía secreta hubiesen dejado de ser necesarios».[4] Tener un poder total es tener poder sobre la verdad, los hechos y la historia, y extenderlo a los sueños, los pensamientos y las emociones. «Desde el punto de vista totalitario —continúa—, la historia es algo que se crea y no algo que se estudia. Un Estado totalitario es, de hecho, una teocracia, y para conservar su puesto, la casta gobernante necesita que la consideren infalible. Pero como, en la práctica, nadie lo es, resulta necesario reescribir el pasado para aparentar que nunca se cometió tal o cual error o que tal o cual triunfo imaginario sucedió en realidad. [...] El totalitarismo exige, de hecho, la alteración continua del pasado y, a largo plazo, probablemente la falta de fe en la existencia misma de la verdad objetiva».

El totalitarismo es imposible sin mentiras. Por eso es en gran medida un problema lingüístico y un problema narrativo que hasta cierto punto puede combatirse con la lengua: con la lengua de la historia que no se deja manipular por el régimen, con la del periodismo independiente que destapa la situación actual, con la del método lógico y científico que exige que las afirmaciones tengan una base; con la lengua de las ideas que invitan a las personas a buscar sus propios conceptos y principios y a mirar el mundo con ojo crítico; con el compromiso de respetar los contratos que crean las palabras. Con la lengua del amor y el compañerismo que reconstruye relaciones y ahuyenta la soledad. Con la poesía que capta los matices de la experiencia y asociaciones inesperadas. Todas estas cosas requieren la libertad de hacerlas sin peligro o bien el valor de hacerlas cuando entrañan riesgos.

«Pero para dejarse corromper por el totalitarismo —prosigue Orwell— no hace falta vivir en un país totalitario. El simple predominio de determinadas ideas puede extenderse como un veneno que impida abordar con propósitos literarios un tema tras otro. Siempre que se impone una ortodoxia (o incluso dos, como ocurre a menudo), la buena literatura deja de existir».[5] La buena literatura nace aquí de la libertad; en concreto, de la libertad de decir la verdad. En el mejor de los casos, las palabras destapan cosas y las muestran con claridad; en el peor, hacen lo contrario. Orwell retomó el problema en «La política y la lengua inglesa», de 1946, donde afirmó: «La grandilocuencia del estilo ya es, de por sí, una especie de eufemismo. Sobre la realidad cae una masa de palabras latinas como si fueran una nieve esponjosa, que desdibuja los perfiles y encubre los detalles».[6] El ensayo no trata solo de las mentiras palmarias, sino también de los circunloquios, las evasivas, la capacidad que tiene el lenguaje impreciso y engañoso de ocultar o disculpar los delitos y la corrupción. Le preocupaba que sus colegas literatos y periodistas aceptaran y propagaran las mentiras y emplearan la lengua a modo de instrumento de engaño y ocultación, tanto como que lo hicieran los políticos.

Su aversión al lenguaje descuidado se debía en parte a cuestiones estéticas, pero dejó claro que fácilmente se convertía en un medio para justificar u ocultar la atrocidad. «En nuestro tiempo, el discurso oral y el discurso escrito de la política son, en gran medida, la defensa de lo indefendible. Hechos como la prolongación del dominio colonial británico en la India, las purgas y deportaciones de Rusia o el lanzamiento de las bombas atómicas en Japón pueden, sin duda, defenderse, pero solo mediante argumentos que son demasiado brutales para la mayoría de los seres humanos, y que tampoco casan con los objetivos expresos de los partidos políticos. Por eso, el lenguaje de la política ha de consistir, sobre todo, en eufemismos, en interrogantes, en mera vaguedad neblinosa».[7]

En ese ensayo critica las metáforas manidas, pero emplea otras más originales que, como suele ocurrir con las metáforas, proceden del mundo natural. Primero aparece la imagen de la nieve esponjosa que desdibuja las mentiras que hay debajo, una imagen de blancura; luego viene una de oscuridad: «Cuando se abre una brecha entre los objetivos reales que uno tenga y los objetivos que proclama, uno acude instintivamente, por así decirlo, a las palabras largas y a las expresiones más fatigadas, como una sepia que lanza un chorro de tinta».[8] Nieve, tinta: un giro elegante en un ensayo rabioso. Y después: «Ahora bien, si el pensamiento corrompe la lengua, también la lengua puede corromper el pensamiento». «Corrupción» alude tanto a la subversión ética de algo como al hecho de entrar en un estado de deterioro y putrefacción, y procede del verbo latino *rumpere*, que significa «romper». La corrupción es fractura y desintegración. De ahí la fealdad que entrañan la ruptura de los contratos y la pérdida de la integridad de las cosas: de la ciencia, de la historia, del conocimiento, de las relaciones, del sentido, y quizá también de las mentes, los cuerpos, los lugares y los ecosistemas.

Orwell advirtió la capacidad para relacionar y percibir que encierra cada palabra, razón por la cual las autoridades de *1984* van limitando el inglés hasta convertirlo en la nuevalengua. Un colega de Smith en el Ministerio de la Verdad, cuya tarea consiste en encoger la lengua, dice: «¿No ves que el objetivo final de la nuevalengua es reducir el alcance del pensamiento? Al final conseguiremos que el crimen del pensamiento sea literalmente imposible, porque no habrá palabras con las que expresarlo».[9] Cada palabra es un conjunto de relaciones, directas e indirectas, una especie en un ecosistema. La muerte de una merma la lengua y las posibilidades de pensamiento. Con el tiempo, el pensamiento deviene imposible y el sistema se desmorona y queda reducido a ruinas, del mismo modo que se desmorona un ecosistema cuando se extinguen las especies principales.

En el apéndice sobre la nuevalengua de *1984*, Orwell explica cómo se redujo la palabra «libre» para que significara únicamente «libre de» como en «este perro está libre de pulgas»: «No podía emplearse en el antiguo sentido de "políticamente libre" o "intelectualmente libre", porque la libertad política o intelectual habían dejado de existir incluso como conceptos y por tanto era innecesario nombrarlas».[10] Se pierden no solo vocablos concretos, sino también lo que evocan, la complejidad y los matices. Como había escrito en otro sitio, con uno de sus símiles tomados del mundo natural, «la imaginación, como algunos animales salvajes, no puede criarse en cautividad»,[11] y la nuevalengua era una jaula para el pensamiento.

«La política y la lengua inglesa» trata de la lengua que es excesivamente laxa, imprecisa, evasiva, sinuosa y elusiva. En cambio, *1984* retrata una lengua demasiado estricta, de vocabulario y connotaciones demasiado restrictivos, una lengua de la que se han liquidado algunas palabras y en la que a otras se les ha despojado de muchas de sus asociaciones. Entre ambas existe la posibilidad de una lengua clara pero evocadora, en la que los análisis de quien escribe o habla den pie a los de quien escucha o lee; en la que haya algo un poco desenfrenado y donde lo desenfrenado y lo libre se solapen. Esa integridad, esos contratos respetados, ese empeño por expandirse y crear un todo mediante el empleo de palabras que relacionen, empoderen, liberen e iluminen son la belleza a la que Orwell más se entrega y la que más ensalza tanto en los textos ajenos como en sus propios esfuerzos como escritor.

Esa belleza no se asemeja necesariamente al esplendor visual al que por lo general hace referencia la palabra. Orwell abordó este tema en «Por qué escribo», de 1946. Un motivo, afirmó, era «la percepción de la belleza en el mundo exterior o, si se quiere, en las palabras y en su adecuada disposición. El placer ante el impacto de un sonido u otro, ante la firmeza de una buena prosa, ante el ritmo de un buen relato. Deseo de compartir una experiencia que uno considera de gran valor, que entiende que nadie debe perderse». Señala que en su juventud «quería escribir largas novelas naturalistas de final triste, llenas de descripciones detalladas y símiles atractivos, colmadas además de episodios grandilocuentes, en que las palabras se usaran en parte por su sonoridad».[12] Perdió la afición por la grandilocuencia: «Al repasar mi obra, veo que de manera invariable, cuando he carecido de un objetivo político, he escrito libros exánimes, y me han traicionado en general los pasajes grandilocuentes, las frases sin sentido, los epítetos y los disparates».[13]

Orwell deja claro que el propósito ético afinó los medios estéticos y que la política lo salvó de la insignificancia. «En una época de paz, podría haberme dedicado a escribir libros recargados o meramente descriptivos, y podría haber seguido siendo ajeno a mis lealtades políticas. Pero tal como están las cosas, me he visto obligado a convertirme en una especie de panfletista».[14] Sin embargo, el de panfletista no era un mal trabajo ni estaba libre de exigencias y placeres estéticos: «Mi mayor aspiración durante los últimos años ha sido convertir la escritura política en un arte. [...] escribo porque existe alguna mentira que aspiro a denunciar, algún hecho sobre el cual quiero llamar la atención, y mi preocupación inicial es hacerme oír».[15]

Y luego viene el ramillete de frases que desde hace mucho me han servido de credo: «Pero no podría realizar el trabajo de escribir un libro, ni tampoco un artículo largo para una publicación periódica, si no fuera, además, una experiencia estética. Todo el que se tome la molestia de examinar mi obra se dará cuenta de que, incluso cuando es propaganda pura y dura, contiene muchas cosas que un profesional de la política consideraría irrelevantes. Ni soy capaz ni quiero abandonar del todo la visión del mundo que adquirí en la infancia. Mientras siga con vida, mientras siga siendo capaz de hacer lo que hago, seguiré albergando intensos sentimientos por el estilo, seguiré amando la superficie de la Tierra, seguiré complaciéndome en los objetos sólidos y en las informaciones inútiles».[16] Lo que se consideraría irrelevante es una serie de placeres y compromisos personales, similares a las rosas del «pan y rosas». (La visión adquirida en la infancia sería un amplio e indómito interés por muchos temas, en especial el amor por la superficie de la Tierra de la frase siguiente).

Para Orwell, la claridad, la precisión, la exactitud, la honradez y la veracidad son valores estéticos, además de placeres. En 1937, mientras él luchaba en España por sus ideales, Eileen Blair escribió al editor de *El camino de Wigan Pier*: «La palabra que en particular desea cambiar mi marido está en el capítulo 1, en el penúltimo párrafo. La frase del manuscrito es: "Por primera vez en mi vida, en un claro libre de nieve junto a la vía, vi copular a dos grajos". Según mi marido, Gollancz y él cambiaron "copular" por "cortejarse", pero quiere que la frase rece "... vi dos grajos emparejarse", pues ha visto grajos cortejándose cientos de veces. Naturalmente, si por casualidad Gollancz mudara de opinión y dejara "copular", sería aún mejor, pero supongo que no hay esperanza de que ocurra».[17] Meticulosidad aun en los asuntos menores.

La claridad, la honradez, la exactitud y la verdad son hermosas porque con ellas la representación es fiel a su objeto, el conocimiento se democratiza, la gente se empodera, las puertas se abren, la información circula libremente y los contratos se respetan. Es decir, esa literatura es bella por sí misma y por lo que mana de ella. En la obra de Orwell hay otros tipos más convencionales de belleza: los paisajes naturales, desde los bosques birmanos hasta las praderas británicas, las flores, los ojos dorados del sapo. Pero la belleza en la que la ética y la estética son inseparables, la belleza lingüística de la verdad y de la integridad como una forma de unidad y conexión entre la lengua y lo que describe, entre una persona y otra, o entre los miembros de una comunidad o sociedad..., esa es la belleza fundamental que trató de conseguir en su literatura.

VII

El río Orwell

Orwell y su hijo (1945), de Vernon Richards.

1

Un inventario de placeres

En 1936, un joven escritor plantó rosales. Al cabo de diez años, un hombre más cansado y más sabio se dispuso a crear otro jardín a una escala más ambiciosa, y en la década transcurrida entre el modesto jardín de Wallington, en el sudeste de Inglaterra, y el que cultivó en una pequeña granja de la isla de Jura, cerca de la costa occidental de Escocia, su vida había cambiado muchas veces y él había crecido enormemente como escritor.

Había enflaquecido durante la guerra. Eileen se había trasladado a Londres por su empleo en el Gobierno —primero en la Oficina de Prensa y Censura del Ministerio de Información y luego en el Ministerio de Alimentación—, y él la siguió más tarde. De 1941 a 1943, Orwell trabajó para la BBC en programas que se emitían en la India, escribiendo guiones, con un equipo, y buscando escritores y otras personas para que participaran en los coloquios. El nuevo empleo implicó renunciar al jardín y a la mayor parte del tiempo dedicado a la escritura. Con sus dos salarios, la pareja vivió con relativo desahogo por primera vez desde que habían contraído matrimonio. Residieron en Londres durante casi toda la guerra y volvieron algún que otro fin de semana a la casita de Wallington, que prestaban a amistades cuyos hogares habían sido bombardeados o que deseaban unas vacaciones.

A John Morris, que trabajó con Orwell en la BBC, el escritor le parecía «una de esas esculturas de la fachada de la catedral de Chartres; con su cuerpo alto y delgado, tenía algo de figura gótica macilenta. Reía a menudo, pero en reposo su rostro arrugado evocaba el ascetismo ceniciento de un santo medieval esculpido en piedra y muy erosionado [...]. Sus rasgos más llamativos eran el cabello, abundante y rebelde, y la extraña expresión de sus ojos, con una combinación de benevolencia y fanatismo; era como si viese más (y así era) que el común de los mortales».[1] Otros recuerdan que con el menor esfuerzo se fatigaba y respiraba con dificultad. Estaba debilitándose. Mejor dicho, su cuerpo se debilitaba.

Su obra literaria aumentaba, y la fábula publicada en agosto de 1945 con el título de *Rebelión en la granja* fue su primer éxito comercial. La había escrito durante la guerra, con los ánimos y las aportaciones de Eileen. La pareja no estaba en casa cuando el 28 de junio de 1944 una bomba alemana destruyó su piso londinense, en la última planta del edificio, pero el manuscrito del libro se contaba entre las pertenencias que quedaron desperdigadas y cubiertas de polvo. «Este manuscrito ha sufrido un bombardeo aéreo, lo que explica el retraso en la entrega, y está un tanto arrugado, pero no está deteriorado en lo más mínimo»,[2] escribió a T. S. Eliot, de la editorial Faber and Faber, uno de los muchos editores que rechazaron el libro.

Unas semanas antes del bombardeo, la pareja había adoptado un bebé para cumplir el deseo de tener hijos que desde hacía tiempo acariciaba Orwell; Eileen albergaba sentimientos encontrados al respecto, y es posible que su mala salud fuera uno de los motivos. El niño, Richard Horatio Blair, era de carácter dulce y crecía bien, y sus padres no tardaron en adorarlo y estar encantados con él. Sin embargo, fue ella quien lo dejó todo para atenderlo (Orwell lo adoraba cuando estaba en casa, pero se ausentaba a menudo). Menos de un año después, cuando el escritor estaba en Alemania informando sobre el final de la guerra, Eileen murió. Llevaba un tiempo enferma. Tal vez el racionamiento y la exigua dieta durante la guerra le habían pasado factura; Orwell culpó además los años de largas jornadas de trabajo administrativo. Ambos fumaban muchísimo (en cierta ocasión Eileen dijo que si fumaran menos, podrían permitirse tener un piso más grande).[3]

Al parecer el principal problema de Eileen fueron unos miomas uterinos, o algo por el estilo, que le causaron hemorragia crónica, anemia y en ocasiones un dolor agudo. (Las hemorragias uterinas de ella, las hemorragias pulmonares de él: era una pareja con muy mala salud, y Eileen pospuso la visita al médico por miedo a que le diagnosticaran algo de lo que tuviera que informar cuando les preguntaran por su idoneidad para adoptar a un bebé). Ingresó para una operación quirúrgica y escribió a su marido cartas conmovedoramente cariñosas y humildes en las que expresaba su preocupación por los gastos más que por sí misma. Falleció en el quirófano, en mitad de la intervención, el 29 de marzo de 1945, al parecer debido a la anestesia. Tenía treinta y nueve años.

El Orwell de 1946 causa sorpresa. Su madre, viuda, había muerto antes que Eileen, en marzo de 1943, y la hermana mayor de Orwell falleció en mayo de 1946. La salud del escritor estaba deteriorándose y, con todos los motivos para hundirse en la pena y el agotamiento, se mostró en cambio prolífico y acarició numerosos proyectos, como una ambiciosa novela —titulada en aquel entonces *The Last Man in Europe*— y una nueva vida en una de las regiones más remotas de las islas británicas, la isla de Jura, en las Hébridas, donde había estado en una breve visita en el verano de 1944. Mientras se quejaba de que para salir adelante estaba «asfixiado por el periodismo», escribió artículos y reseñas a un ritmo épico, a menudo cuatro a la semana en el invierno y la primavera de 1946.

Entre ellos hay un ramillete de ensayos que ensalzan las comodidades y los placeres conocidos. Los escribió entre finales de 1945 y mayo de 1946, cuando aparcó el periodismo y se mudó a Jura para iniciar la novela que más adelante titularía *1984*. Esos artículos tienen una explicación práctica: era un escritor agobiado por el trabajo, y los temas locales y pintorescos no requerían ninguna lectura, o muy pocas, ni labores de documentación, tan solo abstraerse. Podrían tacharse de ligeros, pero encontramos rastros de ellos en la novela seria que estaba preparando, y del mismo modo que en su obra política más cáustica aparece el placer que proporcionan «la superficie de la tierra», «los objetos sólidos» y «las informaciones inútiles», la política aflora en muchos de esos textos. El surtido de placeres accesibles a la mayoría, baratos y gratuitos, y el saborear la vida cotidiana en Gran Bretaña tras la guerra era algo en sí mismo político, al igual que el hecho de centrar la atención en el mundo natural como la principal fuente de sentido y valor. (Por esa misma razón defendió en un artículo que los libros no eran un lujo prohibitivo para la ciudadanía de a pie, en parte comparando su precio con el de los cigarrillos). Político y moral: tal vez pretendiera animar a los demás —y animarse a sí mismo— fijándose en las cosas con que disfrutaba.

Al principio de esa serie escribió «En defensa de la cocina inglesa», publicado en el *Evening Standard* a mediados de diciembre. Se deleita sobremanera con los recuerdos y los nombres: «En primer lugar, los arenques ahumados (*kippers*), el pastel de Yorkshire (*Yorkshire pudding*), la cuajada de Devonshire (*Devonshire cream*), los *muffins* y los *crumpets*. Luego, una lista de *puddings* que sería interminable si la diese entera; me limitaré a destacar el pudin de Navidad (*Christmas pudding*), la tarta de melaza (*treacle tart*) y los rellenos de manzana (*apple dumplings*). A continuación, una lista igual de larga de *cakes*; por ejemplo, el de ciruela (*dark plum cake*) que servían en Buszard's antes de la guerra, las pastas de mantequilla (*shortbread*) y los bollos de azafrán (*saffron buns*)». Alaba la mermelada, el embutido de asadura de cordero (*haggis*), el pastel de manteca (*suet pudding*) y «la salsa de pan (*bread sauce*), la de rábano picante (*horseradish sauce*), la de menta (*mint sauce*) y la de manzana (*apple sauce*), por no mencionar la jalea de grosella roja (*red currant jelly*), que es tan deliciosa con cordero como con liebre».[4]

La víspera de la publicación del texto sobre asados, púdines y salsas, Orwell escribió «La política y la lengua inglesa» en su libro de cuentas. Empezó el año nuevo con el feroz «La destrucción de la literatura» en *Polemic*, seguido el 5 de enero por un artículo sobre los placeres de las tiendas de viejo, que distinguió de las de antigüedades por su polvorienta oscuridad, sus artículos rotos y carentes de valor y sus dueños, por lo general figuras enigmáticas con escaso interés por las ventas. Señaló que «sus tesoros más preciados son imposibles de descubrir al primer vistazo; hay que desenterrarlos de entre un batiburrillo de soportes de bambú para tartas, cubreplatos de metal de Britania, relojes de bolsillo, libros manoseadísimos, huevos de avestruz, máquinas de escribir de marcas extintas, anteojos sin cristales, decantadores sin tapón, pájaros disecados, pantallas de chimenea, manojos de llaves, cajas de tuercas y tornillos, conchas del océano Índico, hormas de bota, tarros de jengibre de porcelana china y cuadros de vacas de las Tierras Altas de Escocia».[5]

Las listas son una forma de coleccionar, un inventario de lo que está al alcance al menos de la imaginación, y a veces un impulso por asegurarse de que existe alguna forma de abundancia más allá de la privación inmediata. En la novela *Subir a respirar*, de 1939, el protagonista cavila que «hasta de los nombres de los peces ingleses se desprende como una sensación de paz. Leucisco, rudd, albur, bleak, barbo, brema, gobio, lucio, cacho, carpa, tenca... Son nombres sólidos. La gente que los inventó no había oído hablar de ametralladoras, no vivían aterrorizados por el despido ni se pasaban la vida tomando aspirinas, yendo al cine y pensando la manera de eludir el campo de concentración».[6]

A veces quienes viven situaciones duras —guerras, expediciones, cárceles y otros centros de reclusión— se enfrascan en fantasías y conversaciones sobre los banquetes que devorarían o qué otros placeres cotidianos buscarían; elaboran listas a fin de experimentar una sensación de control del futuro. Los ensayos de Orwell que adoptan la forma de inventarios, escritos al final de la guerra, cuando el racionamiento aún estaba vigente y la comida seguía siendo escasa y aburrida, quizá surgieran de esas circunstancias. Entre los tesoros de las tiendas de viejo incluye los pisapapeles de cristal que «tienen un fragmento de coral en el interior del cristal, pero son siempre formidablemente caros».[7] Winston Smith compraría precisamente un pisapapeles como ese, que se convertiría en uno de los símbolos principales de *1984* (y el dueño de una tienda de viejo es una figura fundamental en la novela). Orwell describió el atractivo de esos comercios para «la urraca que todos llevamos dentro, ese instinto que impulsa a los niños a atesorar clavos de cobre, muelles de reloj y las canicas que vienen en las botellas de limonada. Para disfrutar en una tienda de viejo no estamos obligados a comprar nada, ni siquiera a sentir el deseo de hacerlo».[8]

El 12 de enero publicó un artículo sobre la forma correcta de preparar una taza de té, y tenía opiniones muy claras al respecto: agua hervida directamente en la tetera, té en abundancia y en hojas sueltas, de la India a poder ser, no de China, tetera de cerámica o porcelana y —el punto más controvertido y en el que se muestra más categórico— primero debe servirse el té, no la leche. Sin azúcar. El 19 de ese mes publicó un artículo sobre «Las canciones que solíamos cantar»; en esa fase de su vida literaria, prestaba una seria atención a la poesía absurda, los cuentos de hadas, las canciones populares y las infantiles, las postales cómicas, «los buenos libros malos» y otros elementos de la cultura popular. (Convirtió el cuento de *Caperucita Roja* en un guion para la radio que la BBC emitió aquel verano). Aquel mismo año su editor, Fredric Warburg —que había publicado *Rebelión en la granja* después de que otros hubieran rechazado ese cuento alegórico—, había anotado que Orwell tenía un proyecto sobre canciones infantiles y «planes de dejar el periodismo desde principios de mayo hasta noviembre y retirarse seis meses a las Hébridas para escribir una novela».[9]

Susan Watson, a quien Orwell había contratado para que lo ayudara con Richard, recordaba que, cuando la tía Nellie iba a visitarlo, tía y sobrino contemplaban con deleite la amplia colección de postales alegres y procaces de Donald McGill que él tenía. En el largo ensayo de 1941 sobre las postales y su humor popular, Orwell afirmaba que servían de «cauce de expresión a la visión sanchopancesca de la vida», a la comedia de la supervivencia, para luego añadir su propia nota quijotesca: «Cuando la cosa se pone fea, el ser humano demuestra su heroísmo. Las mujeres afrontan el parto y las tareas del hogar, los revolucionarios callan en las cámaras de tortura, los barcos se van a pique sin dejar de disparar contra el enemigo cuando el puente de mando está anegado. Pero el otro elemento que está presente en el hombre, ese perezoso, cobarde, adúltero y moroso que reside en todos nosotros, nunca será suprimido del todo, y en ocasiones necesita que se le escuche».[10]

«Hace un frío que pela precisamente ahora que la escasez de combustible arrecia»,[11] escribió aquel invierno en una carta, lo que indica que sus placeres residían solo en la imaginación. No obstante, en su siguiente artículo alaba —o defiende— el clima británico: «Hay un momento para sentarse en una tumbona en el jardín, y hay un momento para los sabañones y para que nos gotee la nariz».[12] Era una lista de placeres a menudo insignificantes y sutiles, tanto urbanos como rurales, mes a mes: de abril, «el olor de la tierra después de un chaparrón»; de mayo, «el placer de no llevar ropa interior de abrigo»; de junio, las «tormentas de verano. El olor del heno. Salir a dar paseos después de cenar. Deslomarse recogiendo patatas», y de julio, «ir a la oficina con la camisa arremangada. El crujido incesante de los huesos de cereza mientras uno camina por las aceras de Londres», y así hasta los «vendavales violentos» y el «olor de las hogueras de ramas secas» de noviembre. Admitía que febrero «es un mes particularmente detestable, y no tiene más virtud que su brevedad. Pero, para ser justos con nuestro clima, debemos tener presente que si no tuviésemos esta época de frío y humedad, el resto del año sería bastante diferente». La misma clase de detalles vívidos sobre el estado de corporeidad y lo que se siente, se huele, se ve y se oye da vida a sus novelas, y el sentido de equidad recorre igualmente toda su obra.

En el detestable febrero describió, con la misma meticulosidad con que había descrito la preparación correcta de una taza de té, las perfecciones de un pub imaginario llamado Moon Under Water. Lo ensalzaba mediante otra lista: «La madera ve-

teada, los espejos ornamentales detrás de la barra, las salaman-
dras de hierro forjado, el techo florido y manchado de amarillo
oscuro por el humo del tabaco, la cabeza disecada de un toro sobre la repisa de la chimenea...; todo tiene la cómoda y sólida
fealdad del siglo XIX».[13] Es un establecimiento lo bastante tran-
quilo para permitir las conversaciones, sin bullicio, sirve cerveza
negra de barril, tiene jarras de cristal y de peltre, un jardín al que
las familias acuden las tardes y noches de verano, y camareras
que saben cómo se llama todo el mundo. En los artículos de
aquella temporada se repiten las escenas locales como esa, y en
este en concreto es fácil darse cuenta de que, sin una inyección
de urgencia política en otras partes de su obra, Orwell tal vez se
hubiera convertido en un cascarrabias que lamentaba haber dejado atrás los buenos tiempos.

Su literatura de aquel periodo no se centró en exclusiva en la
fantasía y lo bucólico. A principios de aquel año redactó un análisis en cuatro partes sobre la situación política, y luego escribió
acerca del hambre en la Europa continental, reseñó *Nosotros*, la
novela distópica de Evgueni Zamiátin, y *Chico negro*, del novelista estadounidense Richard Wright; discutió por carta con el
autor de un libro sobre Birmania; intentó ayudar a que se publi-
cara al escritor Víctor Serge, refugiado político; se convirtió en
vicepresidente del Comité de Defensa de la Libertad a instancias
de George Woodcock; y con una carta pública dirigida a *The
Manchester Guardian* defendió a unos pasajeros indios a quienes
habían tratado mal en un buque. Es decir, su vida política habitual continuó mientras escribía esos artículos pintorescos.

A veces desplegaba el pasado para criticar el presente: era su
lado conservador, que lloraba las decadencias y las desaparicio-
nes. En una diatriba contra los «lugares de placer» modernos defiende la naturaleza y todo cuanto vuelve endebles a los seres

humanos frente a las fuerzas naturales, y señala las fuerzas anti-naturales que se desataron en el verano de 1945 con las primeras explosiones nucleares: «Pero, mientras tanto, el poder del hombre sobre la naturaleza crece de forma constante. Con la ayuda de la bomba atómica podríamos literalmente mover montañas; podríamos incluso, según dicen, alterar el clima de la Tierra derritiendo los casquetes polares e irrigando el Sáhara».[14] Las bombas atómicas se abrirían camino incluso en el ensayo del 12 de abril sobre los sapos.

El artículo sobre el clima se publicó el 2 de febrero, el del pub ideal el 9 de ese mes, uno dedicado al pacifismo el día 10, y el famoso ensayo titulado «El declive del crimen británico», sobre las novelas policiacas —que elogia las historias de asesinatos de antaño y desaprueba las nuevas, más brutales—, el 15. Poco después, el 21 de febrero, el *Manchester Evening News* informó de que el texto habitual de Orwell no saldría debido a una enfermedad; había sufrido otra hemorragia pulmonar. En marzo otra nota anunciaba que se cancelaba otro artículo de la columna.

En febrero, Orwell había contado por carta a una amiga que debería ir a Wallington a recoger lo que tenía en la casa y cerrar esa época de su vida, «pero he estado posponiéndolo porque la última vez estuve con Eileen y me disgusta ir allá».[15] Aunque el 14 de marzo escribió a George Woodcock diciéndole que seguía enfermo y en cama, al día siguiente, en una carta más larga, propuso matrimonio a una joven a quien apenas conocía y le confió: «No me queda nada en la vida salvo mi trabajo y procurar que Richard empiece con buen pie. Lo que pasa es que a veces me siento desesperadamente solo. Tengo cientos de amigos, pero ninguna mujer que se interese por mí y me anime».[16] Fue una de las varias jóvenes que rechazaron sus tristes y torpes requerimientos amorosos en aquella etapa.

El sapo del artículo del 12 de abril, «Algunas reflexiones en torno al sapo común», hace las veces de retrato del artista como un anfibio exhausto pero motivado, al que se alude siempre en singular, con el pronombre masculino *he*. «En este periodo, después de su largo ayuno, el sapo tiene un aspecto muy espiritual, como un anglocatólico estricto hacia el final de la Cuaresma. Sus movimientos son lánguidos pero decididos, tiene el cuerpo encogido y, por el contrario, sus ojos son anormalmente grandes. Esto nos permite reparar en algo que no nos sería posible en otro momento: que el sapo tiene los ojos más hermosos que pueda tener una criatura viva».[17] Se fortalece comiendo insectos y «entra en una fase de intensa excitación sexual». Orwell describe el orgiástico apareamiento indiscriminado de esos animales y añade que «el desove del sapo [...] es el fenómeno de la primavera que me atrae más intensamente», aunque señala que «a mucha gente no le gustan los reptiles ni los anfibios». Cuando el ensayo ya ha doblado el último recodo y llegado a su conclusión, Orwell reflexiona sobre la gente que no simpatiza con él ni con sus placeres: «Cuántas veces me he quedado plantado, mirando cómo se apareaban los sapos o a un par de liebres boxeando entre el trigo verde, y he pensado en todas las personas importantes que me impedirían disfrutar de ello si pudiesen. Pero afortunadamente no pueden».

Aquella primavera, en una carta dirigida a otra amiga, escribió: «Mañana iré a Wallington para seleccionar los muebles y los libros, y espero que luego acuda el hombre de las mudanzas Pickford y me diga cuándo podrá llevarse los trastos. Además he tenido que comprar un montón de trastos. Todo esto es una verdadera pesadilla para mí, pero no tengo a quién endilgárselo».[18] Tenía que elaborar listas e inventarios de verdad además de los literarios desperdigados en los ensayos de 1946. Casi una década después de trasladarse a Wallington, superó el miedo a regresar. Aquella inmersión en el pasado le proporcionó el material para «En defensa del párroco de Bray», publicado en *Tribune* dos semanas después de la loa a los sapos.

El entusiasta ensayo que me había causado un gran impacto hacía tiempo y me había llevado a la casita de Wallington, a los rosales que florecían allí y a escribir este libro era el resultado de la expedición de un viudo para visitar de nuevo los escenarios de su vida matrimonial y poner fin a esa etapa. «Hace poco —escribió— pasé un día en la casa de campo en la que vivía antes, y reparé con agradable sorpresa (para ser exactos, era el sentimiento de haber hecho algo bueno de forma inconsciente) en el progreso de lo que había plantado casi diez años antes».[19] En una carta señaló que la visita no había sido tan dolorosa como esperaba, salvo cuando había encontrado unas cartas de hacía tiempo, y que había subido por la carretera hasta el «pequeño embalse abandonado de la aldea donde antes cazábamos tritones y vi los renacuajos que se criaban como siempre».[20] Pero en el párrafo siguiente decía que estaba deseando ir a Jura y describía masas de agua y animales más impresionantes: «Hay bahías de agua verde tan clara que se ve a través de ellas hasta seis metros, y focas nadando».

En el diario doméstico que reanudó, anotó qué florecía y dónde cuando viajó de Londres a Nottinghamshire para asistir al funeral de su hermana Marjorie y luego a un lugar próximo a Edimburgo para quedarse en casa de unos amigos que había hecho en la Guerra Civil española, y por último a Jura. El 22 de mayo, de camino allí, hizo un alto cerca de Newcastle para ocuparse de la sepultura de Eileen: «Las rosas poliantas de la tumba de E. han prendido bien. Planté aubrietas, floxes mini, una especie de saxífraga enana, una siempreviva de algún tipo y clavelinas mini.

Las plantas no estaban en muy buen estado, pero llovía, así que deberían arraigar».[21] Tal vez esta sería una de las imágenes más conmovedoras de Orwell: un viudo inclinado sobre la tumba de su joven esposa, en un lugar donde tenía pocos contactos, cavando y plantando en un día lluvioso y gris.

El ensayo «Por qué escribo» se publicó en junio, pero debía de ser anterior. En cuanto Orwell llegó a Jura, sus días estuvieron ocupados por el esfuerzo de crear un hogar en una casa de labranza que llevaba mucho tiempo deshabitada, cultivar un jardín, cazar conejos, pescar y hacer de todo menos escribir, aparte del diario doméstico, que era asimismo una colección de listas: peces capturados, tareas realizadas, lo que había plantado, información meteorológica, la flora y la fauna observadas, los pertrechos adquiridos, datos del pasado inmediato y propósitos para el futuro inmediato. Había encontrado Barnhill, como era conocida aquella casa aislada, por mediación de David Astor, su amigo rico. Era un edificio grande con cuatro dormitorios y anexos, y se hallaba en una suave depresión de un magnífico paisaje ondulante, a corta distancia de la costa oriental de Jura, frente al litoral escocés.

Algunos calificaron de suicida o masoquista la marcha a aquel lugar remoto, y muchos de quienes han escrito sobre Orwell parecen considerar que vivir en Londres es sumamente razonable y vivir en una isla, insensato. Por lo visto, suponen que lo razonable es limitarse a subsistir el máximo tiempo posible en vez de disfrutar de una vida lo más plena posible. Orwell siempre había tendido a elegir lo segundo. Además, el aire de Londres, sucio por el humo del carbón, era mortífero de formas que rara vez se reconocían en sus tiempos, en especial para una persona con problemas pulmonares. Antes de la ahora famosa Gran Niebla, que se cobró la vida de miles de londinenses en 1952, hubo crisis periódicas de contaminación atmosférica, con una niebla tóxica tan densa que paralizaba la vida cotidiana en el exterior y a veces también bajo techo. Hubo una en enero de 1946, cuando Orwell y Richard vivían en Londres, y otra en 1948 que causó centenares de muertes. Además, después de la guerra la ciudad estaba llena de ruinas y escombros: las bombas alemanas habían ocasionado desperfectos en un millón setecientos mil edificios y destruido más de setenta mil.[22]

Hacía ya tiempo, en el verano de 1940, que Orwell había escrito en su diario: «Pensando siempre en mi isla de las Hébridas, que supongo que nunca tendré y ni siquiera veré».[23] El traslado a la isla significó ver cumplido un sueño, que sufragó con las ventas de su fábula distópica. El aire de Jura era puro y su clima en verano solía ser templado y agradable, pero Orwell siguió fumando su malsano tabaco, usando turba como combustible y una estufa de parafina para caldear la habitación donde escribía, y nada de eso ayudó a sus enfermos pulmones. No obstante, durante su estancia en la isla pasó mucho tiempo al aire libre. En noviembre, cuando regresó a Londres, señaló que en la ciudad hacía mucho más frío que en Jura y que estaba más desabastecida de combustible.

Con el traslado a la isla, Orwell anhelaba encontrar un lugar por donde su hijo corriera a sus anchas, abandonar la vida literaria londinense y recuperar la productividad literaria. Era un padre cariñoso y entregado. Según recordaba Susan Watson, alardeaba de que «durante los bombardeos él había cuidado de Richard y se enorgullecía de que solo había dejado de darle el biberón una vez, y fue por la necesidad inexcusable de bajar al refugio antiaéreo. Hubo quien pensó que tras la muerte de Eileen abandonaría a Richard, pero él no se lo planteó ni una sola vez».[24] Quizá Orwell, que acababa de vivir varios años de bombardeos en Londres, también diera aquel paso porque preveía un futuro en que las guerras atómicas convertirían esa ciudad en un objetivo. Además, deseaba distanciarse de las excesivas regulaciones del periodo de posguerra. Escribió a un amigo que no tenía licencia de armas para el rifle con que cazaba conejos porque «¡en la isla no hay policía!».[25]

Una vez que se hubo instalado, al parecer él y quienes se agrupaban a su alrededor —Richard y su niñera, Watson, hasta que la ahuyentó la hermana menor del escritor, Avril Blair, una mujer hosca y trabajadora; varios invitados, y con el tiempo otras personas que ayudaron en las tareas agrícolas— comieron las hortalizas del huerto, tomaron la leche fresca y la mantequilla que primero les proporcionaba el arrendatario de una granja situada a un kilómetro y medio y luego la vaca del escritor, los huevos de sus gallinas, los conejos que él cazaba, el pescado capturado casi a diario con una pequeña lancha motora que adquirió, cangrejos y bogavantes atrapados en las nasas y, con motivo de alguna celebración, gansos del rebaño que criaban. Era posible recoger la turba de las ciénagas, y Orwell lo hacía. Debido al racionamiento iniciado con la guerra (que no acabaría hasta los años cincuenta), exhortaban a sus huéspedes a que les llevaran harina y pan, de los que siempre estaban faltos. Richard Blair contó hace poco, en una charla sobre la temporada que pasó con su padre en Jura, que llegaron a tener más de seis hectáreas cultivadas.[26]

Las cartas en que Orwell animaba a sus amistades a visitarlo resultaban cómicas por las instrucciones repetidas: «Te explicaré cómo hacer el viaje. En realidad no es un viaje tremendo, aunque hay que cubrir a pie los últimos trece kilómetros».[27] Después del tren, el autobús y los trayectos en transbordador, había que salvar esos trece kilómetros por una carretera demasiado accidentada incluso para la mayoría de los vehículos cuando estaba seca, e impracticable en los días de lluvia, y Orwell la recorría a pie a menudo, a veces cargado con equipaje o muebles; en otras ocasiones iba en una motocicleta cuyas reparaciones constituían otra de las tareas recurrentes. No había electricidad y el teléfono más próximo quedaba a unos veinte kilómetros. Al parecer, Orwell lo pasaba bien. En junio sembró semillas en un huerto ambicioso. Luego plantó flores, entre ellas altramuces, pensamientos, prímulas y tulipanes; más tarde llegó el turno de las rosas. En julio encargó media docena de manzanos y otros seis frutales, incluidos dos guindos. Estaba plantando de nuevo un futuro, o al menos la esperanza de un futuro.

Yo deseaba visitar el lugar, pero la pandemia de 2020 frustró mis planes. Tuve que conformarme con escribir a la propietaria de Barnhill. Cuando le pregunté si quedaba algo de los esfuerzos de Orwell, Damaris Fletcher, miembro de la misma familia de la que era propiedad la finca en los tiempos del escritor, me contestó: «El "jardín" de Barnhill no está vallado, por lo que durante muchas temporadas los ciervos y las cabras silvestres venían a pastar hasta las ventanas. [...] La única planta de la época de Orwell que milagrosamente ha sobrevivido en la casa es la azalea que hay delante de la ventana de la cocina».[28] Y añadió: «De hecho, el Gran Hombre era un poco romántico respecto a lo que podía crecer en un suelo de turba pantanoso con una temporada de cultivo muy breve. Es posible tener un jardín en Jura, pero muchas veces me acuerdo del que mi suegra creó en Ardlussa. Está rodeado de un muro de ladrillo de tres metros de alto que lo protege de las incursiones de animales y de los vientos fríos, y la tierra la trajeron del continente en la época en que venían barcos a recoger la pizarra de la cantera, y se llenó la bodega con una carga de la mejor tierra para el jardín en el viaje hacia aquí».

La confianza de Orwell en la longevidad del jardín y del jardinero quizá fuera un error, o tal vez se tratara de un gesto de rebeldía o de una apuesta.

Aquella primavera pródiga en ensayos, Orwell había reflexionado mucho sobre la domesticidad, lo acogedor y la privacidad. Empezó el artículo de febrero «El declive del crimen británico» invocando al lector imaginario que, en una tarde de domingo, se arrellana en el sofá junto a la lumbre después de que un asado y un pudin, seguidos, «para digerirlo todo mejor, por una taza de té bien cargada», lo hayan «puesto justo del humor perfecto» para leer sobre crímenes.[29] En un artículo de enero en que censuraba los planes para la construcción de viviendas ultramodernas, afirmó que la gente «quiere guarderías infantiles y clínicas, pero también quiere privacidad. Quiere ahorrarse trabajo, pero quiere prepararse por sí sola la comida. [...] Un instinto profundo le advierte de que no destruya la familia, que en el mundo moderno es el único refugio frente al Estado».[30] La privacidad y las relaciones personales como bastiones del yo devendrían un tema fundamental en *1984*.

Su amigo sir Richard Rees escribió más tarde: «Uno de los principales recuerdos que guardo de ese hombre vigoroso que se martirizaba a sí mismo es el ambiente acogedor que lograba irradiar. Tras una de las frecuentes expediciones desastrosas en Jura (volviendo a pie, por ejemplo, a medianoche, bajo una llovizna neblinosa después de dejar el camión con el aceite indispensable para los quinqués atascado en algún lugar de las colinas), uno se encontraba con que, enfermo y todo, había bajado de su habitación y atizado la lumbre de la cocina y se había ocupado de los preparativos de la cena, no solo con eficiencia, sino también con una calidez dickensiana, reconfortante y hospitalaria».[31] Pese a las distracciones, Orwell consiguió escribir las cincuenta

primeras páginas de su novela antes de partir de Jura aquel otoño. O, mejor dicho, se quejó de que solo había escrito eso, pero
para escribir las cincuenta páginas había tenido que echar los cimientos del libro como un todo.

2

«Como un escaramujo al lado de una rosa»

En su autobiografía *Habla, memoria*, Vladimir Nabokov, apasionado lepidopterólogo además de novelista, dice: «Es pasmoso que las personas corrientes se fijen tan poco en las mariposas», y relata que un día preguntó a un excursionista si había visto alguna. «Ninguna», responde el hombre, que «bajaba por el sendero en el que mi compañero y yo habíamos disfrutado viéndolas a enjambres».[1] Vemos lo que estamos buscando, y tras aquel encuentro con las rosas en la casita de Orwell y de sumergirme en muchas de sus otras obras regresé a la novela que había leído infinidad de veces.

Releer un libro significativo es como volver a visitar a una vieja amiga: en el reencuentro, una se da cuenta de lo que ella misma ha cambiado; ve de modo distinto porque es distinta. Algunos libros crecen y otros se marchitan cuando volvemos a ellos, o bien formulamos otras preguntas y por eso hallamos otras respuestas. Lo que me sorprendió esa última vez fue cuánta exuberancia, belleza y placer hay en *1984*. Son furtivos, están en peligro y corrompidos, pero existen. El libro *1984* se recuerda sobre todo como una novela sobre el Hermano Mayor, la Policía del Pensamiento, el agujero de memoria, la nuevalengua, la tortura y otros aspectos de una visión del totalitarismo máximo brillantemente materializada. Esos eran los elementos novedosos y sorprendentes de la obra cuando se publicó, e importantes como amenazas a cuanto Orwell y su protagonista valoran.

Lo que valoran está presente, por fuerza, en el libro. Winston Smith dista de ser ejemplar o heroico, pero sí se resiste. Esa resistencia no consiste en actividades destinadas a derribar el régimen —aunque a eso aspira y al final se ofrece a hacerlo—, sino en pensamientos y actos que contravienen sus preceptos. Dichos preceptos se basan en el control de la conciencia y la cultura, no solo de las acciones y la infraestructura. Por tanto, Smith se afana en tener una vida interior con recuerdos, pensamientos, emociones, racionalidad, independencia de criterio, verdadera soledad y relaciones verdaderas. Y en encontrar pruebas de una realidad objetiva a la que desea jurar una especie de lealtad, pues siempre está intentando ensamblar una idea fiable del pasado, pese a que su trabajo en el Ministerio de la Verdad consiste en cambiarlo. Desea la vida mental y sensorial, la belleza, la historia, la naturaleza, el placer y el sexo, así como la privacidad y la libertad en las que todo eso se da. Su idilio con una mujer (que en cierto sentido es también un idilio con esos elementos) impulsa la trama del libro.

Si es que hay trama. La novela se abre con Smith empezando a escribir un diario en el precioso libro antiguo con hojas de papel color crema y tapas marmoladas que compró en una tienda de viejo de un barrio proletario de lo que antaño era Londres. Es una reliquia del pasado por los exquisitos materiales con que está confeccionado y por invitar al pensamiento íntimo y a tomar notas privadas, ya que en ese régimen la esperanza, la introspección y la memoria se encuentran en peligro. Cuando empieza a escribir, con un tintero y una pluma anticuada, piensa que «ya estaba muerto». Y más adelante: «Ahora que se había reconocido como un muerto, seguir con vida el mayor tiempo posible se convirtió en algo crucial».[2]

Pero él no hace eso. Al contrario, decide vivir lo más plenamente posible y, a medida que avanza la novela, se embarca en diversas acciones peligrosas: escribir un diario con pensamientos subversivos, saltarse las obligaciones, dedicarse a vagabundear solo, tener una relación sentimental, aventurarse en la resistencia política. Sin embargo, es un hombre sentenciado desde el principio. Su única libertad radica en lo que hace y dice entretanto. La parábola budista sobre la persona que, perseguida por un tigre, se despeña por un precipicio y se agarra a una planta de fresa a punto de desprenderse, y cuya caída y muerte son inevitables, aconseja saborear la fresa. Es lo que al parecer hizo Orwell con su nueva vida en Jura; Winston Smith lo hizo buscando los placeres y las libertades.

Otra cosa que me sorprendió en la relectura es hasta qué punto se trata de un libro onírico, lo lejos que está de la novela realista convencional, regida por las normas de la probabilidad y la credibilidad. En el tercer capítulo, Smith sueña, como otras muchas veces, con su madre y su hermana, un bebé, desaparecidas en el caos que precedió al orden presente, y luego con un lugar. «De pronto se vio de pie en un montículo cubierto de hierba una tarde de verano en la que los rayos oblicuos del sol doraban el suelo. El paisaje que estaba contemplando aparecía con tanta frecuencia en sus sueños que nunca estaba seguro de si lo había visto o no en el mundo real. Cuando pensaba en él estando despierto lo llamaba el País Dorado. Era un prado viejo y mordisqueado por los conejos, atravesado por un sendero y con alguna topera aquí y allá».[3] Es el clásico paisaje orwelliano, de una belleza corriente.

En el sueño aparece una joven de cabello moreno que «con un rápido movimiento se quitó la ropa y la echó desdeñosa a un lado».[4] Smith admira el gesto: «Esa gracia y despreocupación parecieron aniquilar toda una cultura y todo un sistema de pensamiento, como si el Hermano Mayor, el Partido y la Policía del Pensamiento pudiesen reducirse a la nada con un sencillo movimiento del brazo». Cien páginas más adelante conoce a Julia, de pelo moreno, que le da complejas indicaciones para llegar a un lugar de encuentro fuera de Londres que coincide a la perfección con el País Dorado de los sueños de él, hasta en las toperas. En ese paraje, ella se quita la ropa «con aquel gesto majestuoso que parecía aniquilar a toda una civilización».[5]

La novela es un sueño y una pesadilla desde el principio, con agentes del Estado que conocen la mente de Smith, sus actos y sus temores mejor incluso de lo que permite la tecnología de vigilancia de que disponen. O, más que un sueño, una pesadilla, con largas digresiones informativas sobre el funcionamiento del mundo de *1984*. En el texto se insertan un extenso fragmento del libro prohibido del demonizado Goldstein, una exposición sobre la nuevalengua al final y disquisiciones más breves acerca de la política y las costumbres de la época y el lugar en que viven Winston y Julia. Esta vez pensé que los tres elementos no deberían fundirse, pero lo hacen, y de manera espléndida, a menudo porque la novela pasa imperceptiblemente de una experiencia de Winston a la presentación de algún retazo de su mundo, para luego derivar hacia la fantasía y el sueño.

Los gestos femeninos son uno de los motivos recurrentes: el gesto erótico de abandonarse y abrirse de la amante; el gesto de atraer hacia sí y proteger de la madre. Es un libro de mujeres poderosas, con poderes antitéticos a los de los hombres de siniestro poder, incluso la cariñosa sexagenaria borracha, apellidada Smith, con quien el protagonista coincide en la cárcel del Ministerio del Amor y que lo rodea con el brazo y conjetura que podría ser su madre. Hacia el principio del relato, Winston va al cine y ve unas secuencias de un bote salvavidas lleno de niños refugiados que son acribillados por ametralladoras. Una mujer de la embarcación intenta proteger con los brazos a su hijo, un niño pequeño, aunque, naturalmente, los brazos no pueden detener las balas. El gesto se repite cuando Winston vuelve a soñar con su madre: «El sueño seguía muy presente en su imaginación, sobre todo el gesto protector del brazo que parecía contener todo su significado».[6]

Piensa que a su madre «jamás se le habría ocurrido que una acción careciera de sentido solo porque no tuviera éxito. Si querías a alguien, lo querías, y, si no tenías otra cosa que darle, le dabas cariño».[7] Las cosas que importan por sí solas y no tienen un objetivo mayor ni una finalidad práctica reaparecen una y otra vez en el libro. El zorzal del País Dorado canta sin ningún propósito perceptible y, mientras lo escucha, Winston deja de tener miedo y de pensar para entregarse a ser.

Aunque el País Dorado, donde Winston y Julia hacen el amor por primera vez, es un lugar potente, el libro encuentra su alma en la habitación que hay sobre la tienda de viejo del barrio proletario donde él compró el diario y, más tarde, un pisapapeles de cristal con un pedacito de coral incrustado. Al igual que le ocurre con el zorzal, Winston valora el pisapapeles porque existe sin más, fuera de un programa de utilidad. La inutilidad es en sí una forma de resistencia o, mejor dicho, lo que se considera inútil tiene unos usos más sutiles. El pisapapeles que el protagonista lleva de vuelta a la tienda para colocarlo sobre la mesa del dormitorio tiene su propio poder como el objetivo de una cámara dirigido a otro mundo: «un pedazo de historia que han olvidado

alterar. Un mensaje de hace un siglo, aunque no sepamos inter-
pretarlo».[8] Y es el mundo que ellos dos han creado: «El pisapapeles
era la habitación en la que se hallaban, y el coral, su vida y la de
Julia fijas en una especie de eternidad en el corazón del cristal».[9]

Al otro lado de la ventana del dormitorio existe otro tipo de
hechizo. Winston se asoma en tres ocasiones y ve «una mujer
monstruosa, robusta como una columna normanda, con ante-
brazos fornidos y rubicundos y un delantal de tela de saco a la
cintura [...]. Daba la sensación de que habría sido totalmente feliz, si la tarde de junio no hubiera concluido nunca y la ropa que
tenía que tender no se hubiese agotado, se habría quedado allí
mil años, colgando pañales y cantando bobadas».[10] Siempre que
la ve, la encuentra tendiendo pañales y cantando la misma canción con una voz de contralto y un acento *cockney* magníficos.
Se nos dice que se trata de una canción tonta, pero sus versos sobre el amor, el deseo y la pérdida parecen subversivos por ensal-
zar el compromiso y la memoria personales, y la voz y su fuerza
emocional trascienden el contenido.

Antes de esa escena, Smith se ha dicho que una tragedia
como la de su madre «pertenecía al pasado, a una época en la
que aún había intimidad, amor y amistad, y en la que los miembros de una familia se apoyaban unos a otros sin necesidad de
tener un motivo».[11] La canción y la cantante ensalzan cuando
menos una versión manida de ese amor. La canción: la mujer recuerda, ama y llora, o al menos canta sobre esas situaciones. Los
pañales: la mujer vela por una vida nueva que constituye una especie de esperanza en el futuro y un gesto de cuidar en el presente. El régimen pretende erradicar la esperanza y la memoria, la
historia y las relaciones humanas, y crear un presente inmutable
en el que ejerza un control absoluto no solo de los acontecimientos externos, sino también de la vida interior. El amor es subver-

sivo. La memoria es subversiva. La esperanza es subversiva. Incluso la percepción es subversiva. «El partido instaba a negar la evidencia de tus ojos y oídos. Era su orden última y más esencial».[12] Y más tarde un torturador niega la ciencia, la historia evolutiva, los registros fósiles y la antigüedad de la Tierra al afirmar: «Nosotros hacemos las leyes de la Naturaleza».[13]

Quizá la mujer haya estado y esté allí mil años. La lavandera es una revelación, una fuerza vital elemental, una especie de divinidad, una diosa de la fertilidad. Mientras el idilio del protagonista avanza hacia su brutal desenlace, la ve por última vez después de leerle a Julia el libro de Goldstein en la cama de caoba. Julia se ha quedado dormida cuando él llega a un pasaje que promete revelar el secreto fundamental del régimen. Winston deja de leer, frustrado y al mismo tiempo tranquilizado por un libro que de momento no ha hecho sino confirmar lo que él ya sabía. Se duerme y al despertarse oye cantar una vez más a la lavandera.

En esta ocasión se acerca a la ventana y la descubre manos a la obra en un mundo nuevo, lavado por la lluvia, y la ve de un modo más profundo. «Winston reparó por vez primera en que era guapa. Nunca se le había ocurrido que el cuerpo de una mujer de cincuenta años, hinchado por las muchas veces que había dado a luz hasta adquirir dimensiones monstruosas y tan endurecido por el trabajo que parecía un nabo demasiado maduro, pudiera ser hermoso. Pero lo era, y después de todo, ¿por qué no iba a serlo?, pensó. Aquel cuerpo macizo, con menos curvas que un bloque de granito y de piel áspera y roja, comparado con el de una joven era como un escaramujo al lado de una rosa. ¿Por qué iba a ser el fruto inferior a la flor?».[14]

Para el autor y para el protagonista parece ser un instante de reconocimiento de otro tipo de belleza, de una fortaleza que es vida y perpetúa la vida, de la supervivencia y el aguante, que son hermosos en sí mismos. Y es un momento en que la metáfora subsana la desconexión, en que lo que Orwell ha aprendido de las flores, los frutos y el paso del tiempo en el mundo vegetal se convierte en una herramienta para entender la humanidad. «Habría tenido su momento de esplendor —reflexiona Winston respecto a la mujer—, tal vez un año de belleza como la del rosal silvestre, y luego se había hinchado como una fruta fertilizada, se había vuelto dura, tosca y rubicunda, y había dedicado treinta años de su vida a lavar, frotar, remendar, cocinar, barrer, limpiar, zurcir, frotar y lavar, primero para los hijos y luego para los nietos. Pero seguía cantando».[15] Se acuerda del zorzal que trinaba en el País Dorado, de cosas que existen sin más, como mera celebración, y siente una «reverencia mística» por la cantante. Luego irrumpe la Policía del Pensamiento y el idilio se acaba. Parece significativo que termine con esa visión de belleza y admiración.

El resto del libro narra la aniquilación de Winston y su lastimosa vida posterior. Con todo, ha encontrado lo que buscaba. En diversos momentos piensa que «si queda alguna esperanza [...], está en los proles». Su sometimiento mediante el lavado de cerebro y la tortura hasta convertirlo en una sombra derrotada y obediente no profetiza la perdición. El libro no concluye su exposición con el sino del protagonista; apuesta por la lavandera y lo que representa: vitalidad, generosidad y fecundidad. O eso me parece a mí.

Margaret Atwood ha expuesto otras razones de por qué *1984* no es una distopía, como suele considerarse. «Se ha acusado a Orwell de amargura y pesimismo, de dejarnos con una visión del futuro en que lo individual no tiene ninguna oportunidad y en que la brutal y totalitaria bota del controlador Partido se clavará por siempre en la cara humana», escribió en *The Guardian* en 2003.[16]

Concluye su exposición con el último apartado del libro, el apéndice sobre la nuevalengua presentado como un documento histórico, y señala que «el artículo sobre la nuevalengua está escrito en inglés estándar, en tercera persona y en pretérito, lo cual solo puede significar que el régimen ha caído y que la lengua y la individualidad han sobrevivido. Para quien haya escrito el artículo sobre la nuevalengua, el mundo de *1984* forma parte del pasado. Por consiguiente, opino que Orwell tenía mucha más fe en el aguante del espíritu humano de la que por lo general se le reconoce».[17] Atwood tomó prestado ese recurso para el epílogo seudoacadémico de su novela *El cuento de la criada*, en el que se da a entender que el régimen en torno al cual gira la obra desaparecería.

El horror no tiene por qué ser permanente para que importe. La Unión Soviética se derrumbó en 1991, pero causó la muerte de decenas de millones de personas y el sufrimiento y la destrucción de muchas más, y parte de su brutalidad subsiste en el actual Gobierno ruso (que dedica su energía a rehabilitar a Stalin, reescribir la historia y aniquilar a los disidentes). Tampoco la alegría tiene por qué ser permanente ni puede serlo. Winston Smith encuentra el placer y la alegría que busca y luego es sometido a tortura y a un lavado de cerebro para convertirlo en alguien incapaz de experimentarlos. Es significativo que también persiga la verdad y el sentido y que sean asimismo importantes para él y que el régimen los aplaste igualmente.

Winston ha sido derrotado: ha logrado vivir antes que nada y, aunque se trate de victorias efímeras, no dejan de ser victorias. ¿Acaso hay alguna que no sea temporal? En el libro hay otra historia implícita, en la que Winston Smith no transgrede ninguna norma, no se arriesga, no encuentra alegrías, no hace el amor. En esa historia no hay tortura ni cárcel, o mejor dicho, ambas existen pero lo controlan con mayor eficacia impulsándolo a obedecer al régimen a fin de evitarlas que como medidas aplicadas directamente después de que se rebele.

En el País Dorado, después de que Julia y Winston hagan el amor por primera vez, él reflexiona: «En los viejos tiempos [...] uno miraba el cuerpo de una chica, veía que era deseable y ahí terminaba la historia»;[18] en cambio, en sus tiempos era un acto político, un golpe contra el régimen, una victoria. Una victoria fugaz, y que les costará cara. La novela *1984* es una advertencia sobre el presente y sobre los peligros potenciales a fin de defender todas aquellas cosas que Orwell valoraba, y al leerla esta vez reparé en ellas. Una advertencia no es una profecía: en el caso de la primera, se supone que tenemos opciones y se nos previene de las consecuencias; la segunda funciona sobre la base de un futuro fijo (y sin duda la novela versa sobre las atrocidades y los peligros de aquella época y en qué derivarían si se llevaran a su extremo lógico). En palabras de Octavia Butler, novelista y teórica sobre las utopías y distopías: «El mero acto de tratar de mirar hacia el futuro para vislumbrar posibilidades y ofrecer advertencias es en sí un acto de esperanza».[19]

Orwell terminó la novela mientras la tuberculosis lo mataba poco a poco, y muchas veces se ha afirmado que el atroz deterioro físico que sufre Winston Smith en la cárcel es un reflejo del que el escritor experimentó a consecuencia de la enfermedad y sus crueles tratamientos. Podría decirse que la bacteria de la tuberculosis había creado un jardín en sus pulmones y crecía bien en ellos, alimentándose como si los tejidos blandos del órgano fueran un suelo fértil. La tuberculosis proliferó en los siglos XIX y XX: John Keats, Emily Brontë, Henry David Thoreau, Paul Laurence Dunbar, Antón Chéjov y Franz Kafka se cuentan entre los escritores que murieron de ella. Cuando Orwell agonizaba, la medicina empezaba a desarrollar los antibióticos capaces de curarla. Gracias a versiones perfeccionadas de esos medicamentos, en las naciones más ricas se ha reducido su impacto, aunque sigue causando más de un millón de muertes al año y es una de las principales enfermedades infecciosas. A menudo el sistema inmunitario de las personas sanas logra frenar su avance o destruir los bacilos. Orwell no era una de ellas.

Tras pasar el invierno en Londres, regresó a Barnhill, donde permaneció desde abril hasta diciembre de 1947, y a su marcha se quedó su hermana Avril para ocuparse de los animales y el jardín (o, mejor dicho, de la granja, pues su envergadura había aumentado). En otoño, mientras su salud se deterioraba, había terminado un borrador de la novela, y en Nochebuena ingresó en un hospital cercano a Glasgow, donde estuvo siete meses. Los bacilos de la tuberculosis están sedientos de oxígeno, de modo que, como parte de la terapia, los médicos intentaron reducir el acceso de aire al pulmón izquierdo. Le comprimieron el nervio frénico, que ayuda a controlar la respiración, de ese lado y empezaron a bombearle aire en el abdomen cada pocos días para mantener la presión en el pulmón desinflado.

Pese a que, como parte del tratamiento, lo atiborraban con toda la comida que pudiera ingerir, estaba cada vez más flaco. Su cuerpo se desintegraba, perdía la integridad de la función de los órganos y de las paredes celulares, de las venas, las arterias y los capilares, cuya ruptura producía las hemorragias. La corrupción se apoderaba de él. Tenía miedo de contagiar la enfermedad a Richard. «Cuando estuve seguro de qué me pasaba —escribió a la viuda del hermano de Eileen el día de Año Nuevo de 1948—, intenté que no entrara en mi habitación, pero no lo conseguí del todo, claro está».[20]

Con su reciente desahogo económico y la ayuda de su amigo David Astor para obtener una licencia de exportación, consiguió una provisión de estreptomicina, un fármaco nuevo en el tratamiento de la tuberculosis que se usaba en Estados Unidos y aún no estaba disponible en Gran Bretaña. Tal vez porque sus médicos carecían de experiencia con el medicamento, Orwell tomó una dosis diaria muy alta, lo que le provocó enrojecimiento y descamación de la piel, caída del cabello y las uñas, y úlceras en la boca que sangraban por las noches, de modo que todas las mañanas se despertaba con los labios pegados por la sangre seca. Dejó el tratamiento al cabo de cincuenta días y los síntomas desaparecieron. Regaló el resto del medicamento importado, que, según se dice, salvó de la enfermedad a dos mujeres.

A finales del verano de 1948 regresó a la isla, donde pasaría el resto del año, y de inmediato reanudó su diario doméstico, que comienza con un informe sobre la avena, el heno, las «rosas, amapolas, claveles de poetas, caléndulas en flor, los altramuces aún con algunas flores [...]. Un montón de manzanas en algunos de los árboles de 1946, aunque no son muy frondosos. Fresas excepcionalmente buenas».[21] Las gallinas, el cerdo y las vacas crecían bien, y había comprado un caballo llamado Bob. En ese diario, a diferencia de los anteriores, consignaba su estado de salud, y en ocasiones se sentía tan mal que ni siquiera escribía en él. Se quedó en la isla hasta Nochebuena, cuando realizó la última anotación, que termina de este modo: «Campanillas de invierno por todas partes. Asoman unos cuantos tulipanes. Algunos alhelíes intentan echar flores».[22] Al cabo de poco más de una semana lo llevaron al sanatorio de los Cotswolds, donde permaneció los primeros nueve meses de 1949.

En septiembre, dado que su estado seguía deteriorándose, lo trasladaron al hospital del University College de Londres. En su último diario se relatan lo que él llamaba «sueños de muerte»: «A veces del mar o de la orilla del mar, más a menudo de edifi-

cios, calles o barcos enormes y espléndidos en los que con frecuencia me pierdo, pero siempre con una sensación peculiar de
felicidad y de caminar bajo la luz del sol. No cabe duda de que
todos esos edificios, etcétera, significan la muerte».[23] Unas semanas antes del 25 de junio de 1949, día en que cumpliría cuarenta
y seis años y celebraría su último cumpleaños, se publicó *1984*
en Gran Bretaña y Estados Unidos. Se escribieron numerosas reseñas de la obra, que causó una gran impresión en los críticos y
los lectores, y cuyas ventas e impacto no han cesado. Recibió ataques furibundos de comunistas que seguían apoyando a la URSS
y de socialistas que consideraron que en ella arremetía contra el
Gobierno laborista, y fue y sigue siendo malinterpretada por los
conservadores como un libro afín a su ideología.

Orwell intentó poner los puntos sobre las íes con una declaración dirigida al jefe del Sindicato de Trabajadores del Automó-
vil (UAW) de Estados Unidos, que publicó la revista *Life*: «Mi
novela *1984* no pretende ser un ataque al socialismo ni al Partido Laborista británico, sino poner de manifiesto las perversiones
a las que tiende una economía centralizada y que en parte ya se
han materializado en el comunismo y el fascismo. No creo que la
clase de sociedad que describo vaya a llegar, pero creo (teniendo
en cuenta, claro está, que el libro es una sátira) que podría suceder algo similar. Creo asimismo que las ideas totalitarias han
arraigado en la mente de los intelectuales de todo el mundo»,[24]
y señalaba que la novela estaba ambientada en Inglaterra para
subrayar que el totalitarismo podría triunfar en cualquier parte.
Al cabo de unos días, en una carta dirigida a su amigo Richard
Rees, decía que planeaba tener más cerdos en Jura.

Murió en su habitación individual de aquel hospital de Londres la madrugada del 21 de enero de 1950 a consecuencia de
una hemorragia pulmonar masiva; es decir, se ahogó en su pro-

pia sangre. Murió con una caña de pescar en la habitación. Unos meses antes, vestido con un batín de terciopelo comprado para la ocasión, se había casado con la joven Sonia Brownell, directora de una revista. Con la holgura económica que a Orwell le proporcionaba la venta de los libros, proyectaban viajar en un avión privado a Suiza para que él ingresara en un sanatorio. Orwell confiaba en pescar allí. La caña, al igual que los árboles y los rosales que plantó, que el hijo que adoptó y, quizá, que el matrimonio que contrajo en la cama del hospital, parece un gesto de esperanza, no en que el futuro fuera algo cierto, sino en que valía la pena tratar de llegar a él.

Entre los pocos ensayos que escribió en los últimos años figura uno largo y reflexivo sobre Mahatma Gandhi, asesinado en enero de 1948, meses después de que contribuyera a la marcha de los británicos de la India. Se publicó en enero de 1949. A menudo los ensayos son explícitos allí donde las novelas dejan cosas implícitas, y «Reflexiones sobre Gandhi» reitera algunos de los principios de *1984*. A Orwell le resultaba ajeno y un tanto alarmante lo que consideraba el absolutismo y ascetismo inflexibles de Gandhi y su espiritualidad trascendente. En esas cualidades vio una forma de ensimismamiento y la noción de que el fin justifica los medios, lo que a su parecer se asemejaba demasiado al fanatismo ideológico al que se había opuesto toda su vida. Tal vez el artículo no contenga una interpretación acertada de Gandhi, pero nos da una idea clara de las opiniones y las prioridades de Orwell.

La antítesis de lo trascendente sería la raíz y los cimientos. Orwell apreciaba las alegrías y los placeres comunes y el amor por las cosas de este mundo, y no del otro. En el ensayo sobre Gandhi escribió otro de sus credos: «La esencia de ser humano es que uno no busca la perfección, que uno a veces está dispuesto a cometer pecados por lealtad, que uno no lleva el ascetismo hasta el punto en el que vuelve imposible la convivencia amistosa, y que uno está preparado para ser finalmente derrotado y despedazado por la vida, lo cual es el precio inevitable de depositar su amor en otros seres humanos. Sin lugar a dudas, el tabaco, el alcohol, etcétera, son vicios que un santo debe evitar, pero también la santidad es algo que los seres humanos deben rehuir. [...] Mucha gente no tiene intención alguna de ser santa, y es probable que algunos que han logrado la santidad o aspiran a ella no se hayan sentido nunca tentados de ser seres humanos».[25]

Es decir, consideraba que la buena voluntad de sufrir y aceptar el sufrimiento y los defectos tanto propios como ajenos formaba parte de ser humano y era el precio que se pagaba por las alegrías que también iban aparejadas. El compromiso con las cosas de este mundo podía ser asimismo el centro de la disciplina espiritual, de la voluntad de sacrificio y de la calidez de que, en su opinión, carecía Gandhi. En cierto sentido, tal vez Winston Smith, ese mártir poco santo, llegó a ser plenamente humano a través de sus desventuras, y quizá en ello tuviera algo que ver su reconocimiento de la belleza de la lavandera, la capacidad nueva de ver la belleza imperfecta y no idealizada. «Nuestra tarea —afirmó Orwell en el ensayo sobre Gandhi— es hacer que la vida en este planeta, que es el único que tenemos, valga la pena ser vivida».[26]

Pidió que plantaran rosas en su tumba. Cuando fui a verla hace unos años, en ella florecía un combativo rosal rojo.

3

El río Orwell

Lejos de la costa de Suffolk, en la campiña llana de Anglia Oriental, el delgado río Gipping adquiere caudal gracias a los afluentes y se dirige hacia el mar. En la población de Ipswich, en el Stoke Bridge, cambia de nombre y se convierte en el río Orwell, de casi dieciocho kilómetros de longitud (o de más de diecinueve o de catorce, según la fuente). El puente y el cambio de nombre señalan aproximadamente el lugar donde termina el río de agua dulce y empieza el río con mareas en que se mezclan la dulce y la salada, si es que cabe considerarlo un río en la mayor parte de su curso en vez de un largo estuario. No es la misma vía fluvial que era en los años treinta, cuando se dice que un escritor joven y ambicioso tomó de él su apellido. Debido al aumento del nivel del mar provocado por el cambio climático, es posible que se transforme en un río más largo a medida que el punto de la intrusión salina se desplace corriente arriba, o no, ya que el creciente mar del Norte roe con avidez la costa de Suffolk. La subida de los mares incrementa además la frecuencia y el alcance de las inundaciones, y en el Orwell se agazapa un dique subacuático de doscientas toneladas métricas y setenta millones de libras cuya misión es proteger de ellas a Ipswich hasta principios del siglo XXII.

La tarde que pasé dando vueltas por los alrededores del puente que señala el sitio donde el Gipping se convierte en el Orwell, Ipswich me pareció una ciudad cansada, con muchos edificios que ya no tenían el uso para el cual habían sido construidos, y se diría que su puerto marítimo, importante antaño, ya había acabado sus días. Había una vitrina dedicada a los últimos veleros que arribaron en los años treinta cargados con trigo de Australia, un enorme pulpo azul claro con cadenas en vez de tentáculos pintado en la pared de un edificio industrial abandonado, más grafitis en la pista de skate de la parte del puente correspondiente al Gipping y una silueta como de árbol fantasmal que había dejado la hiedra arrancada de la pared de otro viejo edificio a orillas del río.

El Orwell se ensancha tras atravesar Ipswich para mezclarse con el Stour cuando se juntan en el mar del Norte. El puerto de aguas profundas que ambos forman fue durante más de un milenio importante para el comercio, para la entrada y salida de invasores y para la defensa costera. En el año 885, el rey Alfredo hizo frente allí a los invasores daneses, pero más tarde otras flotas danesas lograron entrar en el Orwell, destruir Ipswich y establecer un reino danés. El puerto fue testigo del arranque de invasiones militares, del embarco de peregrinos, de la partida y llegada de buques mercantes cargados de lana, sal y telas y que llevaban al Reino Unido libros y vino del continente.[1]

La amplia envergadura del moderno Orwell Bridge cruza el río por encima del Orwell Country Park, una extensión de bosque que desciende hasta la ribera alfombrada de guijarros. Cuando visité el parque, las bellotas de los robles tenían un color verde pálido y se veía una línea de algas verde oscuro allá donde llegaba la marea alta, y la ropa interior masculina llena de gravilla y vapuleada por las tempestades que había entre los lisos guijarros daba testimonio de otros acontecimientos. Sam me acompañó brevemente en mis exploraciones, y cuando nos encontrábamos en la orilla del río se preguntó si la palabra «orwelliano» no debería significar algo más que inquietante, corrupto, siniestro, engañoso, una hipocresía o falsedad tan destructivas que constituyen un ataque a la verdad, al pensamiento y a los derechos.

Pocos escritores derivan en adjetivos, y ni siquiera «joyceano» y «shakespeariano» circulan tanto como «orwelliano». Una búsqueda rápida de *Orwellian* en *The Washington Post* dio setecientos cincuenta y cuatro resultados, entre ellos «una orwelliana burocracia empresarial de censores», «tácticas orwellianas de ocultación de la información», «una prueba orwelliana para los inmigrantes», «ataques orwellianos a la realidad objetiva», «un lenguaje orwelliano para esconder el mal» e incluso «doblehabla orwelliana», donde la palabra «doblehabla» parece proceder del neologismo «doblepiensa» de *1984*. Era un calificativo especialmente útil para describir y lamentar el actual intento del Gobierno chino de crear una supervisión y un control social total de los ciudadanos, al tiempo que encarcela y esteriliza a los musulmanes uigures del oeste del país, arrasa sus mezquitas y comete un genocidio contra ellos.

No he llevado a cabo la proeza popular de relacionar fenómenos descritos y condenados por Orwell con los delitos y las farsas de nuestro tiempo, entre otros motivos porque se trata de una tarea harto fácil y los temas relevantes son demasiados y obvios (y, aun así, las diferencias entre nuestras tribulaciones y la austera tiranía absolutista de *1984* son importantes). La época de Trump y el negacionismo climático son extraordinariamente orwellianos; desde antes del año 1984 los editorialistas han acudido a la novela para describir ideas políticas corrosivas, como los inexpresivos eufemismos de Ronald Reagan para aludir a la lucha de clases y los conflictos raciales, y la campaña de mentiras de George W. Bush y Tony Blair para iniciar guerras contra aquel «terror» abstracto que causaron la muerte a quizá un millón de seres humanos nada abstractos. Aquella época desencadenó reacciones como el sitio web de denuncia política y social The Memory Hole, cuyo nombre procede de la ranura en la que Winston Smith arrojaba los artículos de periódico después de sustituir el relato de la historia que contenían por una versión más conveniente.

Más aún: Silicon Valley, a cuya sombra vivo, se ha convertido en una superpotencia mundial. La inaudita riqueza de las contadas empresas que han conseguido la hegemonía procede del control del flujo de información, igual que las esclusas, las presas y las compuertas controlan el río Orwell, y de la información amasada sobre cada uno de nosotros —mucho mayor de lo que jamás habrían soñado el Hermano Mayor, el KGB, la Stasi y el FBI—, demasiado a menudo con nuestra colaboración voluntaria, ya que los teléfonos móviles registran nuestros pasos al tiempo que las redes sociales y las tiendas en línea recopilan informes sobre nosotros para vendérselos a otras compañías. Uno de sus impactos es el cambio del imaginario popular que en 2016 y a través de las urnas llevó a la victoria del Brexit primero y de Trump después, así como al ascenso de un demagogo en Brasil y a la perpetración de un genocidio en Birmania. Las nuevas técnicas de reconocimiento facial y de rastreo de ADN han ampliado aún más el poder institucional y menoscabado la privacidad. Dudo que las críticas de Orwell dejen de ser pertinentes en las próximas décadas, y por eso «orwelliano» es una palabra demasiado práctica para abandonarla; no obstante, Sam tiene algo de razón.

El logro más destacado de Orwell fue nombrar y describir, como nadie lo había hecho, la amenaza que el totalitarismo suponía no solo para la libertad y los derechos humanos, sino también para la lengua y la conciencia, y lo hizo de una forma tan arrolladora que su último libro proyecta sombras sobre el presente (o lo ilumina como un faro). Pero ese logro es más rico y profundo gracias a los compromisos y al idealismo que lo propiciaron, a lo que Orwell apreciaba y deseaba, a su valoración del deseo en sí, del placer y la alegría, y al hecho de que reconociera que esos sentimientos podían ser fuerzas de oposición al Estado autoritario y a sus desalentadoras intromisiones.

La obra que él realizó es ahora la tarea de todos nosotros. Siempre lo ha sido.

Gratitud

Escribí este libro en una época de intensa crisis sobre el clima, el medio ambiente y la naturaleza; sobre los derechos humanos, la democracia, los medios de comunicación, la tecnología, el género y la raza; sobre las preguntas de a quién debería permitirse hablar y quién pone coto a los mentirosos. Vivir unos cuantos años con un pie en la época de Orwell me hizo reflexionar muchas veces sobre quién llevaba a cabo la obra de Orwell en la nuestra. Los ensayistas políticos, los historiadores y los periodistas, los críticos de los medios de comunicación y de las tecnologías, los disidentes y quienes denuncian malas prácticas, los activistas por los derechos humanos y por el clima, y los defensores de los marginados y menospreciados han sido presencias absorbentes para mí en los años en que el libro cobraba forma, algunos como figuras públicas a las que leía o escuchaba, otros como amigos y conocidos cuyas conversaciones y ejemplo me impulsaban a seguir adelante, y otros en ambas facetas. Son muchos.

Puedo nombrar a unos cuantos con los que he tenido una relación personal: Taj James, Erica Chenoweth, Dahlia Lithwick, Astra Taylor, Marina Sitrin, L. A. Kauffman, Bob Fulkerson, Anna Goldstein, Joe Lamb, Antonia Juhahz, Roshi Joan Halifax, Nancy Meister, Philip Heying, Jessica Tully, Padma Viswanathan, Cleve Jones, Garnette Cadogan, Joshua Jelly-Schapiro,

Eyal Press, Christina Gerhardt, Siva Vaidhyanathan, Susan Sheu, Brian Colker, Conchita Lozano y Galicia Lozano Stack, Moriah Ulinskas, Mona Eltahawy, Ayelet Waldman, Natashia Deon, Jaime Cortez, Jonny Diamond y John Freeman en *Lit Hub* y a todos mis directores de *The Guardian*, Jarvis Masters, Blake Spalding, Jen Castle, Terry Tempest Williams, Brooke Williams, Caroline Nassif, May Boeve, Bill McKibben, Steve Kretzman, Stephanie Syjuco, Erik Mebust, Thelma Young-Lutunatabua, a todas las personas de Oil Change International y, naturalmente, a Auntie Sewing Squad y su inimitable jefa suprema, Kristina Wong. Ellos han demostrado una y otra vez por qué son importantes la precisión y el rigor en el lenguaje, en los datos, en la ciencia y en la historia; el poder que puede tener una voz o el coro formado por muchas personas corrientes, y que es posible y se debe defender lo que más importa, sobre todo nombrándolo y reconociéndolo, comprendiéndolo y alabándolo. Pero para este libro y sus ideas también he encontrado relevantes a quienes defienden y crean placer y alegría, belleza y esos pasajes de la vida que no son productivos en el sentido habitual ni proporcionan resultados cuantificables, sino esos momentos reflexivos y sinuosos que también nos nutren y determinan; es decir, a los artistas, músicos, jardineros y poetas.

Escribir un libro es una tarea solitaria, o lo es la parte dedicada a la escritura en sí, y este se escribió en gran medida durante el aislamiento excepcional de la pandemia de la COVID-19. Aun así, surge de conversaciones, de la amabilidad y la amistad de muchas personas. Doy las gracias en primer lugar, cómo no, a mi querido amigo Sam Green. Nuestras conversaciones, que aún continúan, y su curiosidad y su entusiasmo infinitos por los árboles me impulsaron hacia aquella búsqueda inicial que me llevó a estar cara a cara con las rosas de Orwell. Con Dawn

Spanyol y Graham Lamb, que me acogieron con los brazos abiertos, tengo una enorme deuda de gratitud por su cordialidad con una desconocida y por su entusiasmo por los jardines, los escritores y el proceso de desmenuzar significados, posibilidades e indicios del pasado. (Espero que los lectores respeten su intimidad y no merodeen por su hogar). Gracias a Rob Macfarlane por tantas divagaciones sobre las palabras y caminatas a lo largo de los años.

Gracias a Nate Miller por una semana extraordinaria en Colombia indagando en la industria del cultivo de las rosas y por casi dos décadas de amistad. A Beatriz Fuente, a la Casa de las y los Trabajadores de las Flores y a las compañeras de Beatriz que hablaron conmigo, y a Nancy Viviana Piñeiro por traducir las entrevistas.

A Olga Tomchin y a Zarina Zabrisky por la ayuda con la información y las fuentes rusas. A Mauricio Montiel Figueras por una tarde fascinante en el santuario de Guadalupe de Ciudad de México, y a mi querida amiga chilanga Adriana Camarena por las muchas conexiones con Guadalupe durante años, como aquel 12 de diciembre de 2010 en que, antes del amanecer, me llevó a la catedral de San Francisco, donde vimos cómo el arzobispo se arrodillaba ante un inmigrante latino que interpretaba el papel de Juan Diego y de la cúpula llovían pétalos de rosa multicolores. A Nicola Beauman por prestarme su casa de Cambridge; gracias por la generosidad y por el embeleso del jardín trasero y de la colección de libros.

A Adam Hochschild, que reaccionó con amabilidad a un correo electrónico de 2019 titulado «¿Tienes tiempo para una charla divertida sobre Stalin?», por su larga amistad, sus conocimientos de la Unión Soviética, la Guerra Civil española y la izquierda en el siglo XX, sus obras sobre esos temas y su lectura extremadamente útil de un borrador de este libro. A carla bergman por su respuesta a un primer borrador, por su amistad y por su defensa de la alegría militante. A Joe Lamb y al planetólogo David Grinspoon por echar un vistazo a los pasajes científicos del libro.

Debo una inmensa gratitud a los estudiosos que recopilaron y editaron los textos de Orwell, las cartas y los recuerdos de sus amigos y datos biográficos de él, a sus puntos de vista e interpretaciones, en especial a Peter Davison por la edición en veinte volúmenes de las obras completas de Orwell. Estoy agradecida a Peter Stansky, cuya biografía de Orwell en dos volúmenes ha demostrado hasta qué punto la empatía y la perspicacia se amplían mutuamente, y a quien tuve la alegría de ver en su casa, cerca de Stanford, en los inicios de este proyecto. Gracias también a Amy Elizabeth Robinson por decirme que Peter vivía cerca de mí y ponernos en contacto. A Adam Eaker, conservador de cuadros del Metropolitan Museum, por la correspondencia y la conversación sobre el lienzo que sir Joshua Reynolds pintó del antepasado de Orwell y por permitirme acceder al archivo del museo con información al respecto. A Raghu Karnad por ofrecerse a llevarme a la ciudad natal de Orwell, en el norte de la India, con el pesar de que la aventura no fuera posible (y con la esperanza de que lo sea en el futuro). A Damaris Fletcher por una correspondencia deliciosa sobre Barnhill. A Michael Mattis y Julie Hochberg por darme permiso para reproducir la fotografía *Rosas, México*, de Tina Modotti, y a Caroline Deck, de la casa de subastas Phillips, que tuvo la gentileza de ponerme en contacto con los nuevos dueños.

Gracias a las rosaledas de Berkeley y San Francisco, a sus jardineros y a los principios que llevaron a dar dinero para que las rosas sean de dominio público. Gracias asimismo al puesto de productos agrícolas que hay cerca de la estatua de Simón Bolívar en la United Nations Plaza de San Francisco por abastecerme de fragantes rosas de cultivo de proximidad, desaliñadas y con espinas, desde hace más de treinta años.

A mi agente, Frances Coady, de Aragi Inc., y a mis editores de este libro, Paul Slovak y Bella Lacey, y al personal editorial, de diseño, publicidad y marketing de Viking —en especial a Maya Baran, Sara Leonard y Allie Merola— y de Granta Books, y a Pru Rowlandson en esta última editorial, por haber trabajado de firme en *Las rosas de Orwell*. Y al diseñador Jon Gray por la espléndida portada [de la edición original].

Y, en último lugar y nunca por ello menos importante, a Charles por haber aplicado sus conocimientos de neumólogo a las enfermedades de Orwell y por su camaradería a lo largo de la exploración, las lecturas, la escritura, las dudas, las decisiones y la fascinación.

Notas

1. Octavia Butler, «A Few Rules for Predicting the Future», *Essence*, mayo de 2000, pp. 165 y 166.

I. EL PROFETA Y EL ERIZO

1. El día de los Muertos

1. Man Ray, *Self Portrait*, Boston, Little, Brown, 1963, pp. 281 y 282. [Hay trad. cast.: *Autorretrato*, traducción de Catalina Martínez Muñoz, Barcelona, Alba, 2004].

2. Este fragmento y los siguientes son de «A Good Word for the Vicar of Bray», en *Smothered Under Journalism,* vol. 18 de *The Complete Works of George Orwell*, Peter Davison, ed., Londres, Secker and Warburg, 1998, p. 259. [Trad. cast.: «En defensa del párroco de Bray», traducción de Inga Pellisa, en *Ensayos*, Barcelona, Debate, 2013, pp. 750, 752 y 753].

3. «You and the Atom Bomb», *Tribune*, 19 de octubre de 1945. También en Paul Anderson, ed., *Orwell in Tribune: «As I Please» and Other Writing 1943-47*, Londres, Politicos, 2006, p. 247. [Trad. cast.: «La bomba atómica y usted», traducción de Manuel Cuesta, *op. cit.*, p. 633].

4. «A Good Word for the Vicar of Bray», en *Smothered Under Journalism*, p. 261. [Trad. cast.: «En defensa del párroco de Bray», en *Ensayos*, p. 754].

5. *Monks Fitchett — The Road to George Orwell* (1983), folleto de ocho páginas autopublicado por Esther M. Brookes, de quien Graham me comentó medio en broma: «Pero ¿le gustaría saber algo de la auténtica celebridad que vivió en esta casa?», por la gran impresión que la maestra había causado en la zona.

6. Peter Davison, ed., *George Orwell Diaries*, Nueva York, Liveright, 2009, pp. 252 y 253.

2. El poder de las flores

1. Mary Douglas, *Purity and Danger: An Analysis of the Concepts of Pollution and Taboo*, Londres, Routledge, 1991, p. 123. [Trad. cast.: *Pureza y peligro: un análisis de los conceptos de contaminación y tabú*, traducción de Edison Simons, Buenos Aires, Nueva Visión, 2007, p. 142].

2. Marianne Moore, *Becoming Marianne Moore: The Early Poems 1907-1924*, Berkeley, University of California Press, 2002, p. 83.

3. Loren Eiseley, *The Immense Journey*, Nueva York, Time Inc., 1962, p. 47.

4. «Rose Hip Syrup Supplies on Sale Next Month», *The Times*, Londres, 15 de enero de 1942.

5. Cita de Teofrasto reproducida por Jennifer Potter en *The Rose*, Londres, Atlantic Books, 2010, p. 10; la de Plinio el Viejo está en p. 15. [La cita de Teofrasto está tomada de *Historia de las plantas*, traducción de José María Díaz-Regañón López, Madrid, Gredos, 1988, p. 346].

3. Lilas y nazis

1. «Autobiographical Note», escrita en 1940 para *Twentieth Century Authors* y reproducida en Sonia Orwell e Ian Angus, eds., *Orwell: My Country Right or Left: 1940-1943*, Boston, David R. Godine, 2000, p. 23.

2. Esta cita y la siguiente están tomadas de su diario de la cosecha de lúpulo, no del artículo publicado en 1931. Sonia Orwell e Ian Angus, eds., *Orwell: An Age Like This: 1920-1940*, Boston, David R. Godine, 2000, p. 63.

3. Noelle Oxenhandler, «Fall from Grace», *The New Yorker*, 16 de junio de 1997, p. 65.

4. Jacques Lusseyran, *And There Was Light*, Nueva York, Parabola Books, 1987, p. 161. [Hay trad. cast.: *Y se hizo la luz*, traducción de Miguel Fraguas Poole, Madrid, Rudolf Steiner, 2001].

5. John J. Ross ofrece un buen informe del historial médico de Orwell en «Tuberculosis, Bronchiectasis, and Infertility: What Ailed George Orwell?», *Clinical Infectious Diseases*, vol. 41, n.º 11 (1 de diciembre de 2005), pp. 1599-1603.

6. Arthur Koestler en Audrey Coppard y Bernard Crick, *Orwell Remembered*, Londres, BBC, 1984, p. 169.

7. Fragmentos tomados de Jacintha Buddicom, *Eric and Us*, con epílogo de Dione Venables, Chichester, Finlay Publisher, 2006, pp. 26 y 38.

8. *Coming Up for Air*, San Diego, Harcourt, 1950, p. 43. [Trad. cast.: *Subir a respirar*, traducción de Esther Donato, Barcelona, Debolsillo, 2021, pp. 50 y 51].

9. *Nineteen Eighty-Four*, Londres, Penguin, 2003, p. 307. [Trad. cast.: *1984*, traducción de Miguel Temprano García, Barcelona, Lumen, 2014, p. 330].

10. «Politics and the English Language», *Horizon*, abril de 1946, y en Sonia Orwell e Ian Angus, eds., *George Orwell: In Front of Your*

306

Nose: 1945-1950, Boston, David R. Godine, 2000, p. 139. [Trad. cast.: «La política y la lengua inglesa», traducción de Miguel Martínez-Lage, en *Ensayos*, Barcelona, Debate, 2013, p. 672].

11. Columna «As I Please», *Tribune*, 17 de marzo de 1944, y en Sonia Orwell e Ian Angus, eds., *As I Please, 1943-1945*, Boston, David R. Godine, 2000, p. 110. [Trad. cast.: «Lenguaje panfletario», en *El poder y la palabra*, traducción de Miguel Temprano, Barcelona, Debate, 2017, p. 72]. Retomó el tema de la férula el 18 de agosto de 1944, también en el *Tribune*: «Pese a mi campaña contra la férula [...], me he fijado en que las férulas menudean como siempre [...]. Pero sigo sin tener una información clara de qué es. Es una especie de palmeta que alguien coge cuando quiere comportarse de forma tiránica: es lo que todo el mundo parece saber».

12. Columna «As I Please», *Tribune*, 21 de enero de 1944, y en *Orwell in Tribune*, pp. 87 y 88.

13. Carta a Jack Common, 16 de abril de 1936, en Peter Davison, ed., *George Orwell: A Life in Letters*, Nueva York, Liveright, 2010, p. 60.

14. «Revenge Is Sour», *Tribune*, 9 de noviembre de 1945, y en *Orwell in Tribune*, p. 258. [Trad. cast.: «La venganza es amarga», traducción de Manuel Cuesta, en *Ensayos*, p. 629].

15. «Why I Write», en *Smothered Under Journalism*, p. 319. [Trad. cast.: «Por qué escribo», traducción de Miguel Martínez-Lage, en *Ensayos*, pp. 785 y 786].

16. Columna «As I Please», *Tribune*, 25 de agosto de 1944, y en *Orwell in Tribune*, p. 181.

17. Coppard y Crick, *Orwell Remembered*, p. 75.

18. *Ibid.*, p. 91.

19. Kay Ekevall, en Stephen Wadhams, *Remembering Orwell*, Londres, Penguin, 1984, p. 57.

20. Coppard y Crick, *Orwell Remembered*, pp. 239 y 240.

21. David Holbrook en Wadhams, *Remembering Orwell*, p. 179.

22. «A Happy Vicar I Might Have Been», en la web de la Orwell Foundation, <https://www.orwellfoundation.com/the-orwell-found ation/orwell/poetry/a-happy-vicar-i-might-have-been/>.

23. Darcy Moore escribió con cierto detalle sobre Nellie Limouzin en «Orwell's Aunt Nellie», *George Orwell Studies*, vol. 4, n.º 2 (2020), pp. 30-45.

24. Buddicom, *Eric and Us,* p. 14.

25. Nellie Limouzin, en *A Kind of Compulsion,* vol. 10 de *The Complete Works of George Orwell,* Peter Davison, ed., Londres, Secker and Warburg, 1998, p. 314.

26. Carta a Brenda Salkeld, en *Orwell: An Age Like This*, p. 119.

27. Carta a Eleanor Jaques, en *George Orwell: A Life in Letters*, p. 26.

28. Carta a Brenda Salkeld, en *Orwell: An Age Like This*, p. 140.

29. Pitter en Coppard y Crick, *Orwell Remembered*, p. 70.

30. *The Road to Wigan Pier*, Londres, Penguin Classics, 2001, p. 130. [Trad. cast.: *El camino de Wigan Pier*, traducción de Esther Donato, Barcelona, Destino, 1976, p. 144].

31. *A Clergyman's Daughter*, Oxford, Oxford University Press, 2021, p. 44. [Trad. cast.: *La hija del clérigo*, traducción de Miguel Temprano García, Barcelona, Lumen, 2011, pp. 74 y 75].

32. *Orwell: An Age Like This,* p. 214.

33. Spender en Coppard y Crick, *Orwell Remembered*, p. 262.

34. Eileen O'Shaughnessy Blair en Peter Davison, ed., *The Lost Orwell: Being a Supplement to «The Complete Works of George Orwell»,* Londres, Timewell Press, 2006, p. 64.

35. *George Orwell Diaries*, p. 154.

36. «Autobiographical Note», en *Orwell: My Country Right or Left*, p. 24.

37. Kunio Shin, «The Uncanny Golden Country: Late-Moder-nist Utopia in *Nineteen Eighty-Four*», 20 de junio de 2017, <https:// modernismmodernity.org/articles/uncanny-golden-country>.

38. *Nineteen Eighty-Four*, p. 92. [Trad. cast.: *1984*, p. 113].

39. «Ross Gay Interview at *Jacket Copy*: He Has His Own Orchard!», en *Harriet* (blog), Poetry Foundation, <https://www.poetryfoundation. org/harriet-books/2016/02/ross-gay-interview-at-jacket-copy-he-has-his-own-orchard>.

40. Marzo de 1947, prefacio para la edición ucraniana de *Rebelión en la granja*, en *It Is What I Think*, vol. 19 de *The Complete Works of George Orwell*, Peter Davison, ed., Londres, Secker & Warburg, 1998, p. 88. [Trad. cast.: «Prefacio para la edición ucraniana de *Rebelión en la granja*», traducción de Jordi Soler, en *Ensayos*, Barcelona, Debate, 2013, p. 849].

41. *George Orwell Diaries*, p. 249.

42. Wendy Johnson, *Gardening at the Dragon's Gate*, Nueva York, Bantam Dell, 2008, p. 121.

43. George Woodcock, *The Crystal Spirit: A Study of George Orwell*, Boston, Little, Brown and Co., 1966, p. 61.

44. carla bergman y Nick Montgomery, *Joyful Militancy: Building Thriving Resistance in Toxic Times*, Oakland, California, PM Press, 2017, pp. 59 y 60.

II. BAJO TIERRA

1. Humo, pizarra, hielo, barro, ceniza

1. En *The Botany of Desire* (Nueva York, Random House, 2001), Michael Pollan escribe: «Pensamos automáticamente en la domesticación como algo que hacemos a otras especies, pero es igual de lógico entenderla como algo que ciertas plantas y animales nos han hecho a nosotros, una estrategia evolutiva ingeniosa para promover sus intereses» (p. xvi). [Hay trad. cast.: *La botánica del deseo: el mundo visto a través de las plantas*, traducción de Raúl Nagore, Ucle, San Sebastián, IXO, 2008].

2. *The Road to Wigan Pier*, p. 152. [Trad. cast.: *El camino de Wigan Pier*, p. 167].

3. *Ibid.*, pp. 14 y 15. [Trad. cast.: *ibid.*, p. 21].

4. Esta cita y la siguiente en *ibid.*, p. 98. [Trad. cast.: *ibid.*, p. 21].

5. *George Orwell Diaries* (sección sobre Wigan Pier), p. 77.

6. *George Orwell Diaries*, p. 37.

7. *The Road to Wigan Pier*, p. 18. [Trad. cast.: *El camino de Wigan Pier*, p. 25].

8. *Ibid.*, p. 29. [Trad. cast.: *ibid.*, p. 37].

2. Carbonífero

1. «Variscan Orogeny», Sociedad Geológica de Londres, <https://www.geolsoc.org.uk/Plate-Tectonics/Chap4-Plate-Tectonics-of-the-UK/Variscan-Orogeny>.

2. Howard J. Falcon-Lang, William A. DiMichele, Scott Elrick y W. John Nelson, «Going underground: In search of Carboniferous coal forests», *Geology Today*, vol. 25, n.º 5 (septiembre-octubre de 2009), pp. 181-184.

3. Georg Feulner, «Formation of most of our coal brought Earth close to global glaciation», *Proceedings of the National Academy of Sciences of the United States of America*, vol. 114, n.º 43 (24 de octubre de 2017), 11.333-11.337, <https://doi.org/10.1073/pnas.1712062114>.

4. Karl Marx y Friedrich Engels, *The Communist Manifesto: A Modern Edition*, Londres, Verso, 1998, p. 39. [Hay trad. cast.: *El manifiesto comunista*, traducción de Jacobo Muñoz, e-book, Madrid, Nórdica Libros, 2014].

5. M. Ilin, *New Russia's Primer: The Story of the Five-Year Plan*, traducción de George S. Counts y Nucia P. Lodge, Nueva York,

Houghton Mifflin, 1931, disponible en <https://marxists.org/subject/art/literature/children/texts/ilin/new/ch06.html>.

3. En la oscuridad

1. *The Road to Wigan Pier*, p. 30. [Trad. cast.: *El camino de Wigan Pier*, p. 38].

2. *The Condition and Treatment of the Children Employed in the Mines of the United Kingdom*, Londres, William Strange, 1842, p. 48.

3. Las cifras relativas a la minería del carbón desde 1800 hasta la actualidad están tomadas de Hannah Ritchie, «The death of UK coal in five charts», *Our World in Data*, 28 de enero de 2019, <https://ourworldindata.org/death-uk-coal>.

4. *Ibid.*

5. Jasper Jolly, «Great Britain records two weeks of coal-free electricity generation», *The Guardian*, 31 de mayo de 2019, <https://www.theguardian.com/business/2019/may/31/great-britain-records-two-weeks-of-coal-free-electricity-generation>.

6. *George Orwell Diaries*, p. 47.

7. *Ibid.*, p. 71.

8. *The Road to Wigan Pier*, p. 28. [Trad. cast.: *El camino de Wigan Pier*, p. 36].

9. Palabras de Richard Rees reproducidas por Peter Stansky y William Abrahams en *Orwell: The Transformation*, Nueva York, Alfred A. Knopf, 1979, p. 145.

10. «Why I Write», en *Smothered Under Journalism*, p. 319. [Trad. cast.: «Por qué escribo», en *Ensayos*, p. 785].

11. «Case Study – The Great Smog», Royal Meteorological Society, <www.metlink.org/other-weather/miscellaneous-weather/case-studies/case-study-great-smog/>.

12. La cifra de doce mil muertes se cita en diversas fuentes y al parecer tiene su origen en Michelle L. Bell, Devra L. Davis y Tony Fletcher, «A Retrospective Assessment of Mortality from the London Smog Episode of 1952: The Role of Influenza and Pollution», *Environmental Health Perspectives*, enero de 2004, pp. 6-8.

13. Véase Damian Carrington, «Air pollution deaths are double previous estimates, finds research», *The Guardian*, 12 de marzo de 2019, <https://www.theguardian.com/environment/2019/mar/12/air-pollution-deaths-are-double-previous-estimates-finds-research>. Respecto al estudio de 2021, véase Oliver Milman, «"Invisible killer": fossil fuels caused 8.7m deaths globally in 2018, research finds», *The Guardian*, 9 de febrero de 2021, <https://www.theguardian.com/environment/2021/feb/09/fossil-fuels-pollution-deaths-research>.

14. PA Media, «Carbon dioxode levels in atmosphere reach record high», *The Guardian*, 7 de abril de 2021, <https://www.theguardian.com/environment/2021/apr/07/carbon-dioxide-levels-in-atmosphere-reach-record-high>.

III. PAN Y ROSAS

1. Rosas y revolución

1. Rita Reif informó del precio alcanzado en la subasta en «Auctions», *The New York Times*, 19 de abril de 1991.

2. Patricia Albers, *Shadows, Fire, Snow: The Life of Tina Modotti*, Berkeley, University of California Press, 2002, p. 126.

3. Peter Coyote en una conversación pública con Michael Pollan y la autora en la librería Book Passage, Corte Madera, California, 2019.

4. Del soneto 94 de Shakespeare, en Thomas Tyler, ed., *William Shakespeare's Sonnets*, Londres, David Nutt, 1890, p. 253. [Trad. cast.:

Soneto XCIV, en William Shakespeare, *Poesía (Obra completa 5)*, traducción de Andrés Ehrenhaus, Barcelona, Penguin Clásicos, 2013, p. 419.]

5. Dante, *Paradiso*, XXXIII, versos 6-9, traducción de James Finn Cotter, Amity, Nueva York, Amity House, 1987, p. 610. [Trad. cast.: *Divina comedia*, «Paraíso», canto XXXIII, traducción de Luis Martínez de Merlo, Madrid, Cátedra, 2009, p. 736].

6. D. A. Brading, *Mexican Phoenix: Our Lady of Guadalupe: Image and Tradition Across Five Centuries*, Cambridge, Cambridge University Press, 2001, p. 357. [Hay trad. cast.: *La virgen de Guadalupe: imagen y tradición*, traducción de Aura Levy y Aurelio Major, México, Taurus, 2002].

2. También luchamos por las rosas

1. Esta y otras citas relativas al viaje por el sur de Illinois, así como la información de los encuentros de Todd en su transcurso y del nacimiento de la frase «pan y rosas», proceden de Helen Todd, «Getting Out the Vote: An Account of a Week's Automobile Campaign by Women Suffragists», *The American Magazine*, septiembre de 1911, pp. 611-619.

2. James Oppenheim, *The American Magazine*, diciembre de 1911, p. 214.

3. De la canción «Eight Hours», publicada en 1878, con letra de I. G. Blanchard y música del reverendo Jesse H. Jones, incluida en Margaret Bradford Boni, ed., *The Fireside Book of Favorite American Songs*, Nueva York, Simon and Schuster, 1952, según <https://www.marxists.org/subject/mayday/music/eighthour.html>.

4. El discurso de Schneiderman se publicó en «Votes for Women», *Life and Labor*, septiembre de 1912, p. 288.

3. En alabanza

1. «As I Please», *Orwell in Tribune*, p. 87.

2. *Ibid.*, pp. 129 y 130.

3. «Some Thoughts on the Common Toad», *Tribune*, 12 de abril de 1946; en *Orwell in Tribune*, p. 307, y en *Smothered Under Journalism*, p. 239. [Trad. cast.: «Algunas reflexiones en torno al sapo común», traducción de Inga Pellisa, en *Ensayos*, p. 748].

4. Daniela Späth/lbh, «Conspiracies swirl in 1939 Nazi art burning», *Deutsche Welle* (DW), 20 de marzo de 2014, <https://www.dw.com/en/conspiracies-swirl-in-1939-nazi-art-burning/a-17510022>.

5. Esta cita de Blunt y la siguiente están tomadas de *Anthony Blunt: His Lives*, de Miranda Carter, Nueva York, Farrar, Straus & Giroux, 2003, pp. 149 y 203. [Trad. cast.: *Anthony Blunt: el espía de Cambridge*, traducción de Antonio-Prometeo Moya, Barcelona, Tusquets, 2004, pp. 161 y 213].

6. Lawrence Weschler, *Vermeer in Bosnia*, Nueva York, Pantheon Books, 2004, p. 14.

7. *Ibid.*, p. 16.

8. *Orwell: My Country Right or Left*, pp. 239 y 240. [Trad. cast.: «T. S. Eliot», traducción de Jordi Soler, en *Ensayos*, p. 406].

9. «Politics and the English Language», en *George Orwell: In Front of Your Nose*, p. 137.

10. «Why I Write», in *Smothered Under Journalism*, p. 319. [Trad. cast.: «Por qué escribo», en *Ensayos*, p. 785].

11. «Some Thoughts on the Common Toad», en *Smothered Under Journalism*, p. 240. [Trad. cast.: «Algunas reflexiones en torno al sapo común», en *Ensayos*, p. 748].

12. Citas tomadas de la columna «As I Please», *Tribune*, 24 de diciembre de 1943, y en *Orwell in Tribune*, p. 74. [Trad. cast.: *Matar un*

elefante y otros escritos, traducción de Miguel Martínez-Lage, Madrid, Turner, 2006, p. 201].

13. Milan Kundera, entrevista con Philip Roth, *The New York Times*, 30 de noviembre de 1980. [La entrevista está recogida en *El oficio: un escritor, sus colegas y sus obras*, de Philip Roth, traducción de Ramón Buenaventura, Barcelona, Seix Barral, 2003, p. 132].

14. Esta cita y la siguiente proceden de «Can Socialists Be Happy?», que Orwell publicó con el seudónimo de John Freeman en *Tribune* el 24 de diciembre de 1943; artículo recogido en *Orwell in Tribune*, pp. 67 y 68. [Trad. cast.: «¿Pueden ser felices los socialistas?», traducción de Inga Pellisa, en *Ensayos*, pp. 448 y 449].

15. *Nineteen Eighty-Four*, p. 78. [Trad. cast.: *1984*, p. 98].

16. «The Prevention of Literature», en *George Orwell: In Front of Your Nose*, p. 72. [Trad. cast.: «La destrucción de la literatura», traducción de Miguel Temprano García, en *Ensayos*, p. 654].

17. «Can Socialists Be Happy?», *Tribune*, 24 de diciembre de 1943, y en *Orwell in Tribune*, p. 70. [Trad. cast.: «¿Pueden ser felices los socialistas?», en *Ensayos*, p. 452].

18. *Orwell in Tribune*, p. 71. [Trad. cast.: *ibid.*, p. 453].

4. Tostada con mantequilla

1. Woodcock, *The Crystal Spirit*, p. 167.

2. Anthony Powell, *Infants of the Spring*, Berkeley, University of California Press, 1977, p. 98.

3. La reseña de Pollitt se reproduce en «Harry Pollitt's Review of Orwell's "The Road to Wigan Pier"», *Scottish Communists*, 5 de octubre de 2017, <https://scottish-communists.org.uk/communist-party/britain-s-socialist-heritage/110-harry-pollitt-s-review-of-orwell-s-the-road-to-wigan-pier>.

4. *Homage to Catalonia*, San Diego, California, Harcourt Brace & Company, 1980, p. 72. [Trad. cast.: *Homenaje a Cataluña*, traducción de Miguel Temprano García, Barcelona, Debolsillo, 2014, p. 77].

5. *Ibid.*, p. 101. [Trad. cast.: *ibid.*, p. 109].

6. *Ibid.*, p. 104. [Trad. cast.: *ibid.*, p. 112].

7. *Ibid.*, p. 42. [Trad. cast.: *ibid.*, p. 72].

8. *Ibid.*, pp. 42 y 43. [Trad. cast.: *ibid.*, p. 73].

9. Stephen Spender en Richard Crossman, ed., *The God That Failed*, Nueva York, Harper and Row, 1949, p. 255.

10. «A Hanging», en *Orwell: An Age Like This*, p. 45. [Trad. cast.: «Un ahorcamiento», traducción de Juan Antonio Montiel, en *Ensayos*, p. 42].

11. «Looking Back on the Spanish War», en *Orwell: My Country Right or Left*, p. 254. [Trad. cast.: «Recuerdos de la guerra de España», traducción de Juan Antonio Montiel, en *Ensayos*, pp. 415-416]. En una carta del 15 de abril de 1938 dirigida a Stephen Spender (*George Orwell: A Life in Letters*, p. 105; está traducida al castellano en *Escritor en guerra*, traducción de Miguel Temprano García, Barcelona, Debate, 2014, pp. 72 y 73), explica que había criticado a Spender como un ejemplo de «bolchevique de salón» antes de conocerlo, pero que «incluso si me hubiese desagradado usted, después de conocerle, tendría que haber cambiado mi actitud, porque al conocer a alguien uno repara enseguida en que se trata de una persona y no una especie de caricatura que personifica determinadas ideas».

12. Eileen Blair, carta a Norah Myles, en *George Orwell: A Life in Letters*, p. 95. [Trad. cast. en *Escritor en guerra*, p. 62].

5. La última rosa de ayer

1. Eileen Blair, carta a su hermano Laurence O'Shaughnessy, en *George Orwell: A Life in Letters*, p. 77. [Trad. cast. en *Escritor en guerra*, p. 38].

2. Adam Hochschild, *Spain in Our Hearts: Americans in the Spanish Civil War, 1936-1939*, Nueva York, Houghton Mifflin Harcourt, 2016, p. 47. [Trad. cast.: *España en el corazón: la historia de los brigadistas americanos en la Guerra Civil española*, traducción de Mariano López, Barcelona, Malpaso, 2018, p. 72].

3. *Homage to Catalonia*, p. 186. [Trad. cast.: *Homenaje a Cataluña*, p. 165].

4. Albers, *Shadows, Fire, Snow*, pp. 301-304.

5. *Ibid.*, p. 178. Louis MacNeice, otro contemporáneo de Orwell, escribió: «El atractivo más poderoso del Partido Comunista era que exigía sacrificio; había que tragarse el amor propio» (Carter, *Anthony Blunt*, p. 111 [trad. cast.: *Anthony Blunt: el espía de Cambridge*, p. 125]).

6. Sobre Vittorio Vidali, véanse *All the Right Enemies: The Life and Murder of Carlo Tresca*, de Dorothy Gallagher; *La Guerra Civil española: revolución y contrarrevolución*, de Burnett Bolloten; *El holocausto español: odio y exterminio en la Guerra Civil y después*, de Paul Preston, y *Pablo Neruda*, de Dominic Moran. Moran escribe (p. 89): «Había participado asimismo en el secuestro y brutal asesinato de Andreu Nin en España, donde intervino en centenares de ejecuciones de disisidentes "comunistas" aprobadas por los soviéticos».

7. Albers, *Shadows, Fire, Snow*, p. 287.

8. Emma Goldman, *Living My Life*, Nueva York, Cosimo Classics, 2011, p. 56.

9. Palabras de Paz reproducidas por Albers en *Shadows, Fire, Snow*, p. 299.

10. Hugh Thomas, *The Spanish Civil War*, ed. rev., Nueva York, Modern Library, 2001, p. 310. [Trad. cast.: *La Guerra Civil española*, Barcelona, Debolsillo, 2020].

11. *Homage to Catalonia*, pp. 231 y 232. [Trad. cast.: *Homenaje a Cataluña*, pp. 210 y 211].

12. Pablo Neruda, «Tina Modotti ha muerto», traducido como «Tina Modotti Is Dead», en *Residence on Earth*, traducción de Donald D. Walsh, Nueva York, New Directions, 1973, pp. 325 y 326. [*Residencia en la tierra*, Barcelona-Caracas-México, Seix Barral, 1981, pp. 84 y 85].

13. Victor Serge, *Notebooks*, Nueva York, NYRB Books, 2019, p. 135. En la p. 144 señala que un colega «está convencido de que Tina Modotti fue "eliminada"». En la p. 331 de la biografía de la artista, Patricia Albers habla de quienes creían que Modotti había sido envenenada e indica que, según un informe mexicano, a Modotti «le repugnaban las purgas llevadas a cabo por el comisario Carlo en la España republicana». También cita al anarquista Carlo Tresca, de cuyo asesinato se acusaría más tarde a Vidali y que pensaba que este había acabado con la vida de Modotti. *El holocausto español: odio y exterminio en la Guerra Civil y después*, de Paul Preston (traducción de Catalina Martínez Muñoz y Eugenia Vázquez Nacarino, Barcelona, Debate, 2001, p. 475): «Asimismo, también es cierto que Vidali (cuyo nombre en clave era MARIO) pertenecía al mismo departamento de misiones especiales del NKVD (dedicado a actos de asesinato, terror, sabotaje y secuestros) que Iósif Grigulevich (cuyo nombre en clave era MAKS). Además, Grigulevich asistió personalmente a Vidali en el Quinto Regimiento durante un breve periodo. Ambos estuvieron involucrados más tarde en el asesinato de Trotski».

IV. LOS LIMONES DE STALIN

1. El sendero de sílex

1. Esther Brookes, en el folleto que ella misma se publicó sobre la casita de Wallington, a la que llamó Monks Fitchett.

2. Véase John W. M. Wallace, *An Agricultural History of the Parish of Wallington: Farming from Domesday Onwards*, Wallington, Reino Unido, Wallington Parochial Church Council, 2010.

3. Las citas de este fragmento proceden de *A Thousand Plateaus: Capitalism and Schizophrenia*, de Gilles Deleuze y Félix Guattari, traducción de Brian Massumi, Minneapolis, University of Minnesota, 1987, pp. 7 (la primera) y 11. [Trad. cast: *Mil mesetas: capitalismo y esquizofrenia*, traducción de José Vázquez Pérez y Umbelina Larraceleta, Valencia, Pre-Textos, 2010, pp. 13 y 26].

4. Henry David Thoreau, *Walden and Other Writings of Henry David Thoreau*, Nueva York, The Modern Library, 1937, p. 203. [Trad. cast.: *Walden*, traducción de Marcos Nava García, Madrid, Errata Naturae, 2014, p. 237].

5. Charles C. Hurst, «Genetics of the Rose», *The Gardeners' Chronicle*, vol. 84, n.ᵒˢ 35 y 36 (14 de julio de 1928).

6. El catálogo se encuentra entre los papeles de Hurst de la Biblioteca de la Universidad de Cambridge.

2. El imperio de las mentiras

1. John R. Baker, «Science, Culture and Freedom», en *Freedom of Expression: A Symposium*, Londres, Hutchinson International Authors Ltd., 1945, pp. 118 y 119.

2. Gary Paul Nabhan, *Where Our Food Comes From: Retracing Nikolay Vavilov's Quest to End Famine*, Washington, DC, Island Press, 2011, p. 11.

3. I. V. Stalin, «Anarchism or Socialism?», escrito en 1906-1907, publicado en *Works*, vol. 1, noviembre 1901-abril 1907, Moscú, Foreign Languages Publishing House, 1954, <marxists.org/reference/archive/stalin/works/1906/12/x01.htm>.

4. Anton Pannekoek, *Marxism and Darwinism*, Chicago, Charles H. Kerr and Company Cooperative, 1913, p. 28.

5. Julian Huxley, *Soviet Genetics and World Science*, Londres, Chatto and Windus, 1949, p. 183. [Hay trad. cast.: *La genética soviética y la ciencia mundial*, traducción de Lía G. Ratto y Carlos A. Duval, México, Hermes, 1952].

6. En una carta del 2 de marzo de 1933 dirigida a *The Manchester Guardian*, proclama: «Particularmente ofensivo y ridículo es el resurgimiento de los intentos de antaño por presentar a los trabajadores rusos en una situación de esclavitud y hambre, el Plan Quinquenal como un fracaso, los nuevos proyectos como fallidos y el régimen comunista como tambaleante, camino del desplome. [...] Deseamos dejar constancia de que no vimos prueba alguna de la esclavitud económica, las privaciones, el desempleo y la cínica desesperación por mejorar que en nuestros países se aceptan como inevitables y la prensa omite por considerarlos carentes de "valor periodístico"».

7. Malcolm Muggeridge lo hizo en diversos artículos publicados en *The Manchester Guardian* en 1933, y Gareth Jones en varios artículos de 1933 que publicó en el *New York Evening Post* y otros periódicos.

8. Las citas de este párrafo son de un artículo sin firmar que Malcolm Muggeridge publicó en *The Manchester Guardian* el 27 de marzo de 1933.

9. Crítica de *Assignment in Utopia*, de Eugene Lyons, en *Orwell: An Age Like This*, p. 333; se publicó por primera vez en el *New English Weekly* el 9 de junio de 1938.

10. Eugene Lyons, *Assignment in Utopia*, Nueva York, Harcourt Brace & Co., 1937, p. 240.

11. Adam Hochschild, *The Unquiet Ghost: Russians Remember Stalin*, Boston, Mariner Books, 2003, p. xv.

12. Vavílov, palabras reproducidas por Peter Pringle en *The Murder of Nikolai Vavilov: The Story of Stalin's Persecution of One of the*

Twentieth Century's Greatest Scientists, Londres, JR Books, 2009, p. 231.

13. Simon Ings, *Stalin and the Scientists*, Nueva York, Grove Atlantic, 2017, p. 292.

14. *Our Job Is to Make Life Worth Living*, vol. 20 de *The Complete Works of George Orwell*, Peter Davison, ed., Londres, Secker & Warburg, 1998, p. 214.

3. Limones a la fuerza

1. Se ofrece un relato de un agregado diplomático en <https:// ww2today.com/5th-february-1945-churchill-roosevelt-and-stalin-meet-at-yalta>, y otro en la revista de la CIA *Studies in Intelligence*, vol. 46, n.º 1, Pittsburgh, Government Printing Office, 2002, pp. 29 y 102.

2. Comentario de Mólotov reproducido por Zhores A. Medvedev y Roy A. Medvedev, *The Unknown Stalin*, Nueva York, The Abrams Press, 2004, p. 194, donde también señalan: «En 1946 mostró un entusiasmo especial por los limones». [Trad. cast.: *El Stalin desconocido*, traducción de Javier Alfaya y Javier Alfaya McShane, Barcelona, Crítica, 2005, p. 222].

3. V. M. Molotov y Felix Chuev, *Molotov Remembers: Inside Kremlin Politics*, Chicago, Ivan R. Dee, 2007, p. 175. El funcionario era Akaki Ivánovich Mgeladze, ex primer secretario del Comité Central de Georgia.

4. Svetlana Alliluyeva, *Twenty Letters to a Friend*, traducción de Priscilla Johnson McMillan, Nueva York, Harper & Row, 1967, p. 28. [Trad. cast.: Svetlana Stalin, *Rusia, mi padre y yo (veinte cartas a un amigo)*, traducción de Augusto Vidal, Barcelona, Planeta, 1967, p. 51].

5. Del ruso *Stalin: Un gran libro sobre él* («Сталин. Большая книга о нем»), cap. 16: «Eucaliptos y limones», A. I. Aniskin, ed., Moscú, ACT, 2014, p. 324.

6. Lewis Carroll, *The Annotated Alice in Wonderland*, con introducción de Martin Gardner, Nueva York, Bramhall House, 1960, p. 106. [Trad. cast.: *Alicia anotada*, edición de Martin Gardner, traducción de Francisco Torres Oliver, Madrid, Akal, 1984, p. 102].

7. Columna «As I Please», *Tribune*, 4 de febrero de 1944, y en *George Orwell: As I Please*, p. 88.

8. *Nineteen Eighty-Four*, p. 284. [Trad. cast.: *1984*, p. 308].

9. Nabhan, *Where Our Food Comes From*, p. 176.

V. REFUGIOS Y ATAQUES

1. Cercamientos

1. Palabras de Ian Hamilton Finlay, en diversas fuentes, entre ellas Robin Gillanders, *Little Sparta*, Edimburgo, Scottish National Portrait Gallery, 1998.

2. Peter Linebaugh, *Stop, Thief!*, Oakland, California, PM Press, 2013, p. 144.

3. John Clare, *Selected Poems*, Londres, Penguin Classics, 2004, p. 169. [Trad. cast.: John Clare, «Los páramos», en *Antología poética*, traducción de Eduardo Sánchez Fernández, Ourense, Linteo, 2014, pp. 57-61].

4. Arthur Young, *A General View of the Agriculture of Hertfordshire Drawn Up for the Consideration of the Board of Agriculture and Internal Improvement*, Londres, impreso por B. McMillan, 1804, p. 48.

5. Ann Bermingham, *Landscape and Ideology: The English Rustic Tradition, 1740-1860*, Berkeley, University of California Press, 1986, p. 1.

6. *Ibid.*, pp. 13 y 14.

7. Del poema de Brecht «An die Nachgeborenen» traducido al inglés por la profesora Christina Gerhardt. [Trad. cast.: «A los que nazcan más tarde», en *Más de cien poemas*, traducciones de Vicente Forés, Jesús Munárriz y Jenaro Talens, Madrid, Hiperión, 2001, p. 169].

8. Cartier-Bresson, citado por Estelle Jussim y Elizabeth Lindquist-Cock en *Landscape as Photograph*, New Haven, Connecticut, Yale University Press, 1985, p. 140.

9. Rachel Elbaum, «Australian crews race to contain blazes ahead of heat wave later this week», NBC News, 7 de enero de 2020, <https://www.nbcnews.com/news/world/australian-crews-race-contain-blazes-ahead-heatwave-later-week-n1111656>.

10. «Inside the Whale», en *Orwell: An Age Like This*, p. 503. [Trad. cast.: «En el vientre de la ballena», traducción de Miguel Martínez-Lage, en *Ensayos*, p. 215].

11. En <https://juanaalicia.com> puede verse la obra de Juana Alicia.

2. Gentility

1. Katharine Baetjer, *British Paintings in the Metropolitan Museum of Art, 1575-1875*, New Haven, Connecticut, Yale University Press, 2009, p. 64.

2. Katharine Baetjer, *British Portraits in the Metropolitan Museum of Art*, Nueva York, The Metropolitan Museum, 1999, p. 27.

3. Katharine Baetjer, *British Paintings in the Metropolitan Museum of Art*, p. 65.

4. Mary Prince, *The History of Mary Prince, a West Indian Slave, Related by Herself*, Londres, F. Westley and A. H. Davis, 1831, p. 6.

5. Eileen O'Shaughnessy Blair en *The Lost Orwell*, p. 65.

6. *Coming Up for Air*, p. 108. [Trad. cast.: *Subir a respirar*, p. 154].

7. Madge Dresser y Andrew Hann, eds., *Slavery and the British Country House,* Swindon, Reino Unido, English Heritage, 2013, p. 13, <http://historicengland.org.uk/images-books/publications/slavery-and-british-country-house/>.

8. *Ibid.,* p. 20.

3. Azúcar, adormideras y teca

1. <https://www.ucl.ac.uk/lbs/estate/view/1789>.

2. David Mills, *A Dictionary of English Place Names,* Oxford, Oxford University Press, 2011, p. 356.

3. Walter W. Skeat, *The Place Names of Suffolk,* Cambridge, Cambridge Antiquarian Society, 1914, p. 114.

4. W. J. N. Liddal, *The Place Names of Fife and Kinross,* Edimburgo, William Green and Sons, 1896, p. 45.

5. Entre las numerosas guías para conocer a los antepasados de Orwell, pueden consultarse las páginas 4-9 de *The Unknown Orwell,* de Peter Stansky y William Abraham (Nueva York, Alfred A. Knopf, 1972). Las páginas 3-10 de la biografía de Gordon Bowker, *George Orwell* (Londres, Abacus, 2003, abordan el mismo tema).

6. Garry Littman, «A Splendid Income: The World's Greatest Drug Cartel», *Bilan,* 24 de noviembre de 2015, <https://www.bilan.ch/opinions/garry-littman/_a_splendid_income_the_world_s_greatest_drug_cartel>.

7. *Burmese Days,* Nueva York, Houghton Mifflin Harcourt Company, 1962, p. 39. [Trad. cast.: *Los días de Birmania,* traducción de Manuel Piñón García, Barcelona, Debolsillo, 2011, p. 44].

8. He recabado algunos datos de páginas web de genealogía que me han permitido ir un poco más allá de la información publicada.

4. Old blush

1. «The Drumbeats of Fashion», *The Washington Post Magazine*, 10 de marzo de 1985.

2. Etimología de *chintz* en Rosemary Crill, *Chintz: Indian Textiles for the West*, Londres, Victoria and Albert Publishing en coedición con Mapin Publishing, 2008, p. 9.

3. *Ibid.*, p. 16.

4. Reproducido en Linda Eaton, *Printed Textiles: British and American Cottons and Linens, 1700-1850*, Nueva York, The Monacelli Press, 2014, p. 108.

5. Charles C. Hurst, «Notes on the Origin and Evolution of Our Garden Roses», *Journal of the Royal Horticultural Society*, n.º 66 (1941), pp. 73-82.

6. David Austin, *The English Roses: Classic Favorites & New Selections*, Richmond Hill, Ontario, Firefly Books, 2008. En p. 190: «El Mortimer Sackler forma un arbusto voluminoso que necesita mucho espacio».

7. Yonatan Mendel, «A Palestinian Day Out», *London Review of Books*, 15 de agosto de 2019, <https://www.lrb.co.uk/the-paper/v41/n16/yonatan-mendel/diary>.

5. Las flores del mal

1. Jamaica Kincaid, *A Small Place*, Nueva York, Farrar, Straus & Giroux, 2000, p. 31. [Trad. cast.: *Un pequeño lugar*, traducción de Javi Cillero, Tafalla, Txalaparta, 2003, pp. 37 y 38].

2. Jamaica Kincaid, *My Garden (Book)*, Nueva York, Farrar, Straus and Giroux, 1999, p. 120.

3. Jamaica Kincaid, «Inside the American Snow Dome», *The Paris Review*, 11 de noviembre de 2020, <https://www.theparisreview.org/blog/2020/11/11/inside-the-american-snow-dome/>.

4. Jamaica Kincaid, «Flowers of Evil», *The New Yorker*, 5 de octubre de 1992, p. 156.

5. Esta cita y la siguiente están tomadas de «Mariah», de Kincaid, *The New Yorker*, 26 de junio de 1989, pp. 32 y 35. [Trad. cast.: *Lucy*, traducción de M.ª Eugenia Ciocchini, Tafalla, Txalaparta, 2009, pp. 18 y 26].

6. Jamaica Kincaid, «Alien Soil», *The New Yorker*, 21 de junio de 1993, p. 51.

7. Jamaica Kincaid, «Garden Inspired by William Wordsworth's Dances with Daffodils», *Architectural Digest*, marzo de 2007, <https://www.architecturaldigest.com/story/gardens-article>.

8. *George Orwell Diaries*, p. 261.

9. *The Road to Wigan Pier*, p. 148. [Trad. cast.: *El camino de Wigan Pier*, p. 163].

10. «Do Our Colonies Pay?», en *Orwell in Tribune*, p. 301.

VI. EL PRECIO DE LAS ROSAS

1. Problemas de belleza

1. Columna «As I Please», 21 de abril de 1944, en *Orwell in Tribune*, p. 129.

2. «The Lion and the Unicorn: Socialism and the English Genius», publicado en 1941 como un librito, y en *Orwell: My Country Right or Left*, Boston, David R. Godine, 2000, pp. 58 y 59. [Trad. cast.: «El león y el unicornio: el socialismo y el genio de Inglaterra», traducción de Miguel Martínez-Lage, en *Ensayos*, p. 274].

3. *Ibid.*, p. 59. [Trad. cast.: *ibid.*, p. 274].

4. Carey, introducción de *George Orwell: Essays*, Nueva York, Alfred A. Knopf, 2002, p. xv.

5. *Nineteen Eighty-Four*, pp. 109 y 110. [Trad. cast.: *1984*, p. 130].

6. Elaine Scarry, *On Beauty and Being Just*, Princeton, Nueva Jersey, Princeton University Press, 1999, p. 61.

7. *Ibid.*

8. Zoe Leonard entrevistada por Anna Blume. Anthony Meier Fine Arts, <https://www.anthonymeierfinearts.com/attachment/en/555f2a8acfaf3429568b4568/Press/555f2b29cfaf3429568b5c35>.

2. En la fábrica de rosas

1. El informe de 2017 de Nate, titulado «Mother's Day in the Flower Fields: Labor Conditions and Social Challenges for Colombia's Flower Sector Employees», lo publicó el Project for International Accompaniment and Solidarity y por Global Exchange, y está disponible en <http://pasointernational.org/wp-content/uploads/2017/05/Colombias-Cut-Flower-Industry_-May-2017-PASO-Compressed.pdf>

2. *The Road to Wigan Pier*, p. 29. [Trad. cast.: *El camino de Wigan Pier*, p. 37].

3. El espíritu cristalino

1. «Politics vs. Literature: An Examination of *Gulliver's Travels*», *Polemic*, septiembre-octubre de 1946, y en *Smothered Under Journalism*, p. 429. [Trad. cast.: «Política frente a literatura: un análisis de *Los viajes de Gulliver*», traducción de Osmodiar Lampio, en *Ensayos*, p. 217].

2. «Benefit of Clergy: Some Notes on Salvador Dali», publicado en junio de 1944 y más tarde cortado, por obscenidad, del libro en que apareció; en *George Orwell: As I Please*, p. 161. [Trad. cast.: «El privilegio del fuero. Algunos apuntes sobre Salvador Dalí», traducción de Inga Pellisa, en *Ensayos*, pp. 503 y 504].

3. *Homage to Catalonia*, p. 3. [Trad. cast.: *Homenaje a Cataluña*, pp. 33 y 34].

4. *Ibid.*, p. 5. [Trad. cast.: *ibid.*, p. 35].

5. «Looking Back on the Spanish Civil War», publicado en 1943; en *Orwell: My Country Right or Left*, p. 267. [Trad. cast.: «Recuerdos de la guerra de España», traducción de Juan Antonio Montiel, en *Ensayos*, p. 430].

6. *George Orwell Diaries*, p. 330, anotación del 4 de marzo de 1941.

7. Transcripción de *The Trials of J. Robert Oppenheimer*, dirigido por David Grubin y emitido el 26 de enero de 2009, en PBS, <https://www-tc.pbs.org/wgbh/americanexperience/media/pdf/transcript/Oppenheimer_transcript.pdf>.

4. La fealdad de las rosas

1. Rilke, «Les Roses», en *The Complete French Poems of Rainer Maria Rilke*, traducción de A. Poulin, Minneapolis, Graywolf Press, 2002, p. 8. [Trad. cast.: *Poemas franceses*, traducción de Tomás Segovia, Valencia, Pre-Textos, 1997, p. 133].

2. Del soneto 54 de Shakespeare, en Thomas Tyler, ed., *William Shakespeare's Sonnets*, Londres, David Nutt, 1890, p. 212. [Trad. cast.: Soneto LIV, en William Shakespeare, *Poesía (Obra completa 5)*, p. 339].

5. Nieve y tinta

1. «Inside the Whale», en *Orwell: An Age Like This*, p. 496. [Trad. cast.: «En el vientre de la ballena», traducción de Miguel Martínez-Lage, en *Ensayos*, p. 206].

2. Sissela Bok, *Lying*, Nueva York, Vintage, 1999, p. 18.

3. Esta cita y la del párrafo siguiente son de Hannah Arendt, *The Origins of Totalitarianism*, Nueva York, Harcourt Brace & World, 1951, p. 474. [Trad. cast.: *Los orígenes del totalitarismo*, traducción de Guillermo Solana, Madrid, Alianza, 2006, p. 634 y 638].

4. Esta cita y la siguiente son de «The Prevention of Literature», publicado 1946, en *George Orwell: In Front of Your Nose*, Boston, David R. Godine, 2000, p. 63. [Trad. cast.: «La destrucción de la literatura», en *Ensayos*, p. 645].

5. *Ibid*, p. 67. [Trad. cast.: *ibid.*, p. 649].

6. «Politics and the English Language», en *George Orwell: In Front of Your Nose*, p. 136. [Trad. cast.: «La política y la lengua inglesa», en *Ensayos*, p. 668].

7. *Ibid.*, p. 136. [Trad. cast.: *ibid.*, p. 667].

8. *Ibid.*, p. 136. [Trad. cast.: *ibid.*, p. 668].

9. *Nineteen Eighty-Four*, p. 60. [Trad. cast.: *1984*, p. 79].

10. *Ibid.*, p. 344. [Trad. cast.: *ibid.*, p. 366].

11. «The Prevention of Literature», en *George Orwell: In Front of Your Nose*, p. 72. [Trad. cast.: «La destrucción de la literatura», en *Ensayos*, p. 654].

12. «Why I Write», en *Smothered Under Journalism*, p. 318. [Trad. cast.: «Por qué escribo», en *Ensayos*, la primera cita en p. 783 y la segunda en p. 782].

13. *Ibid.*, p. 320. [Trad. cast.: *ibid.*, p. 787].

14. *Ibid.*, p. 319. [Trad. cast.: *ibid.*, p. 784].

15. *Ibid.*, p. 319. [Trad. cast.: *ibid.*, p. 785].

16. *Ibid.*, p. 319. [Trad. cast.: *ibid.*, pp. 785 y 786].

17. Carta a Victor Gollancz, en *Facing Unpleasant Facts, 1937-1939*, vol. 11 de *The Complete Works of George Orwell*, Peter Davison, ed., Londres, Secker & Warburg, 1998, p. 356.

VI. EL RÍO ORWELL

1. Un inventario de placeres

1. Coppard y Crick, *Orwell Remembered*, p. 171.

2. *George Orwell: A Life in Letters*, p. 236.

3. Bernard Crick, *George Orwell: A Life*, Boston, Little, Brown and Co., 1981, p. 296. [Trad. cast.: *George Orwell: la biografía*, traducción de Salvador Cobo y Sebastián Miras, Alicante, El Salmón, 2020, p. 350].

4. «In Defence of English Cooking», en *George Orwell: Collected Essays*, John Carey, ed., Nueva York, Everyman's Library, 2002, pp. 971 y 972. [Trad. cast.: «En defensa de la cocina inglesa», traducción de Manuel Cuesta, en *Ensayos*, pp. 676 y 677].

5. «Just Junk — But Who Could Resist It?», *Evening Standard*, 5 de enero de 1946, y en *Smothered Under Journalism*, p. 18. [Trad. cast.: «Son solo trastos, pero ¿quién es capaz de resistirse?», traducción de Inga Pellisa, en *Ensayos*, p. 683].

6. *Coming Up for Air*, Boston, Houghton Mifflin, 1969, p. 87. [Trad. cast.: *Subir a respirar*, traducción de Esther Donato, Barcelona, Debolsillo, 2021, p. 89].

7. «Just Junk – But Who Could Resist It?», *Evening Standard*, 5 de enero de 1946, y en *Smothered Under Journalism*, p. 18. [Trad. cast.: «Son solo trastos, pero ¿quién es capaz de resistirse?», en *Ensayos*, p. 684].

8. *Ibid.*, p. 19. [Trad. cast.: *ibid.*, p. 685].

9. Fredric Warburg a Roger Senhouse, en *Smothered Under Journalism*, p. 38.

10. «The Art of Donald McGill», en *Orwell: My Country Right or Left*, pp. 162 y 163. [Trad. cast.: «El arte de Donald McGill», traducción de Miguel Martínez-Lage, en *Ensayos*, pp. 366 y 368].

11. Carta a Geoffrey Gorer, 22 de enero de 1946, en *George Orwell: A Life in Letters*, p. 287.

12. Esta cita y las siguientes proceden de «Bad Climates Are Best», *Evening Standard*, 2 de febrero de 1946, y en *Smothered Under Journalism*, pp. 90-92. [Trad. cast.: «Los peores climas son los mejores», traducción de Inga Pellisa, en *Ensayos*, pp. 721-723].

13. «The Moon Under Water», *Evening Standard*, 9 de febrero de 1946, y en *Smothered Under Journalism*, p. 99. [Trad. cast.: «The Moon Under Water», traducción de Miguel Martínez-Lage, en *Ensayos*, p. 728].

14. Columna «As I Please», *Tribune*, 11 de enero de 1946, y en *Smothered Under Journalism*, p. 32. [Trad. cast.: «Lugares de placer», traducción de Inga Pellisa, en *Ensayos*, p. 689].

15. Carta a Dorothy Plowman, 19 de febrero de 1946, en *Smothered Under Journalism*, pp. 115 y 116.

16. Carta a Anne Popham, 15 de marzo de 1946, en *Smothered Under Journalism*, pp. 153 y 154.

17. Esta cita y la siguiente son de «Some Thoughts on the Common Toad», *Tribune*, 12 de abril de 1946, y en *Smothered Under Journalism*, pp. 238-240. [Trad. cast.: «Algunas reflexiones en torno al sapo común», en *Ensayos*, p. 746].

18. Carta a Inez Holden, 9 de abril de 1946, en *Smothered Under Journalism*, p. 230.

19. «A Good Word for the Vicar of Bray», en *Smothered Under Journalism*, p. 260. [Trad. cast.: «En defensa del párroco de Bray», en *Ensayos*, pp. 752 y 753].

20. Carta a Anne Popham, 18 de abril de 1946, en *Smothered Under Journalism*, p. 249. Al parecer dejó las cartas en la casa y Esther Brookes, que vivió en ella después, las quemó.

21. *George Orwell Diaries*, p. 418.

22. Betsy Mason, «Bomb-Damage Maps Reveal London's World War II Devastation», *National Geographic*, 18 de mayo de 2016, <https://www.nationalgeographic.com/science/article/bomb-damage-maps-reveal-londons-world-war-ii-devastation>.

23. *George Orwell Diaries*, p. 288.

24. Susan Watson en Coppard y Crick, *Orwell Remembered*, p. 220.

25. Carta a Michael Meyer, 23 de mayo de 1946, en *George Orwell: A Life in Letters*, p. 312.

26. Richard Blair en una charla para la Orwell Society el 21 de febrero de 2021. «The Orwell Society. George Talk. Barnhill: A Most Ungetable Place», The Orwell Society, 22 de febrero de 2021, vídeo de YouTube (1:20:44), <https://www.youtube.com/watch?v=BBRe0KNoB7M>.

27. Carta a Richard Rees, 5 de julio de 1946, en *George Orwell: A Life in Letters*, p. 317.

28. Correo electrónico de Damaris Fletcher a la autora, 25 de septiembre de 2020. Con todo, hay grandes jardines de flores en el castillo de la isla de Skye, situada un poco más al norte, y Bernard Crick escribe en su biografía de Orwell: «El clima era templado. Se han pergeñado teorías críticas muy elaboradas sobre el carácter de Orwell y sus últimos escritos a partir de fantasías isotérmicas. [...] A treinta y dos kilómetros bajando por el estrecho, por ejemplo, se encuentra la isla de Gigha y los jardines de la mansión Achamore con una de las mejores colecciones de rododendro, camelia, azalea y arboreto de las islas británicas». Bernard Crick, *George Orwell: A Life*, p. 354. [Trad. cast.: *George Orwell: la biografía*, p. 412].

29. *Tribune*, 15 de febrero de 1946, y en *Smothered Under Journalism*, p. 108. [Trad. cast.: «El declive del crimen británico», en *Ensayos*,

p. 731]. Tal vez valga la pena señalar que imagina un lector, un varón, cuya esposa «ya se ha quedado dormida en el sillón».

30. «On Housing», *Tribune*, 25 de enero de 1946, y en *Smothered Under Journalism*, p. 78.

31. Richard Rees, *George Orwell: Fugitive from the Camp of Victory*, Londres, Secker & Warburg, 1961, pp. 151 y 152.

2. *«Como un escaramujo al lado de una rosa»*

1. Vladimir Nabokov, *Speak, Memory*, Nueva York, Vintage, 1989, p. 115. [Trad. cast.: *Habla, memoria*, traducción de Enrique Murillo, Barcelona, Anagrama, 1986, p. 128].

2. *Nineteen Eighty-Four*, p. 33. [Trad. cast.: *1984*, p. 51].

3. *Ibid.*, pp. 35 y 36. [Trad. cast.: *ibid.*, p. 53 y 54].

4. Esta cita y la siguiente, *ibid.*, p. 36. [Trad. cast.: *ibid.*, p. 54].

5. *Ibid.*, p. 143. [Trad. cast.: *ibid.*, p. 163].

6. *Ibid.*, p. 189. [Trad. cast.: *ibid.*, p. 210].

7. *Ibid.*, p. 190. [Trad. cast.: *ibid.*, p. 211].

8. *Ibid.*, p. 168. [Trad. cast.: *ibid.*, p. 188].

9. *Ibid.*, p. 169. [Trad. cast.: *ibid.*, p. 190].

10. *Ibid.*, p. 159. [Trad. cast.: *ibid.*, pp. 179 y 184].

11. *Ibid.*, p. 35. [Trad. cast.: *ibid.*, pp. 53].

12. *Ibid.*, p. 92. [Trad. cast.: *ibid.*, pp. 113].

13. *Ibid.*, p. 304. [Trad. cast.: *ibid.*, pp. 326].

14. *Ibid.*, p. 250. [Trad. cast.: *ibid.*, pp. 274].

15. *Ibid.*, p. 251. [Trad. cast.: *ibid.*, pp. 275].

16. Margaret Atwood, «Orwell and Me», *The Guardian*, 16 de junio de 2003, <https://www.theguardian.com/books/2003/jun/16/georgeorwell.artsfeatures>.

17. *Ibid.*

18. *Nineteen Eighty-Four*, p. 145. [Trad. cast.: *1984*, p. 165].

19. Octavia Butler, «A Few Rules for Predicting the Future».

20. *George Orwell: A Life in Letters*, p. 377.

21. *George Orwell Diaries*, p. 541.

22. *Ibid.*, p. 562.

23. *Our Job Is to Make Life Worth Living*, p. 203.

24. *Life*, 25 de julio de 1949, y en *Our Job Is to Make Life Worth Living*, p. 135.

25. «Reflections on Gandhi», *Partisan Review*, enero de 1949, y en *Our Job Is to Make Life Worth Living*, p. 8. [Trad. cast.: «Reflexiones sobre Gandhi», traducción de Osmodiar Lampio, en *Ensayos*, pp. 951 y 952].

26. *Ibid.*, p. 7. [Trad. cast.: *ibid.*, p. 950].

3. El río Orwell

1. La información histórica sobre el río Orwell está tomada de W. G. Arnott, *Orwell Estuary: The Story of Ipswich River (with Harwich and the Stour)*, Ipswich, Reino Unido, Norman Adlard & Co., 1954.

Créditos de las ilustraciones

I. EL PROFETA Y EL ERIZO
La cabra Muriel (1939), de D. Collings. (Retrato de Orwell en Wallington). Cortesía del Orwell Archive, University College London Services, Special Collections.

II. BAJO TIERRA
Fotografía sin título de mineros y vagoneta de carbón, de Sasha, mina de Tilmanstone, Kent (1930). D and S Photography Archives/Alamy Stock Photo.

III. PAN Y ROSAS
Rosas, México (1924), de Tina Modotti. Cortesía de Michael Mattis and Judy Hochberg Collection.
Dorso de *Rosas, México* (1924), de Tina Modotti, con el sello de Vittorio Vidali. Cortesía de Michael Mattis and Judy Hochberg Collection.

IV. LOS LIMONES DE STALIN
2 + 2 más el entusiasmo de los obreros = 5 (1931), de Yakov Guminer. Wikimedia Commons.

V. REFUGIOS Y ATAQUES
El honorable Henry Fane (1739-1802) con Inigo Jones y Charles Blair (1761-1766), de sir Joshua Reynolds. Colección del Metropolitan Museum.

VI. EL PRECIO DE LAS ROSAS
Producción de rosas cerca de Bogotá, Colombia, 2019. Fotografía de la autora.

VII. EL RÍO ORWELL
Orwell y su hijo (1945), de Vernon Richards. Cortesía del Orwell Archive, University College London Library Services, Special Collections.

Índice alfabético

cipio de los años treinta, 37, 51
como naturalista, 46
cultura popular, entusiasmo por, 263
declaración sobre las interpretaciones erróneas de *1984*, 287
descripciones de flores en las obras de, 25-26, 45, 52, 56, 109, 134, 207-208, 228, 281-282
en la isla de Jura, 58, 147, 257, 260, 268, 269, 270-274, 277
en la policía británica de Birmania, 18, 36, 40, 121
en Londres, 19, 22, 37, 45, 51, 53, 62, 68, 70, 257, 264, 269, 270, 285
en París, 36-37, 120
en Wallington *véase* Wallington, casa de Orwell en
enfermedades de, 37, 40, 49-50, 57, 70, 134, 266, 270, 284-288
estética y ética, 109-110, 113, 209-213, 226-232, 248-253
Guerra Civil española y, 17, 19, 20, 57, 119-125, 229, 244, 268, 299
guerras durante la vida de, 19-20
historia de su familia, 35, 177-181, 185-189
huerto comunitario de, 49, 59
infancia y estudios de, 35-36, 41, 51
investigación para *El camino de Wigan Pier*, 68-71, 84-85
listas en los textos de, 262
muerte de, 40, 287-288

mundo natural, fe en el, 56, 114-115, 288-289
nacimiento de, 19, 35, 187
naturaleza en los textos de, 41-45
orígenes del nombre de, 50, 186
racismo, reconocimiento del, 243
reseña de *Assignment in Utopia*, de Lyons, 156
se casa con Eileen O'Shaughnessy, 55 y n., 56
se casa con Sonia Brownell, 288
sobre el placer, la felicidad, la utopía y el paraíso, 111-117
sobre Gandhi, 288
sobre la lengua, 42-43, 64, 207, 241, 248-253
sobre la plantación de árboles, 18-20, 90
sobre la preparación del té, 263
sobre la propaganda, 25, 38, 64, 112, 172, 244
sobre las bombas atómicas, 266
sobre las estaciones y el clima, 264-265
socialismo de, 85, 119
tía Nellie y, 47-48, 50-51
tuberculosis de, 40, 70, 134, 284, 285, 286
OBRAS
diarios, 25, 37, 46, 57, 58, 62, 133-134, 135, 160, 203, 207, 212, 268, 270
Caperucita roja, guion para radio del cuento, 263
ENSAYOS
«Algunas reflexiones en torno al sapo común», 109, 267
«As I Please», columna de *Tribune*, 17, 108, 109, 116, 207, 268

Este libro
terminó de imprimirse
en Barcelona
en abril de 2022